电子器件领域
专利检索策略及应用

郭永菊　主　编

图书在版编目（CIP）数据

电子器件领域专利检索策略及应用/郭永菊主编.—北京：知识产权出版社，2015.6
ISBN 978-7-5130-3275-9

Ⅰ.①电… Ⅱ.①郭… Ⅲ.①电子器件—专利—情报检索—研究 Ⅳ.①G252.7

中国版本图书馆 CIP 数据核字（2015）第 001998 号

内容提要

本书介绍了专利检索的相关策略，以及这些策略在电子器件领域专利检索中的应用。

本书由检索策略概述、检索工具的使用和检索案例分析三个部分构成。前两个部分力求解决"检不出"的问题，第三部分力求解决"认不出"的问题。通过本书，您将学到丰富的专利文献检索知识和经验及高超的检索技巧，在解决专利文献检索中"检不出"和"认不出"这两个难点方面取得突破。

读者对象：相关领域专利审查员、专利文献检索人员、科技人员。

责任编辑：黄清明 **责任校对**：董志英
封面设计：吴 溯 **责任出版**：刘译文

电子器件领域专利检索策略及应用
郭永菊 主编

出版发行：知识产权出版社有限责任公司	网 址：http://www.ipph.cn
社 址：北京市海淀区马甸南村 1 号	邮 编：100088
责编电话：010-82000860 转 8117	责编邮箱：hqm@cnipr.com
发行电话：010-82000860 转 8101/8102	发行传真：010-82000893/82005070/82000270
印 刷：北京富生印刷厂	经 销：各大网上书店、新华书店及相关专业书店
开 本：787mm×1092mm 1/16	印 张：17.25
版 次：2015 年 6 月第 1 版	印 次：2015 年 6 月第 1 次印刷
字 数：380 千字	定 价：68.00 元

ISBN 978-7-5130-3275-9

出版权专有　侵权必究
如有印装质量问题，本社负责调换。

本书编写人员

主　编： 郭永菊

执笔人： 刘　军　　第一章、第十章第三、第四节
　　　　　施曙东　　第二章、第十一章第六节
　　　　　赵　颖　　第三章、第十章第一节
　　　　　涂　颖　　第四章、第十章第二节
　　　　　黄　翀　　第五章、第十一章第一至第五节
　　　　　王晓峰　　第六章、第七章
　　　　　张　月　　第八章
　　　　　刘颖洁　　第九章

审核人： 肖光庭

序

  文献检索是包括专利审查在内的专利服务业务中的一项基础性工作，其实质就是证据搜集工作。检索的最终目的是利用包括数据库和检索命令在内的检索工具，构建出有效的检索策略，在检索人员的检索技巧辅助下，花费最小的成本命中所要求检索到的最佳目标文献。在专利文献检索中，通常存在两个难点，其一是"检不出"，其二是"认不出"。所谓"检不出"，即最佳目标文献没有被检索式命中，没有落入由检索式限定的文献范围内。所谓"认不出"，即虽然最佳目标文献被合适的检索式命中而落入检索式限定的文献范围内，但检索人员因各种客观原因不认识该文献为最佳目标文献而遗漏出去。要解决"检不出"的问题，通常要求检索人员具备检索基础知识和能力，例如数据库特点、欲进行检索的技术领域特点及文献分布特点、检索策略及检索技巧等，通过这些因素使得被检索的最佳目标文献能被合适的检索式命中，从而落入合适数量的文献范围。要解决"认不出"的问题，必须要求检索人员具备认识文献的技术能力和法律能力。

  本书由检索策略概述、检索工具的使用和检索案例分析三个部分构成。前两个部分力求解决"检不出"的问题，第三部分力求解决"认不出"的问题。如果通读本书，您将会发现本书作者具有丰富的专利文献检索知识和经验及高超的检索技巧，在解决专利文献检索中"检不出"和"认不出"这两个难点方面作出了非常有价值的探索。

  本书不但适合从事专利审查的审查员参考，更适合从事各类专利文献检索工作的人员参考。

肖光庭

2014 年 10 月

目 录

第一部分 检索策略概述

第一章 什么是检索 1
 第一节 检索的概念 1
 第二节 影响检索的要素 2
  一、知识积淀 2
  二、外文水平 2
  三、阅读理解能力 3
  四、检索策略 3

第二章 分类号 4
 第一节 分类号的概念和种类 4
  一、分类号的概念 4
  二、分类号的种类 5
 第二节 分类号的选择 5
  一、获取IPC分类号的途径 5
  二、拓展获得各种分类号的途径 8
 第三节 分类号的使用 10
  一、利用分类号检索 10
  二、利用分类号提取关键词 12

第三章 关键词 13
 第一节 关键词的概念和来源 13
  一、关键词的概念 13
  二、关键词的来源 13

第二节　获取关键词的有效途径 ·· 14
一、关键词的提炼 ·· 14
二、关键词的拓展 ·· 15

第四章　检索式的构造 ··· 21
第一节　各种算符的使用 ·· 21
第二节　检索命令的使用 ·· 24
第三节　关键词结合分类号的检索 ·································· 25
一、关键词+分类号 ·· 25
二、分类号+关键词 ·· 26

第四节　利用著录项目信息的检索 ·································· 27
一、著录项目信息检索的特点 ·· 27
二、利用著录项目进行检索的注意事项 ······························ 27

第五节　语意检索 ·· 28
一、概括式的检索 ·· 28
二、模糊式的检索 ·· 28
三、中心思想检索 ·· 29

第五章　检索策略的综合运用 ·· 30
第一节　应用分类的检索——以CPC分类为视角 ················· 30
一、内容概述 ·· 30
二、利用CPC分类模块进行检索 ····································· 30
三、同义词扩展检索 ··· 31
四、其他补充分类检索 ·· 31

第二节　应用分类的检索——FT检索策略分析及应用模板 ······ 34
一、利用常规检索手段进行初步检索 ································ 34
二、根据初步检索结果考虑采用FT进一步检索 ···················· 34
三、判断是否存在准确的体现技术模块的FT分类号 ··············· 34
四、利用FT分类号进行检索 ··· 35

第三节　关键词检索策略分析 ······································· 35
一、利用关键词进行检索 ·· 35
二、关键词的扩展途径 ·· 36
三、在检索系统中的表达 ·· 37
四、关键词检索的基本策略 ··· 37

五、以关键词为主的检索模式小结 ……………………………………… 37
　　六、利用特殊著录项目进行检索 ………………………………………… 42
　　七、非专利文献和互联网资源 …………………………………………… 42
　　八、总结 …………………………………………………………………… 43
第四节　特殊的检索策略研究 ……………………………………………… 46
　　一、发明规律 ……………………………………………………………… 46
　　二、申请人的撰写规律及应对的审查心证 ……………………………… 46
　　三、准确理解发明，避免"事后诸葛亮" ……………………………… 50

第二部分　检索工具的使用

第六章　专利数据库概述 …………………………………………………… 52
第一节　中国专利检索 ……………………………………………………… 52
　　一、专利检索与服务系统（公众部分） ………………………………… 52
　　二、中国专利查询系统 …………………………………………………… 55
　　三、专利公布公告 ………………………………………………………… 57
　　四、专利查询 ……………………………………………………………… 58
　　五、港澳台及国外专利检索 ……………………………………………… 58
第二节　专利审查员使用数据库简介 ……………………………………… 59
　　一、CPRS ………………………………………………………………… 59
　　二、EPOQUE ……………………………………………………………… 65
　　三、S 系统 ………………………………………………………………… 66

第七章　专利数据库的使用方法 …………………………………………… 70

第八章　非专利数据库概述 ………………………………………………… 73
第一节　CNKI 网络资源共享平台 ………………………………………… 73
　　一、普通检索 ……………………………………………………………… 73
　　二、高级检索 ……………………………………………………………… 75
第二节　万方数据知识服务平台 …………………………………………… 83
　　一、普通检索 ……………………………………………………………… 84
　　二、高级检索 ……………………………………………………………… 86
第三节　读秀中文学术搜索 ………………………………………………… 89
　　一、数据库特点 …………………………………………………………… 90

二、数据库的使用 ………………………………………………………… 90

第四节　超星科技数字图书馆 ………………………………………………… 94

第五节　IEEE Xplore …………………………………………………………… 95

　　一、数据库特点 …………………………………………………………… 95

　　二、数据库功能及使用方法 ……………………………………………… 96

第六节　ISI Web of Knowledge ……………………………………………… 101

第九章　非专利数据库的使用方法 ……………………………………………… 103

第一节　CNKI 的检索示例 …………………………………………………… 104

　　一、普通检索 ……………………………………………………………… 104

　　二、高级检索 ……………………………………………………………… 107

第二节　万方数据的检索示例 ………………………………………………… 111

　　一、普通检索 ……………………………………………………………… 111

　　二、高级检索 ……………………………………………………………… 115

第三节　读秀的检索示例 ……………………………………………………… 116

第四节　IEEE Xplore 的检索示例 …………………………………………… 120

　　一、IEEE Xplore 普通检索的示例 ……………………………………… 120

　　二、IEEE Xplore 高级检索的示例 ……………………………………… 122

　　三、IEEE Xplore 命令式检索的示例 …………………………………… 124

第三部分　检索案例分析及文献的识别

第十章　检索案例分析 …………………………………………………………… 128

第一节　利用分类号进行准确检索 …………………………………………… 128

　　案例1：冷阴极放电管的制造方法 ……………………………………… 128

　　案例2：快启动带罩型节能荧光灯 ……………………………………… 132

　　案例3：微机电系统压电双晶片的制造方法 …………………………… 135

　　案例4：有机发光二级管显示装置的制造方法 ………………………… 139

　　案例5：交流等离子显示屏及其不均匀介质层的制作方法 …………… 143

　　案例6：发光结果或显示器件的新结构 ………………………………… 145

　　案例7：等离子显示板放电电极 ………………………………………… 150

　　案例8：一种白色有机电致发光（EL）器件 …………………………… 153

　　案例9：一种环境敏感性装置 …………………………………………… 154

第二节　利用关键词进行准确检索 ················· 156
　　案例10：一种低压钠灯与LED互补照明灯 ·············· 156
　　案例11：一种冷阴极荧光灯 ······················· 158
　　案例12：一种脉冲电源驱动的白光LED照明装置 ········· 161
　　案例13：二极管的制造工艺 ······················· 165
　　案例14：MISM型内场发射阴极 ····················· 170
　　案例15：彩色等离子体显示器 ····················· 173
　　案例16：一种电子弧炉馈电装置 ··················· 176
　　案例17：固体电解质电容器及其制造方法 ············ 178
　　案例18：一种相变存储器件 ······················· 181
　　案例19：一种光利用率高的投影仪用超高压汞灯 ······· 182
　　案例20：一种层间介质层、半导体器件及其形成方法 ··· 183
　　案例21：一种节能灯圆排机 ······················· 184
　　案例22：一种光效更高的陶瓷金属卤化物灯电弧管 ····· 186
　　案例23：一种柔性电子器件的制作方法 ·············· 188
　　案例24：一种修补氧化物半导体层缺陷的方法 ········ 191
　　案例25：一种太阳能光伏组件支承体连接结构 ········ 194
　　案例26：压电元件 ·············· 200
　　案例27：具有非铅系压电薄膜的压电薄膜元件 ········ 203
　　案例28：一种电池五金件连接结构 ·················· 205

第三节　非专利及网络检索 ·························· 210
　　案例29：一种宽压放电装置 ······················· 210

第四节　两种方式检索 ······························· 213
　　案例30：一种有机电致发光显示器件 ················ 213
　　案例31：一种制造显示装置的方法 ·················· 216
　　案例32：一种脊加载曲折矩形槽波导慢波线 ·········· 219

第十一章　文献的识别 ······························· 223

第一节　新颖性（抵触申请） ························ 223
　　案例33：支柱型空心复合绝缘子 ···················· 223

第二节　多篇现有技术文献 ·························· 230
　　案例34：硅类薄膜太阳能电池 ······················ 230

第三节　标准类现有技术 ···························· 235

案例 35：一种精密分流电阻器 ·· 235
第四节　公知常识证据 ·· 241
案例 36：一种半导体封装用本征阻燃环氧树脂组合物 ················ 241
第五节　相近的结构推定 ·· 253
案例 37：一次锂电池 ·· 253
第六节　材料与数值比例 ·· 257
案例 38：一种电接触复合材料 ··· 257

第一部分 检索策略概述

第一章 什么是检索

第一节 检索的概念

什么是检索？这个概念似乎很专业，但实际上被人们广泛地使用。比如在电商发达的当今社会，如果想从淘宝网上购买一件漂亮的连衣裙，很多人都会迅速地从淘宝网提供的搜索引擎入口输入"连衣裙"并点击回车键，这样很容易从数以千计个淘宝网卖家中发掘出自己想要的物品，选择自己所喜欢的款式，其实，这个过程就是一个检索的过程。在这个检索过程中，"连衣裙"作为检索的目标（即目标商品），淘宝网提供的搜索引擎作为检索的工具，而最终获得的淘宝网商家的商品界面展示平台作为检索的结果。

检索伴随着人们的生活，人们可以通过检索购买商品，通过检索查阅图书资料，通过检索进行科学研究，甚至可以通过检索打击犯罪维护治安。那么，检索究竟是什么？百度百科对检索给出了如下解释："检索是指从文献资料、网络信息等信息集合体中查找到自己需要的信息或资料的过程。"

那么，检索的目的和作用又是什么呢？对于检索者来说，就是通过检索这个手段获得相关的资料，以满足科学研究或工作生活所需。就像前面所举的例子，一位爱美的女士，想要获得一款当下最流行的连衣裙，那么，她既可以选择到西单、王府井等地的大型购物商场去选购，还可以通过淘宝网等网络资源去筛选适合自己的款式，从而实现装扮自己成为时尚达人的目的。

事实上，对于科学研究、创新发明而言，检索的目的和作用就是为了实现某一技术领域的创新需求，而不断获取资料以推进创新或科研发展。

在专利审查过程中，审查员的检索的目的和作用就是在于找出与申请的技术主题密切相关或者相关的现有技术中的对比文件，或者找出抵触申请文件和防止重复授权的文件，以确定申请的主题是否具备《专利法》第22条第2款和第3款规定的新颖性和创造性，或者是否符合《专利法》第9条第1款的规定。

无论是生活上、科研创新上还是行政审批上，检索都实现着其不同的目的和作用，对于科技创新和进步都有至关重要的意义。

在本书中提到的检索一般涉及的是专利审查工作中的一个程序，而且是相当重要的一个程序，是检索者通过相关的数据库，利用各种手段以获得目标文献，并通过所获得的目标文献结合专利法律法规对待审查的专利申请给予客观评价的一个过程。

在本书中将主要以电子器件领域为视角探索专利申请相关的检索策略，希望读者能够体会到"相关的数据库"、"各种手段"、"目标文献"以及"客观评价"的深刻含义且对自己的工作和学习以及专业技术研究等带来一定的帮助。

第二节　影响检索的要素

在上一节中，我们介绍了本书中检索的概念，在本节中将介绍影响检索的要素。

检索水平的高低与检索者的知识积淀、外文水平、阅读理解能力以及检索策略的运用密不可分。

一、知识积淀

从事专利检索的人员有专利局的专利审查员，有代理公司的代理人，有来自企业、大学、科研院所等作为发明主体的申请人，以及从事专业技术研究的人员等。而这些检索者具有的一个共同特点就是他们一般都具有理工科的背景，并且有一定的实验、生产或科研的经历。其实，这与专利申请本身的特点有关，一项发明创造本身涉及的就是技术的革新，而技术的革新离不开的就是科学技术知识的积淀和发展。

一般从事专利相关事业的人员（以下简称"从业者"）都会按照领域划分，通过领域来对科学技术各个分支进行归类，有利于从业者更为直接、精准地掌握相关技术领域的知识，并且实现对相关技术领域知识的积淀。这种分领域的知识积淀不但有利于从业者掌握一项发明创造相对于现有技术的改进点，也有利于从业者从现有技术出发提出一项发明的改进方向。

二、外文水平

检索对从业者的外文水平要求很高。正所谓科学技术无国界，检索所针对的文献来源于全世界范围，特别是美、欧、日、韩等科技发达的国家或地区，它们的专利技术越来越多地被从业者应用。试想，如果没有较高的外文水平，怎么能够无障碍地阅读和理解这些技术发明的内容呢？

现阶段，检索对从业者的要求越来越高，不但要求精通英文，同时对于日文、韩文以及德文、法文等小语种也需要掌握。也就是说，从业者掌握的外文种类越多，其能获得全面、有效的检索结果的概率就越高。

三、阅读理解能力

阅读理解能力分两个层面,第一个层面是从业者理解发明专利本身技术方案的能力,另一个层面是从业者能够快速理解检索结果中的文献并且能够建立该文献与所述发明专利本身技术方案之间的关联度的能力。

中国有句古话叫"知己知彼,百战百胜",所以要想获得好的检索结果,首先要对自身的技术方案充分理解和掌握。只有充分理解和掌握了自身的技术方案,才能从自身的技术方案中提取用于检索的有效信息,才能为获得有效检索结果打下坚实的基础。

从业者能够快速理解检索结果中的文献并且能够建立该文献与所述发明专利本身技术方案之间的关联度的能力实际上就是从检索结果中获得有效检索信息的能力。从业者应当能够结合自身的技术方案的技术信息,从现有技术中获得与该技术信息高度配合的信息,而这种高度配合的信息可能来源于检索到的文献的某一个词语、某一个参数、某一句表述或者某一幅附图。

四、检索策略

策略对于中国人来说并不陌生,早在三国时期,善于用计的诸葛亮早已闻名于世,而"三十六计"等传世之作也广为流传。无论是"计"还是"法",都属于策略的一种表述方式。

那么,在专利检索过程中是否有适用的"计"或者"法"呢?答案是肯定的。一般,我们把这种"计"或者"法"叫作检索策略。本书中也将从一般意义上简单地介绍一些常用的检索策略,以便读者能够在实际操作中灵活运用。

检索策略一般包括分类号、关键词、著录项目、数据库的选择等检索策略元素。其中,分类号又可以包括 IPC 分类号、CPC 分类号、UC 分类号、FT 分类号、MC 分类号、DC 分类号、EC 分类号、ICO 分类号等。关键词又可以包括:涉及功能性表征的关键词,涉及部件结构部分表征的关键词,涉及方法步骤表征的关键词,涉及用途作用表征的关键词,涉及参数、物理量、化学式、数学式表征的关键词等方面。著录项目包括:申请人、发明人、申请号、公开号、申请日、公开日、优先权日、公司代码、引证文献、分类号、国别代码等项目。数据库的选择包括:专利文献数据库、非专利文献数据库、中文数据库、外文数据库、商业数据库、专业数据库等。看似混乱庞杂的检索策略元素,实际上都是有联系的,联系它们的就是技术方案,无论是分类号、关键词、著录项目还是数据库选择,它们都与所要检索的技术方案密切相关。也就是说,这些检索策略元素是从待检索的技术方案中提炼出来的,并且它们始终围绕着待检索的技术方案本身展开,而在这一过程中所必须遵循的原则就是《专利法》及其实施细则以及《审查指南》中所规定的原则,以及在证据采信中所要求的真实、关联等重要原则。

在接下来的章节中,对上面所提及的概念、元素以及原则都将有所涉及。

第二章 分 类 号

第一节 分类号的概念和种类

一、分类号的概念

每一件专利文献都拥有分类号,一般标识在专利文献的首页。如图 2-1-1 所示。

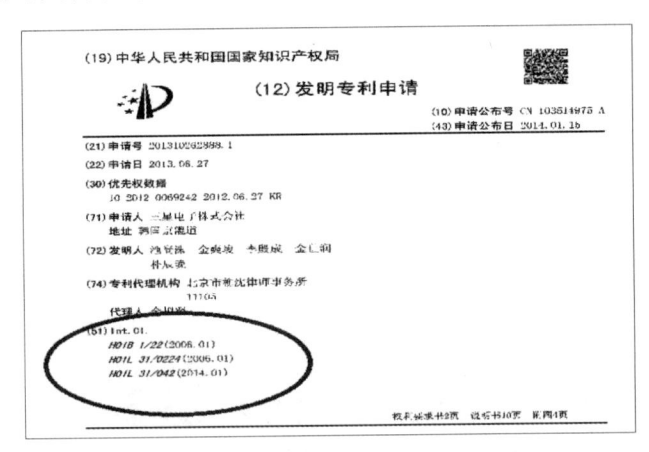

图 2-1-1 专利申请公布文本的首页

分类号在专利文献中的作用就好比图书馆里对不同种类的图书摆放位置的标记一样,通过分类号,可以将领域相同且技术内容相近或相同的技术方案的专利申请标记在同一分类号下。这样做,一来便于专利文献的管理,二来便于专利文献的检索。

每一个分类号都有自己的含义,例如 IPC(国际专利分类)分类号中的 A43B3/00 这个分类号所代表的含义是"以形状或用途作为特征的鞋",A43B3/02 代表的是"长筒马靴;长腰靴;带有蝙蝠翼状拉绊的鞋"。分类号都具有自己特定的表示规则,以 IPC 分类为例,它由部、大类、小类、大组和在某些技术领域的少量多点组的小组构成。其实,在实际检索应用时,只要掌握具体的分类号或者知道分类号所代表的内容即可进行检索。比如,已知分类号 A43B3/02,想要检索采用该分类号的专利文献,则直接在分类号索引中输入 A43B3/02 即可检索;或者想要获得有关"长筒马靴"的分类号,同样直接在分类号查询索引中输入关键词"长筒马靴"找到与之对应的分类号,然后就可以用这个分类号在相应的索引中进行检索以获得与"长筒马靴"相关的技术方案的专利文献。

二、分类号的种类

现在世界各国通用的分类号是 IPC 分类。而在美国、欧洲、日本等知识产权较为发达的国家或地区，还建立了自己的分类体系，例如欧洲专利局将 IPC 分类号进一步细分，形成了 EC 和 ICO 分类号；日本也将各领域的技术内容细分形成了自己的 FI/FT 分类体系；美国具有自己的分类号 UC 分类。一些专利文献的加工商也相应提出了自己的分类体系，如德温特公司给出了 DC 分类，以便于自身对于专利文献的加工进行分类。

近几年，美国、欧洲共同推进形成了 CPC 分类，这个分类将 IPC 分类以及 EC、ICO 以及 UC 分类合并为一体，相信在不远的将来，CPC 分类体系将成为引导国际分类的新体系。

第二节 分类号的选择

上一节中我们介绍了很多种类的分类号，这一定让大家感到非常困惑："在实际检索中选用哪些分类号更行之有效呢？""如何获取这些分类号呢？""获取这些分类号后如何进行检索呢？"这些疑问将在本节中给予解答。

一、获取 IPC 分类号的途径

国家知识产权局政府网站上为公众免费提供了查询 IPC 分类号的服务。国家知识产权局的官方网址为 www.sipo.gov.cn，登录到该网页后可以通过如下途径获取相关的 IPC 分类号。

如图 2-2-1 所示，登录国家知识产权局官方网站后选择主页上的"专利检索与查询"（图中圆圈部分），然后便进入了如 2-2-2 所示的界面。该界面是专利检索与查询的服务平台界面，在该界面中选择"专利公布公告"，则进入图 2-2-3 所示的界面。选择在该界面上方菜单栏中的 IPC 分类查询，随后进入图 2-2-4 所示的 IPC 分类查询对话框。在对话框下方有两个选项，一个选项是"输入关键字查分类号"，另一个选项是"输入分类号查含义"，读者可以根据需要选择合适的查询内容。以"输入关键字查分类号"为例，假如你想要查询有关"电池"的 IPC 分类号，那么选中"输入关键字查分类号"，然后在对话框中输入"电池"，则在对话框下方列出了所有的关于"电池"这样技术的 IPC 分类号。你可以根据检索的需要选择适于你的检索目标的分类号进行检索。

图 2-2-1　国家知识产权局官方网站主页界面截图（2014 年 5 月 20 日）

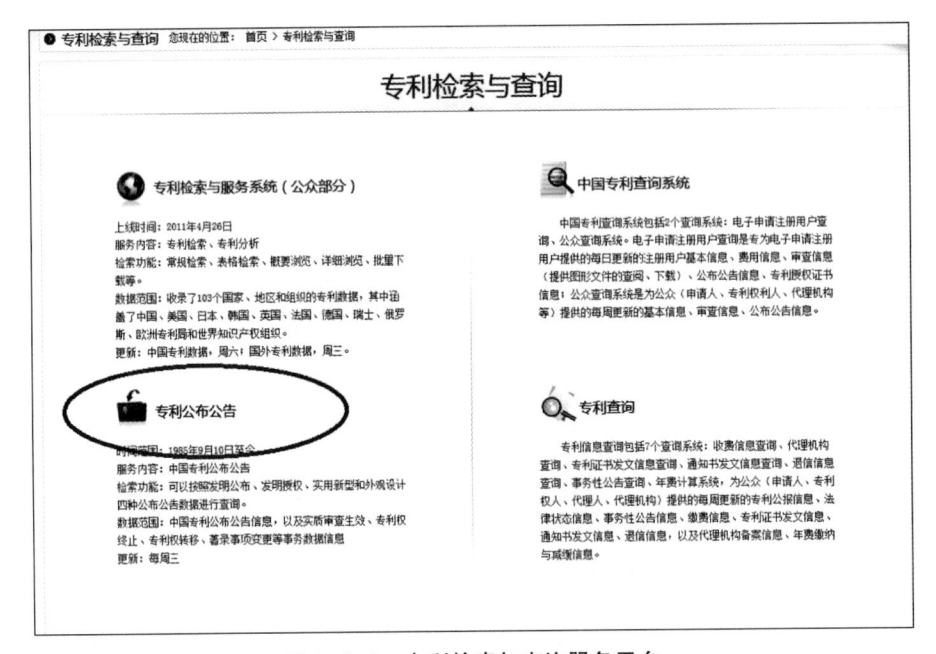

图 2-2-2　专利检索与查询服务平台

图 2-2-3　中国专利公布公告主界面

图 2-2-4　IPC 分类查询界面

还可以通过专利检索与服务系统中的多功能查询器菜单下的 IPC 分类号查询子菜单进行查询，其查询界面如下图 2-2-5 所示。可以在放大镜所示的对话框内按照分类号（一般是已知分类号对该分类号的内容进行查询）、中文含义（一般是知道自己要查询的技术信息的中文含义，一般通过中文关键词表示，查找对应该中文关键词的 IPC 分类号）、英文含义（一般是知道自己要查找的技术信息的英文含义，一般通过英文关键词表示，查找对应该英文关键词的 IPC 分类号），选择相应的输入方式以及相应的输入内容后点击"查询"，即会在"查询"按钮下方的对话框中显示相应的分类号及其对应的中英文解释，并以高亮显示的方式对你所输入的关键词信息加以表示。

图 2-2-5　专利检索与服务系统中多功能查询器 IPC 分类号查询界面

二、拓展获得各种分类号的途径

1. 通过国家知识产权局官方网站提供的专利检索与服务系统（公众部分平台）

图 2-2-6 专利检索与服务系统平台

图 2-2-6 所示的这个界面即是国家知识产权局官方网站所提供的专利检索与服务系统的平台。检索者可以选择多功能查询器（红色框所示）菜单中的分类号关联查询（天蓝色高亮显示所示）菜单即可查询与 IPC 第 8 版（简称"IPC8"）相关联的分类体系的具体情况了。该服务系统平台提供了 IPC8 与 ECLA、UC、FI、FT 四种分类号的关联。例如，在 IPC8 分类号对话框内输入想要查询的分类号 H01J17/49，选择与 IPC8 关联的分类体系对话框中选择 UC，在对话框下方的界面就会自动显示 IPC 分类号以及与之对应的 UC 分类号；若点击相应的分类号，还会在界面右方对该分类号给予英文、中文或日文的解释。

2. 另外一个网址

http://www.jpo.go.jp/cgi/link.cgi?url=/torikumi/searchportal/htdocs/search-portal/top.html 是日本特许厅给公众提供的一种能同时查询多种分类号的服务途径。

如图 2-2-7 所示，是登录上述网址之后所进入的界面。在界面所提供的检索对话框后输入相应的 IPC 分类号，并适当地选择显示的分类种类对应的语种情况，则经过检索后形成如 2-2-7 所示的检索结果。

以输入分类号"H01J17/49"为例，选择 FI/FT、EC、ICO 以及 CPC 分类用英文表示后回车，则显示与分类号"H01J17/49"相关联的 FI/FT、EC、ICO 以及 CPC 分类号，以及这些分类号所对应的英文解释。正如上节内容中所说的，IPC 分类虽然形成得早、应用得广，但是，这种分类却不是那么精细，并且更新速度也不是那么及时。欧洲的专利分类 EC、ICO 以及日本的专利分类体系 FI/FT 其都是在 IPC 分类的基础上对专利申请所涉及的技术方案的技术内容的进一步细分。打个比方，IPC 分类只分到"苹果"，那么 EC、ICO 分类或 FI/FT 分类有可能会进一步细分成"红苹果"、"青苹果"、"甜苹果"、"酸苹果"、"大苹果"、"小苹果"等多个小分类。

刚才通过 H01J17/49 已经获得了与该 IPC 分类对应的 FT 分类是 5C040，并且 5C040 显示为蓝色（即高亮显示），也就是与 IPC 分类 H01J17/49 对应的 FT 分类 5C040 还有进一步的细分。点击 5C040 则进入图 2-2-8 所示的界面，在该界面中用日文描述了 5C040 相关的各种细分及其对应的 FT 分类和解释。点击如图 2-2-8 所示表格中间蓝色的 HB 部分，此时会显示与 5C040 相关的各种 IPC 分类信息及其解释，如图 2-2-9 所示。

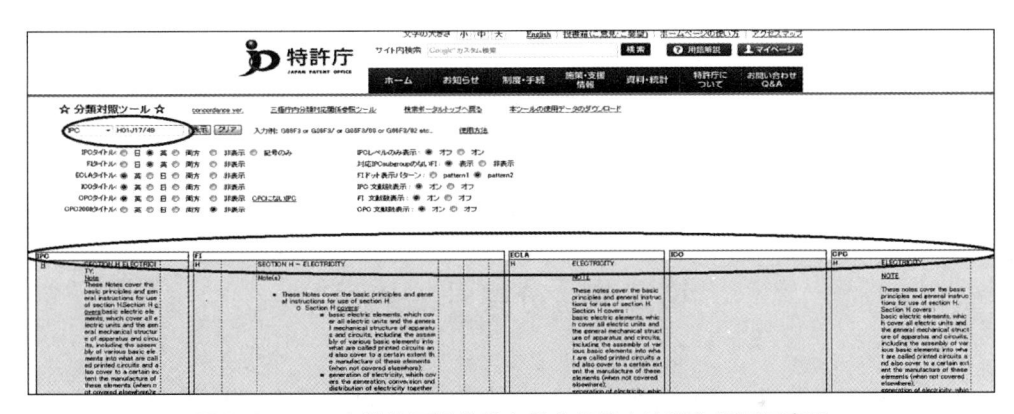

图 2-2-7　日本特许厅提供的多种分类号查询网络界面示意图

图 2-2-8　点击图 2-2-7 中高亮显示的 5C040 后进入的界面

图 2-2-9　点击图 2-2-8 中 HB 后进入的界面

通过上面的介绍，读者已经可以比较轻松地获得 IPC 分类、FT 分类以及 EC、ICO 和 CPC 分类了。

第三节　分类号的使用

那么，获得了分类号后，如何使用分类号呢？本节将着重介绍分类号的使用。

一、利用分类号检索

分类号是基本的检索要素之一，利用分类号检索是常规的检索手段，同时也是行之有效的检索策略。

通过本章第二节的方法获得了各种分类号，然后可利用所获得的分类号在相关网站的分类号检索对话框中进行检索，具体做法就是把分类号完整地输入该对话框中，然后点击"？"检索即可，如图 2-3-1 所示。

图 2-3-1 所示在国家知识产权局官方网站提供的专利检索与服务系统界面中提供的表格检索中利用 IPC 分类号检索的界面，在 IPC 分类号对话框中输入例如 H01J17/49 然后点击检索或直接回车就可以检索关于 H01J17/49 所涉及的技术内容的专利文献了。

图 2-3-1 在国家知识产权局官方网站的专利检索与
服务系统提供的表格检索中利用 IPC 分类号检索的界面

经过检索，得到了相应的检索结果（图 2-3-2），如检索结果的条数、浏览页面的总数，以及在每一浏览页面上显示的每一条检索结果的具体信息（如申请号、申请日、公开号、IPC 分类等著录项目信息以及该专利文献的全文浏览）。

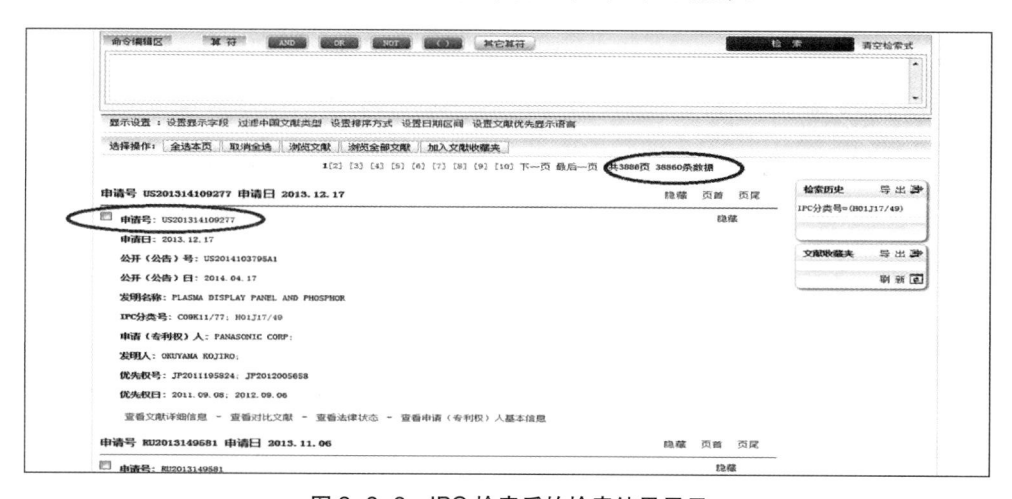

图 2-3-2 IPC 检索后的检索结果显示

上面的例子仅仅列举了利用国家知识产权局官方网站进行检索的示例。实际上，在国家知识产权局的官方网站上还给出了世界上主要国家知识产权局的官方网站的链接，读者可以选择相应的知识产权局或组织（如 WIPO、EPO），然后在该网站上找到含有"patent search"相关字样的界面，进入界面后找到与分类号对应的对话框进行相关分类号的检索。

以 FT 分类号检索为例，参见图 2-3-3。

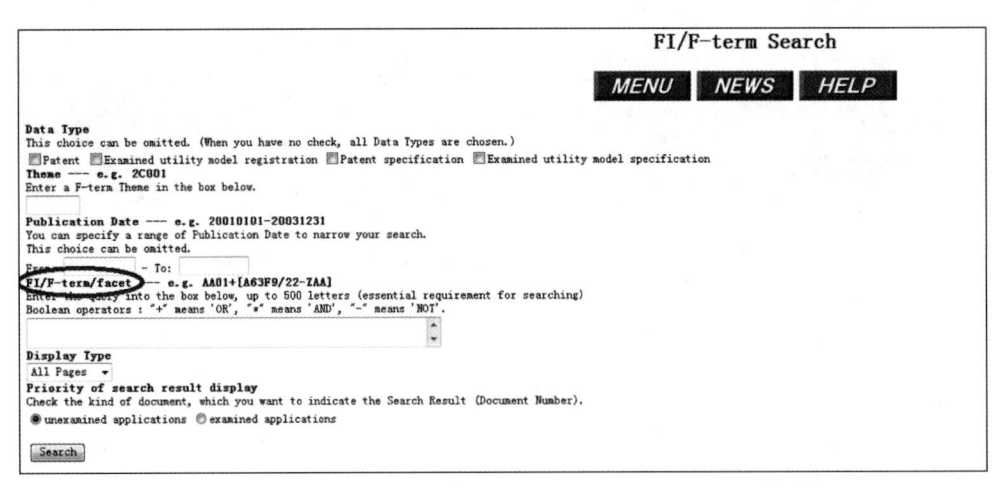

图 2-3-3　进入日本特许厅官方网站后选择 FI/F-term Search 检索的界面

在该界面选择 FI/F-term/facet 对话框，按照该界面提供的相应的检索输入要求进行检索即可。

二、利用分类号提取关键词

本章中的前两节较为详细地介绍了分类号的种类以及获取的方法，并且使读者了解了分类号不但用于表示某一技术领域中某项技术方案的代码，而且每一个分类号还有相应的技术解释。

在现实工作中，除了分类号以外，利用关键词检索也是重要的检索策略之一。关键词也是基本的检索要素，关键词与分类号是相关联的，我们可以从各种分类号的解释中获得与之对应的关键词，然后利用这个关键词直接在相应的数据库中进行检索，这样能够进一步拓展我们在实际检索中的关键词。

第三章 关 键 词

第一节 关键词的概念和来源

一、关键词的概念

关键词总是与发明所涉及的技术方案中的技术术语相关。关键词不仅包括中文还包括外文（例如英文、日文、法文、德文、韩文或中国台湾地区的语言表述等）；关键词可以是一个词组，也可以是一个概括的句子，还可以是度量单位、符号或公式；关键词可以来源于待检索的专利文献，也可以来源于检索者自己对于相关技术领域的知识积淀，还可以来源于检索过程中通过阅读其他相关的专利或非专利文献中扩展得到的技术术语表达。总而言之，关键词就是检索者为了获得某一检索目的而能够利用的文字或符号的表达方式，并且该表达方式适用于相关数据库的检索要求。

二、关键词的来源

第一，关键词可以源于待检索专利文献本身所记载的技术内容。

该来源包括专利文献中记载的技术术语，所述的技术术语可以源于发明请求保护的权利要求书、发明的背景技术、发明内容、具体实施例。并且该技术术语可以涉及目的、作用、效果、部件名称、方法和步骤等。

第二，关键词可以源于检索者的技术理解和知识积淀。

要想获得全面有效的关键词信息，检索者首先要透彻理解待检索的专利申请，并且可以概括出发明点（即待检索申请相对于现有技术所作出的技术贡献的那些技术特征），要实现发明点往往是确定检索关键词的关键所在。并非只要出现在待检索技术方案记载中的技术术语都需要将其提炼出来作为关键词，这无疑会增加检索的负担。要实现有针对性的检索，需要提炼准确而又全面的发明点，并从发明点中提炼出相关表达，这样得到的才是行之有效的关键词。提炼发明点对检索者的技术理解能力以及相关领域的知识积淀有较高的要求，也就是说，检索者对相关领域的技术懂得越多，他就越能够准确地确定发明点并且能够准确全面地提炼关键词。

第三，关键词可以源于不同语种。

关键词不局限在中文，随着科技全球化发展进程的加剧，国外的科技文献对于很多国内企业、科研院所的发展是有利的,外文关键词(如英文、德文、日文、韩文等)的确定则对检索到相关国家或地区的相关专利技术能够起到很重要的作用。

第四,关键词可以源于不同特殊符号。

如表示电阻的符号 Ω,表示数学公式的符号 Ω、β、δ,表示物理计量的单位 cm、cm^3,表示化学的单位 L、mol,表示数学的符号 Sin、Cos 等,只要相关数据库支持对上述符号的识别,都可以作为检索者进行检索的关键词使用。

第五,关键词可以源于不同语意。

检索者也可以通过理解发明后,自己概括出一些发明大致含义的句子作为关键词进行检索。

第六,关键词的适用循环。

确定关键词→检索→再次确定关键词→再检索,这个关系描述了一般情况下关键词拓展的简单过程。即先通过阅读待检索的发明确定关于发明点的初步关键词;然后进行检索,通过阅读理解检索结果又获得涉及发明点的拓展关键词;然后再根据初步关键词和拓展关键词联合进行检索。这个过程可以不断循环,以最终获得目标文件为目的。

第二节 获取关键词的有效途径

一、关键词的提炼

所谓关键词的提炼,即检索者为了获得有效的检索结果,从技术方案中提炼准确、全面技术术语的过程。

关键词的提炼过程与以下因素有关。

1. 知识背景

检索者所掌握的相关技术领域的知识越多,那么他所需要检索用的关键词的数量就越少。这是因为,检索者可以将自己已经熟知的本领域的常用词语排除在待检索的范围外,这是一个去粗取精的过程。很容易理解,若检索者对某一个技术方案一无所知,毫无疑问他基本上会把该技术方案中所有的词语都列为检索用的关键词。

2. 理解能力

理解能力主要体现在检索者对技术方案的理解上。要想确定准确而又全面的关键词,检索者需要对待检索的技术方案的技术内容非常熟悉,理解非常到位,由此,就不但能从待检索的技术方案中提炼出有效的关键词,还能拓展该技术方案以外的可能被用到的关键词。

3. 概括分析能力

关键词的提炼过程绝不仅仅是复制、粘贴的过程,更为重要的是关键词的拓展,包括从句子意思中人工提炼关键词，因此，这对检索者的概括分析能力要求非常高。

4. 多维度、多视角

专利技术一般包括两种，一种涉及产品，一种涉及方法。涉及产品的关键词的提炼一般以构成该产品的部件名称为主，而涉及方法的关键词的提炼一般是以该方法操作过程中的工艺流程、工艺条件为主。提炼的关键词的词性没有固定之说，只不过是名词较多，但不排除动词（或动作）、形容词、副词甚至代词等。

无论是产品还是方法的专利中，不可避免地会出现描述产品结构或方法工艺的技术效果、目的、作用的词语，这些词语往往也被作为关键词进行检索，这也就是上面所说的形容词、副词甚至代词都可以作为检索用关键词的原因所在。

当然，关键词的选择远远不止这些，比如人的姓名、专利的公开号、物理或化学的单位、数学的公式、产品的商标、英文缩写等都可以作为检索用的关键词使用。

5. 循环性

关键词的提取过程不是一蹴而就的，需要一个过程。要想提取全面、准确的关键词，需要在检索过程中，通过对现有技术的阅读理解，不断调整和改进。例如，检索者在某份专利申请中看到了"CRT"，通过阅读后发现其实所谓的"CRT"就是电视机，再通过互联网或专门检索数据库的初步检索，发现原来CRT的中文名字叫作"阴极射线管"，在国外还有一个别称叫作"布劳恩管"，英文的拼写是"cathode ray tube"。上面这个过程就是检索者边阅读、边理解、边检索、边提炼的一个循环过程，因此关键词的提炼是具有循环性的。

二、关键词的拓展

1. 技术术语溯源

所谓技术术语溯源，是指在专利相关文件（包含专利文献、审查书面意见等）的汉译英或英译汉过程中，需要对专利相关文件中出现的技术术语进行相应的语言表述（可以是汉译英，也可以是英译汉），通过追溯该技术术语的具体含义给予该技术术语准确的语言表述的过程。

例如，在某专利申请的权利要求中请求保护一张桌子的"皮层"，根据说明书具体的描述，检索者得知这里所谓的"皮层"实际上就是"桌子的表层"的含义。追溯源头，该项权利要求要求保护的即为"一张桌子的表层"。也就是说，无论是译者在翻译之前还是检索者在检索之前，都需要搞清楚待翻译的技术术语的含义（如例子中的"皮层"），而这种对于技术术语的翻译不能仅仅停留在字面意思的理解上（如果将例子中的皮层翻译成"skin layer"，显然没有体现出申请人的真实意愿；此时，若采用skin layer进行检索，则必然会产生漏检），因此还应当联系技术方案本身甚至是译者或检索者自身的一些技术常识的储备来给待翻译的技术术语一个准确的翻译。当然这里所说的技术术语溯源主要使用在当技术方案中出现的技术术语不属于国家统一规定的技术术语，或者申请人采用了不规范的术语表述的情形。

技术术语溯源的主要目的在于便于申请人、检索者以及公众对于发明的理解。汉语是博大精深的，在我国有很多申请人或译者由于自身的语言表述习惯问题，会将一些技术术语采用各种修饰或包装手段阐述出来，这也是目前给我们的翻译、审查甚至专利诉讼带来困难的一个原因所在。

2. 技术术语溯源与关键词的拓展

技术术语溯源实际上就是关键词拓展的一个过程。在很多利用语意进行检索的软件中，也都植入了通过技术术语溯源来检索相关度高的对比文件的程序。

对于专利申请而言，技术方案虽然千差万别却又有着千丝万缕的联系，这在系列申请、技术领域相近的申请、交叉领域的申请中体现得更为明显。具体而言，我们进行技术术语溯源来实现关键词的拓展主要体现以下几个方面。

第一，语意的拓展。

语意的拓展是最简单的一种通过技术术语溯源实现拓展关键词的方式，其是通过对待翻译或检索的专利相关文件进行阅读后，联系上下文的具体含义来实现技术术语溯源。例如，上面我们谈到的例子：权利要求请求保护"一张桌子的皮层"，在进行翻译或检索时，译者或检索者通过阅读说明书全文并结合对于附图的参考，最终可以确定这里所述的"一张桌子的皮层"的真实含义就是"一张桌子的表层"，只不过是申请人采用了比喻的手法，将其比喻为"皮层"（而并非真正意义的皮肤组织表层的含义），这样在确定翻译或检索关键词的技术术语表达时就可以选择 surface layer、表层、表面等作为关键词。

第二，不同国家/地区的语言差异。

目前，进入我国的专利申请主要来源于以下国家或地区，其中包括：中国大陆、中国台湾地区、欧洲、美国、日本和韩国。

不同国家或地区由于语言的不同，其对相同含义的技术术语的表述是存在差异的，例如，在汉语中表示的技术术语"等离子体"在英文中的表述为"plasma"，在日文中的表述为"プラズマ"，在韩文中的表述为"플라즈마"，而在同属汉语体系的我国台湾地区对"等离子体"的表述则为"电浆"。虽然都表示了等离子体的含义，但是由于语言差异要想在世界专利文献中获得较为全面的与"等离子体"相关的专利文献，如果没有上述不同语言环境下该技术术语表述的积累，显然是做不到的。

第三，多渠道拓展。

无论是在翻译时，还是在检索时，都应该对专利文献中所出现的技术术语准确把握，应该确定这些术语是描述产品的还是描述方法的，是否属于规范的科技术语，是否有比较成熟的中外文对照。下面是几种拓展准确翻译技术术语的渠道。

（1）若技术术语涉及某种产品，则可查询生产此产品的世界知名公司，尤其是外国公司的官网。

仅以汉译英为例说明，例如，技术术语"对射传感器"（涉及光电领域）若直接译成"opposite type sensors"，则会出现以下问题：译文中专利术语"对射传感器"翻译不准确，并非"opposite type sensor"。在传感器技术领域中，对射传感器即对射式传感器，是一个专用名词，有特定的英文翻译。我们从施耐德电气有限公司的官网上，可以查到对射式传感器的英文翻译为 thru-beam sensor 或者 through-beam sensor。例句：该监测单元包括至少一组对射传感器（The monitoring unit comprises at least one group of through-beam sensors）。

（2）对于医疗器械领域来说，可以采用如下方式对技术术语进行翻译：国家食品药品监督管理总局+生产此种医疗器械的公司+相关技术领域的国外专利申请。

例如对专利术语"包皮环切缝合器中靶座"（涉及医疗器械领域）的翻译，若将"靶座"翻译成"target base"，则是不正确的。根据技术方案的上下文可以理解到"包皮环切缝合器"中"靶座"到底是什么装置，其具体作用是什么。通过上述工作，我们认为此处"包皮缝合器"中的"靶座"的作用是用来固定刀片的砧座，通过搜索关键词 foreskin stapler（包皮缝合器）、circumcision（环切）等，我们查询到相关技术领域的国内外专利申请，在这些专利申请文件中，起到靶座作用的装置英文为 anvil 而不是 target base。

（3）利用百度搜索+有道翻译。

以汉译英为例，对于专利术语"推片"（生物医药领域）的翻译，若直接按照字面意思翻译成"pushing piece"，则会出现如下问题：通过百度搜索我们可以得知"推片"在生物医药领域是一种制作过程，即，制作临时涂片时，可取一片载玻片作推片，将推片自液滴左侧向右侧移动，使液滴均匀地附着在两片之间。从有道词典翻译可以查询，"推片"的翻译应该为"smear slide"。

（4）查询相关技术领域的已授权专利文献。

例如对于专利术语"双倾斜焊接面"（机械领域）的翻译，若按照字面意思会直接译成"double inclined weld face"。但通过搜索专利申请文件，我们找了一个已经授权的专利申请文献，其中双倾斜焊接面有对应的专业术语，为 compound-miter weld face，显然上述直译是不准确的。

（5）利用各种百科工具（例如，百度百科、维基百科等）。

例如，对于技术术语"捻距"（属于机械领域）的翻译，若根据字面意思会直接译成"pitch"，但该英文表述并不是技术方案中所要表达的技术含义，而仅仅是一个词典中给出的翻译结果。通过结合百度百科，我们可以得知"捻距"的正确翻译应该为 lay-length。

例句：每根外层股的捻距为股直径的 6.6~7.0 倍（The lay-length of each outer layer strand is 6.6-7.0 times its own diameter）。

(6) 通过纸媒手段获取（期刊+相关专业领域字典）。

例如，对于专利术语"母液"（属于化学领域）的翻译可以采用如下方式：通过查询化学领域的相关期刊，如稀有金属和硬质合金，并结合英汉科学技术词典，我们得到化学领域内的母液应该翻译为 pregnant solution 而不是 female liquid。例句：对钛白水解母液中提钪工艺流程的改进研究（Improvement of Sc Recovery from the Ti White Hydrolyzed Pregnant Solution）。

总之，无论是上面所例举的专利专业术语的中译英，还是其他语种的互译，可以参考的途径有相关技术领域的已授权的专利申请文件、相关技术领域著名的公司、国家权威机构、期刊论文等。国家知识产权局专利检索咨询中心为译校者以及检索者提供了这些拓展渠道的软硬件支持。

(7) 利用专利检索与服务系统扩展关键词。

国家知识产权局官方网站上提供了便于公众检索的专利检索与服务系统（在上节介绍分类号的时候已经有所阐述）。在这个平台下，检索者可以进行关键词的拓展。具体做法如图 3-2-1 所示：从国家知识产权局官方网站进入专利检索与服务系统的界面，选择多功能查询器（红色框）菜单，在该菜单下选择关联词查询子菜单（天蓝色高亮显示），然后在放大镜旁边的基本词对话框中输入想要查询的关键词，例如"等离子"，然后点击查询按钮，则在基本词对话框下方将会出现与待查询的关键词相关联的词语，同时在基本词的右侧出现一个显示框，将会显示与所输入的基本词相关的繁体词（一般为我国台湾地区的该技术术语的称谓），以及对应的英文。而基本词下方的显示框所显示的各种与所输入基本词相关的关键词也都可以查询其相应的繁体撰写方式以及对应的英文翻译。

图 3-2-1　专利检索与服务系统中多功能查询器关联词查询功能示例

同时，在专利检索与服务系统的多功能查询器菜单下还提供了双语词典（中英文），可以给使用者提供对应的中英文关键词的翻译服务。

3. 技术术语溯源与分类号的确定

把分类号形容为专利申请的"标签"最恰当不过了，因为它能够标识同一类的技术方案，对于技术人员来说很容易通过这个"标签"查找到其所关注的专利技术，而对于检索者来说，利用分类号进行检索则是一种非常重要的手段。

用于解释分类号所代表的技术含义的技术术语，则是技术人员或检索者能够明确"标签"含义的重要信息。通过上面介绍的语意的拓展以及多渠道拓展等手段，可以将现有的专利技术方案中的技术术语进行拓展，从而得到可以帮助理解该专利技术的多个角度，然后从现有的分类体系中获取该角度所归属的分类号，再通过分类号进行检索以获取所需要的专利技术信息。

例如，某专利申请涉及一种等离子体显示器，其包括平行设置的上下两基板，在上下两个基板上设置的 XY 电极，其中 X 电极与 Y 电极垂直放置，在下基板上有多个阻隔壁相互平行设置并形成多个放电空间。

在这个例子中通过阅读说明书全文（需要结合说明书附图的内容）可以将上述申请文件中的技术信息进行拓展："基板上有多个阻隔壁相互平行设置并形成多个放电空间"可以语意拓展为"放电管"。而"垂直设置的 XY 电极"可以通过多渠道拓展为"交叉电极"。再根据原始的技术方案能够很容易提取出来具有规范语意的信息"显示板"、"充气放电"，通过上述拓展很容易获得该技术方案的 IPC 分类为 H01J 17/49，同时，通过 IPC 分类可以获得相关的 CPC 分类、FT 分类、UC 分类以及 ICO 分类等分类信息。

4. 技术术语溯源与专利申请文件的理解

无论是技术人员还是检索者，对专利文献的理解都尤为重要。试想，如果检索者或技术人员对于技术方案的理解是错误的，那么怎么还能做到客观、公正地审查或研发呢！因此，在对专利申请文件中出现的技术术语进行理解的时候，除了要联系上下文以外，还可以通过本文中所介绍的手段（如语意的拓展、不同地区的语言差异以及多渠道拓展等）准确地把握不规范术语的含义所在，以便开展后续的审查或研发工作。

5. 技术术语溯源与对比文件的抓取

在审查或研发过程中，通过检索的手段获得相关技术内容的系列申请有助于在审查过程中获得 X、Y、R、E 类文献，或在研发过程中避免重复研究，以及避免专利侵权行为的发生。

例如，某申请要求保护如下技术方案：一种放电灯，其包括灯罩、灯座以及布置在灯罩中的发光管，其特征在于发光管为 3 个成 DELTA 形状布置。

针对这项技术方案的检索工作，显然先抽取出比较规范的技术术语，如灯座、灯罩、发光管、电极等，而发明点"发光管呈 DELTA 布置"若仅仅从中提炼出 DELTA

作为关键词进行检索，显然在很大程度上局限了检索的范围，很有可能造成漏检。

这里，检索者或技术人员可通过对"DELTA"这个技术术语的拓展来实现全面的检索。事实上，DELTA 是希腊语，其所代表的符号为 Δ，而符号 Δ 又与我们几何学中的三角形相似，而三角形又分为等腰三角形、等边三角形、直角三角形多种，等边三角形又有一种称谓叫作正三角形，而这些都会影响技术方案中所谓的"DELTA"的专利性。经过上述拓展后，检索者在实际检索的时候仅仅选用了 3 个放电管作为拓展后的技术术语进行检索，最终获得了多篇能够否定该申请新颖性或创造性的对比文件。这主要是因为，无论选择 DELTA 还是三角形，还是符号 Δ，其都具有局限性，不但局限在术语表达多样性容易表述不全面，还局限在例如 Δ 这样的符号是有可能无法在检索系统中实现检索的。那么，在确定"DELTA"这个技术术语的检索表达时，作为检索的高手则将其上位成具体构成这个形状的部件名称以及数量，由于最终的检索要素控制在发光管所构成的形状上，因此只需要看图就可以很快获得相关的专利文献。

6. 技术术语溯源与翻译的质量

影响翻译质量的因素除了英语语法的运用因素外，最重要的还要数专利文献的翻译习惯以及专利文献中技术术语的准确表述。

翻译习惯的培养需要优秀的翻译团队，该团队不但需要具有较好的英语功底，还应该熟知专利文献翻译的要点和特点。虽然属于科技文献翻译范畴，但专利文献最终落实的是公开换取保护以及专利权的确权范围，因此，科技文献的翻译显得更为重要。因此，对于专利文献的翻译习惯主要还是体现在语言表述的清晰度、与原文保持的一致度上，过分的修饰或意译（相对于直译）在专利文献的翻译中并不适合。

分类号和关键词是检索中的基本检索要素，有了分类号和关键词就如同厨师做菜有了菜和肉，那么如何加工成美味的菜肴还需要有菜肉的搭配选择以及调味料，搭配不当或缺少调味料的菜肴一定不会令食者满意。实际上，在检索过程中也存在食材的搭配和"调味料"的选择，这种"搭配"和"选择"就是检索式的构造，也是检索策略中非常重要的一部分内容，在接下来的章节中将会介绍这一知识点。

第四章　检索式的构造

第一节　各种算符的使用

检索过程与利用计算机编写程序的过程有些相似，都是采用某些手段、实现某一目的、获得某些结论的过程。计算机程序的编写需要规则和语法，检索过程同样需要一定的规则，其中算符的使用就是重要的规则之一。

算符的使用与检索的数据库密切相关，不同的检索数据库有不同的算符使用规则，本节中我们将以国家知识产权局官方网站所提供的专利检索与服务系统为例进行介绍，在其他的数据库中进行检索所用的算符使用方法大同小异，根据各个检索数据库中的说明使用即可。

如图 4-1-1 所示，选择专利检索与服务系统中"常规检索"界面并把鼠标的光标停留在检索左侧的对话框位置，则系统自动提示检索者在该环境下进行检索的规则信息（图中圆圈部分）。

图 4-1-1　专利检索与服务系统中"常规检索"界面

如图 4-1-2 所示，专利检索与服务系统中"表格检索"界面给检索者提供了更为直接的检索环境，检索者可以在表格对应的对话框中输入相关信息进行检索。如在发明人对话框中输入"张三"，然后点击检索，则系统将检索发明人为"张三"的专利文献。同样，将鼠标的光标停留在命令编辑区下方的对话框处时，系统也会自动提示在该对话框内的输入规则。

图 4-1-2 专利检索与服务系统中"表格检索"界面

无论是图 4-1-1 的常规检索还是图 4-1-2 的表格检索，在其使用规则提示中都给出了算符 and、or、not 的使用。这 3 个是最常用的逻辑算符，分别表示逻辑与、或、非。

例如，检索者输入检索式：苹果 and 红色，其表示的含义就是检索红色苹果的相关技术方案。

若检索者输入检索式：苹果 or 香蕉，其表示的含义就是检索含有苹果或者含有香蕉的相关技术方案。

若检索者输入检索式：水果 not 苹果，其表示的含义就是检索不包括苹果在内的水果的相关技术方案。

在图 4-1-2 所显示的表格检索中还给出了截词符+、?、#。截词符一般应用在词根相同的英文单词的检索当中。英文单词由于词性的不同会有不同的拼写，但是无论是名词性、形容词性还是动词性等，它们的词根是相同的。例如，单词 spell（拼写），其动名词是 spelling，显然这两个词的词性不一样，但是有共同的词根 spell，用截词符就能检索这两个词根相同的词。检索数字或数值范围的时候也会用到截词符，比如与圆周率 π 相关的数值范围的检索。众所周知，圆周率的数值介于 3.1415926～3.1415927，显然像 3.141592658756、3.141592658625……不计其数的数值在这个数值范围之内，那么如何能够简化检索式并且获得这个数值范围的检索结果呢，这个时候截词符就派上用场了。

"?"代表一个或没有字符，例如 apple？代表的是 apple 和 apples 都在检索范围内的含义。

"#"代表一个强制存在的字符，例如 apple#代表的是 apples 而不代表 apple。

"+"代表任何长度的字符串，例如"3.1415926+"其代表后面有 0 至任何位数的数字。

在实际检索过程中，检索者可以根据需要进行截词符的选择以便获得全面有效的检索结果。比如上面举的例子，spelling 和 spell 则必须用 spell+来表示对上述两个词语的检索，因为"+"可以用来表示任意位数的字符，当然也可以用例如 spell????、spell ####?? 等方式表述一个拼写可能会存在多种样式的单词或数字。

图 4-1-2 中还给出了例如 NOTP、NOTF、F、P、S、D、nD、=nD、w、nw、=nw 这些算符。这些算符叫作同在算符，用于将检索范围缩写，消除噪声。

刚才介绍了 and、or、not 这 3 个逻辑算符，例如使用 and 进行检索，红色 and 苹果，"红色"和"苹果"只要出现在专利文献中的任何位置都会被作为一个检索结果输出，如果检索者想要检索一个专利仅仅涉及"红色的苹果"，那么，通过"红色 and 苹果"这个检索式进行检索则很容易造成检索结果中存在很多噪声，例如会检索到"红色编织袋"包装的"苹果"的专利，而这篇专利并非检索者真正的检索目的。这时候就需要利用同在算符进行检索噪声的消除了。

"F"：表示同一字段的含义。所谓字段，就是检索的索引对应的内容，比如，在图 4-1-2 中所示的摘要、关键词、权利要求、发明人、说明书……都是字段的名称，例如，A F B，则代表 A 和 B 在相同的字段中，A NOTF B，则代表 A 和 B 不在同一字段中。

"P"：表示同一段落的含义，一般应用于例如说明书或权利要求字段中的检索。例如，A P B，则代表 A 与 B 同处一个段落当中，而 A NOTP B 则代表 A 与 B 不在同一个段落当中。

"S"：表示同一句子的含义。例如 A S B，代表 A 与 B 在相同的句子中出现。

"W"：表示一个词语中前后的内容，但要有顺序。例如放电 W 灯，代表放电灯的含义，而放电 2W 灯，则可以代表放电的灯、放电装饰灯以及放电灯的含义，即 A nw B 代表 A 先 B 后并且 A 与 B 之间可以间隔 0~n 个字符，而 A =nw B 则代表 A 先 B 后并且 A 与 B 之间仅仅只能有 n 个字符。

"D"：表示一个词语中前后的内容，可以没有顺序之分。例如放电 D 灯，代表的可以是放电灯，也可以是灯放电的意思。而放电 2D 灯，则可以代表放电的灯、灯的放电、灯装饰放电、放电装饰灯以及放电灯等含义，即 A nD B 中 AB 不分先后并且 A 与 B（或 B 与 A 之间）之间可以间隔 0~n 个字符，而 A =nD B 则代表 AB 不分先后并且

A 与 B（或 B 与 A 之间）之间仅仅只能有 n 个字符。

"（）"：表示优先级，优先检索的用"（）"括起来。

第二节　检索命令的使用

学会了分类号、关键词以及各种算符，只要掌握一些检索的命令，检索者就可以自由构建检索式了。

如图 4-1-2 所示，在国家知识产权局官方网站的专利检索与服务系统中给出了一些常规的检索命令，其中检索命令包括索引字段以及检索式。常用的索引字段有申请号、申请日、公开号或公告号、公开日或公告日、发明名称、IPC 分类号、申请人或专利权人、发明人、优先权号、优先权日、摘要、权利要求、说明书、关键词，这些索引在不同的检索数据库中的表示也有不同，比如，摘要在德温特数据库中就用 AB 字段表示，说明书在欧洲全文数据库中就用 DESC 表示，权利要求在欧洲全文数据库中就用 CLMS 表示等。下面展示的是 EPTXT（欧洲全文数据库）中相关的字段名称、索引名称以及字段全称等信息：

字段名称	索引名称	字段全称	中文描述
AP	APCODE	Application Number	申请号
APD	APDDATE	Application Date	申请日
APTY	APTYCODE	Application Type（Original）	申请专利类型
CC	CCCODE	Country Code	公开（告）国家
CLMS	CLMSTEXT	Claims	权利要求说明
CTT	CTTDATE	Create Time	首次入库时间
DESC	DESCTEXT	Description	说明书正文
EC	ECCODE	EC Issuing Office	EC 分类
FN	FNCODE	Cross Family Code	同族号码
IC	ICCODE	IPC Issuing Office	IPC 分类
OPR	OPRCODE	Oldest Family PR	本族最早优先权号
PD	PDDATE	Publication Date	公开日期
PN	PNTEXT	Publication Numbers	公开号
PNO	PNOTEXT	Publication Numbers（Original）	公开号（原始）
PNSE	PNSECODE	PN Serial Number（Original）	公开（告）流水号（原始）
PNT	PNTCODE	Publication Type（Original）	公开级代码（原始）
UT	UTDATE	Update Time	数据更新时间

事实上，任何一个数据库都会在使用说明中给出相关的字段名称，利用这些字段名称来构建检索命令。

不同的字段名称有不同的字段类型，大体上，检索用的字段类型包括3类：一类是日期型（DATE），一类是代码型（CODE），还有一类是文本型（TEXT）。其中，日期型的典型代表字段有申请日、公开日等，代码型的典型代表字段有分类号、优先权号等，文本型的典型代表字段有摘要、说明书以及权利要求等。

以图4-1-2所示的检索界面为例，这里可以在由申请号、申请日、权利要求、说明书等构成的表格式对话框中输入相应类型的内容。比如，在分类号中输入H01J17/49，在说明书这一对话框中输入"等离子体显示器"，这样就可以执行检索命令了，这一命令的含义就是检索分类号为H01J17/49并且在该专利文献的说明书中含有关键词"等离子体显示器"的专利文献。检索者也可以采用命令编辑区下方的对话框输入检索式，就国家知识产权局（SIPO）提供的专利检索与服务系统来说，可以直接从上文中列出的字段选取相应的索引字段，以及相应的运算算符，用鼠标直接点击即可，此时系统自动生成同一输入格式，检索者只要输入相应的关键词或分类号或其他检索用的相关信息即可执行检索命令了。

第三节 关键词结合分类号的检索

关键词结合分类号的检索是最常用的检索策略。这个检索策略就好比在图书馆里找图书，先找到科技图书的分类架子，然后再找在这个架子中有关量子力学的图书，这里"分类架子"相当于分类号，"量子力学"相当于关键词。

检索对于检索者的背景技术知识要求相当高，如果特别熟悉某一技术领域则很容易做到全面、准确的检索。

但很多情况下，检索者对于待检索的技术方案或主题可能并不特别熟悉，有些情况下甚至比较陌生，那么此时好的检索策略能够弥补这种不足，同样能够实现快速、准确并且有效的检索。下面首先介绍关键词结合分类号的检索策略。

一、关键词+分类号

比如要检索有关"等离子体显示器"中有关放电空间构型的技术方案。首先，检索者知道要检索技术方案的关键词是：等离子显示器、放电空间、构型；然后，检索者对关键词进行拓展，比如，"等离子显示器"可以拓展为"等离子体显示器"、"等离子显示屏"、"等离子体电视"等，检索者通过使用上述关键词在相应的检索数据库中进行检索后，发现了与等离子体显示器对应的IPC分类号集中在H01J17/49下，随后检索者采用上面章节中介绍的分类号关联查询系统查询到与H01J17/49相关的EC分类为 H01J17/49D2D，UC 分类为 313/582，FT 分类为 5C040，通过关联词拓展功能查询到与等离子体相关的台湾地区的称谓是"电浆"。就此审查员通过第一轮的关键词，查询到了与该关键词相关的 IPC 分类号以及与该 IPC 分类号相关联的 UC、FT 以及 EC 分类号（当然用之前章节介绍的数据库可以查询到 CPC 分类，这里就不再重述）。得到了上述检索要素后（这里的检索要素主要是关键词以及分类号）选用合适的数据库，并在该数据库相关的索引字段下，采用相关算符进行检索，就得到了相对准确和全面的检索结果。

例如，在 SIPO 的官方网站上提供的公共检索服务平台中利用关键词和分类号进行检索（检索界面如图 4-3-1）。

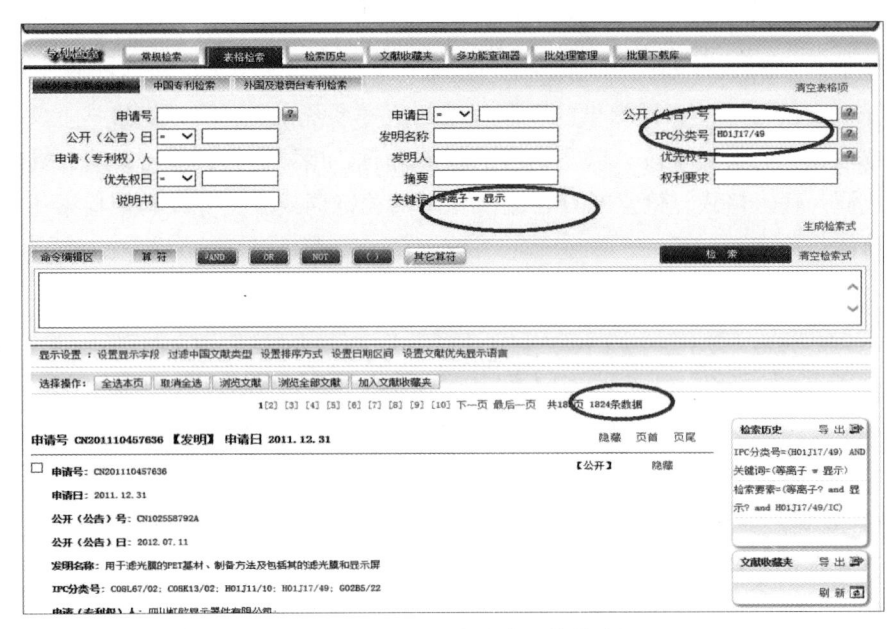

图 4-3-1 关键词结合分类号的检索界面

从图 4-3-1 中可以看出，利用分类号"H01J17/49"以及关键词"等离子"和"显示"进行检索得到 1 824 个检索结果，依次显示在检索界面的下方。

二、分类号+关键词

下面介绍分类号+关键词的检索策略。虽然检索要素都是分类号和关键词，但是这两个检索要素的顺序不一样，检索所侧重的方向也是不一样的。上面我们谈到了关键词+分类号的检索策略中关键词在前、分类号在后，这个检索策略一般适用于检索者已知一些或可以通过关键词描述的技术信息，想要拓展与上述关键词描述的技术信息相关的技术方案的情形。而分类号+关键词的检索，分类号在前，关键词在后，这种检索策略一般侧重于想要获得某一技术领域内相关具体技术分支的检索。实际上，无论是关键词+分类号，还是分类号+关键词，两种检索策略总是相辅相成、互通有无的。

例如，若检索者知道 H01M 分类号是涉及直接转变化学能为电能的方法或装置，例如电池组，这样一条分类信息，然后通过前面介绍的手段获得了 H01M 相关的分类 H01M4/00 涉及的是电池中的电极。由该分类的相关解释，检索者还了解了电极的相关技术还包括由活性材料组成或包括活性材料的电极，具有中央型芯的压制电极，即 dollies。由此，检索者从分类号中获得了相关的关键词信息，例如中央型芯、dollies 等，这些关键词的拓展对于检索者的全面、有效的检索是非常有帮助的，特别是，可以通过分类号关联查询器，将从 UC、FT、CPC 等多种分类中获得的技术解释中提炼的有用关键词都纳入关键词拓展的环节中来，由此拓展检索的范围。

无论是关键词还是分类号，最终目的都是拿它们当作实现检索目标的手段或方法。在实际检索过程当中，很多关键词和分类号都是随着检索过程的发展逐渐由检索者自身积淀形成的，关键词和分类号作为最基本的检索要素总是你中有我，我中有你，这还需要检索者自身把握其实质。

第四节　利用著录项目信息的检索

什么是著录项目信息呢？如图 4-1-2 所示，申请号、申请日、公开号、公告号、公开日、公告日、发明名称、申请人、专利权人、发明人、优先权号、优先权日等这些都属于著录项目信息。利用著录项目信息进行检索就是在对应的著录项目信息后面输入相应的检索内容以获得检索结果。

一、著录项目信息检索的特点

（1）能够实现快速检索。比如，知道某一专利申请号，直接在申请号一栏输入该申请号即可直接获得该专利申请。

（2）能够获得系列申请。比如，在发明人一栏输入发明人信息，那么就能获得该发明人所申请的全部专利的信息。

（3）能够获得高关联度的申请。比如，通过申请人或发明人并结合相关 IPC 分类号进行检索，就可以达到技术相关度高的专利申请集合。

（4）便于实现专利分析。无论是公开日、申请人还是发明人，这些都是重要的技术情报的主体，因此利用相关的著录项目进行专利分析是非常好的选择。

二、利用著录项目进行检索的注意事项

第一，根据不同数据库来选择不同的著录项目进行检索。

不同的数据库提供给检索者的著录项目信息是不同的，所以需要检索者事先了解相关检索数据库中所能够提供的著录项目信息的内容。

第二，注意输入法则。

很多著录项目信息的检索输入需要一定的规则，比如申请日的检索就需要知道输入的日期格式是 20140615 还是 2014.06.15 或是 2014-06-15，再比如想要输入某一时间段就需要知道输入的方式是 2013-2014 还是 2013：2014。一般情况下，各个检索数据库都会在帮助中给予检索者相关提示，以方便检索者的检索。

第三，注意融合关键词和/或分类号。

在大多数情况下，著录项目的检索也不是孤立的，都需要结合关键词或分类号以更为直接地获得检索结果。

第五节　语意检索

语意检索好比语文老师让学生总结一篇文章的中心思想或段落大意，这个过程是由检索者完成的，并且是检索者的一个再加工的过程，即通过检索者对于技术方案的理解，将技术方案进行概括或总结，加工成待检索的技术信息。

现阶段典型的语意检索平台是 Patentics，这一网站的语意检索将会在本书的后面章节中有所介绍，这里就不再重复。在互联网上例如百度、谷歌这样的网站也提供语意检索的功能，这主要依靠后台的程序设计。下面介绍在一般的检索数据库中语意检索的常规方式。

一、概括式的检索

所谓概括式的检索，就是检索者需要对待检索的内容进行概括，通常通过关键词的方式表示出来，然后再通过这些概括出来的关键词进行检索。

例如，一项有关等离子体显示器的技术方案，检索者从该方案中概括出了等离子体显示器、阻隔壁、厚度、不同这些关键词作为检索要素进行检索，这就是一个典型的概括式的检索。概括式检索也是利用关键词检索的一种形式。

二、模糊式的检索

所谓模糊式的检索，就是输入一个关键词作为检索内容，但是这个关键词对应的领域、关联词都暂时不被作为检索要素。模糊式检索的关键就在于了解一个不被公众所知的概念以及与这个概念相关的关联性词语的拓展过程。

例如，检索者输入"电浆"进行检索，通过检索发现了与电浆相关的词语是"等离子体"，无疑这一过程拓展了检索词和思路。

三、中心思想检索

所谓中心思想检索，就是检索者概括出待检索内容的中心表达思想，然后利用该中心表达思想作为关键词进行检索的过程。

例如，一项技术方案涉及的是一种灯内部发光管的布局构造，3个发光管呈△排列。此时，检索者可以将这个检索过程概括为发光管布局或排列形状进行检索，就可以检索到相关对比文件。

总之，语意检索的方式多种多样，本节中仅仅给出有限的例子示范参考。

第五章 检索策略的综合运用

第一节 应用分类的检索——以 CPC 分类为视角

一、内容概述

欧洲专利局的审查员具有较高的检索水平,那么欧洲专利局的审查员是如何进行检索的呢?经过调查研究我们发现,他们的检索策略通常就是分类号结合关键词,刨除母语因素可能造成对于检索结果的影响外,我们也对关键词和分类号这种常规的检索方式的使用上进行了分析。2013 年开始,欧洲专利局正式使用 CPC 分类体系,在这种分类体系下如何更好地进行检索,课题研究主要从上述两个方面入手,深入挖掘常规检索方式背后的深层含义,希望通过 CPC 体系检索这个视角,给中国专利局审查员的审查工作提供帮助。

二、利用 CPC 分类模块进行检索

(1) 针对权利要求请求保护技术主题的 CPC 分类。

(2) 针对权利要求技术特征相对于现有技术进行划界(一般基于申请人实际的撰写方式或本领域技术人员的一般技术常识),将划界后的权利要求的技术特征分成若干模块,其中包括属于现有技术的模块和体现发明点的模块。对体现发明点的每一模块所涉及的技术内容进行 CPC 分类(以下简称体现发明点技术模块的 CPC 分类)。

(3) 判断是否存在准确的体现发明点技术模块的 CPC 分类。

(4) 若能够清楚地确定权利要求保护主题的 CPC 分类以及能够清楚地确定体现发明点的技术模块的 CPC 分类,则提取相关的 CPC 分类在 EPODOC 数据库中利用 CCI 字段进行检索。

(5) 若能够清楚地确定权利要求保护主题的 CPC 分类并且能够部分清楚地确定体现发明点技术模块的 CPC 分类,则应当进行如下两个步骤的操作:第一步骤,适当扩展未被清楚确定的体现发明点技术模块的 CPC 分类领域(原则上应该体现与其相关或相近或上位或功能效果相近的 CPC 分类或利用截词符号进行拓展);第二步骤,在上述操作(特指第一步骤)不能有效检索到相关体现发明点技术模块的相关 CPC 分类时,优先转入(7),可选择转入"三、同义词扩展检索"或"四、其他补充分类检索"进行补充检索。

(6) 若能清楚地确定权利要求保护主题的 CPC 分类但对体现发明点的技术模块的 CPC 分类难以确定时,则优先转入(7),可选择转入"三、同义词扩展检索"或"四、其他补充分类检索"进行补充检索。

（7）CPC 的扩展检索，是指将确定 CPC 的分类确定从针对权利要求确定 CPC 分类号延展到可从说明书关键要素的提取中获得相关的 CPC 分类信息进行辅助检索（特指辅助技术模块的 CPC 分类进行检索）。这里，说明书关键要素是指：解决相关技术领域的技术问题；技术方案能够带来的技术效果；与改进结构关联的结构部件或方法步骤；背景技术中引证相关专利文件的 CPC 分类；相关技术领域的 CPC 分类；根据"三、同义词扩展检索"所获得的 CPC 分类等。

若根据（5）、（6）未获得有效检索结论，则应该选择（7）中利用 CPC 的扩展检索进行补充检索。

（8）若（1）~（7）都未检索到有效对比文件，则选择终止利用 CPC 模块进行检索的策略，转入"三、同义词扩展检索"或"四、其他补充分类检索"。

（9）将未被 CPC 划分的新技术领域提交相关部门以便补充相应的 CPC 分类。

三、同义词扩展检索

（1）在无合适的体现发明点的 CPC 分类的情况下，可选择同义词扩展检索。根据英语语言的特点，选择的同义词应当基于权利要求保护技术方案中的实体词，以及该实体词可能有的扩展表述或相关技术领域针对该实体词所指的技术部件或方法步骤所有可能的技术表述实体词。本步骤可以通过 Google 翻译或英文科技辞典等工具完成。

（2）若经本节的二以及三（1）小节未检索到相关对比文件，则应该拓展同义词扩展检索的范围，将范围延展到针对说明书的相关实体词进行检索。根据经验，这里所说的说明书的相关实体词特指：解决相关技术领域的技术问题中体现的实体词；技术方案能够带来的技术效果中体现的实体词；与改进结构关联的结构部件或方法步骤中体现的实体词；背景技术中技术方案中体现的实体词（这里需要强调的是，针对背景技术的改进往往会体现相同的发明构思，因此无论从 CPC 分类的提取还是从同义词的拓展都具有检索上的借鉴意义）。

（3）若均未检索到相关对比文件，则终止同义词扩展检索，将收集到的相关同义词放入 S 系统检索资源列表中。备注与该未检索到的同义词相关的 CPC 分类的建议（提交 EPO）。

（4）可选择进入"四、其他补充分类检索"进行检索。

四、其他补充分类检索

（1）从一种获得的技术领域和相关的技术模块中确定准确 IPC 分类，对应找到 F-Term 分类。

（2）利用 F-Term 分类对未检索到的技术模块进行 F-Term 分类补充检索。参见图 5-1-1。

以 CPC 分类为主的检索模式模板参见表 5-1-1。

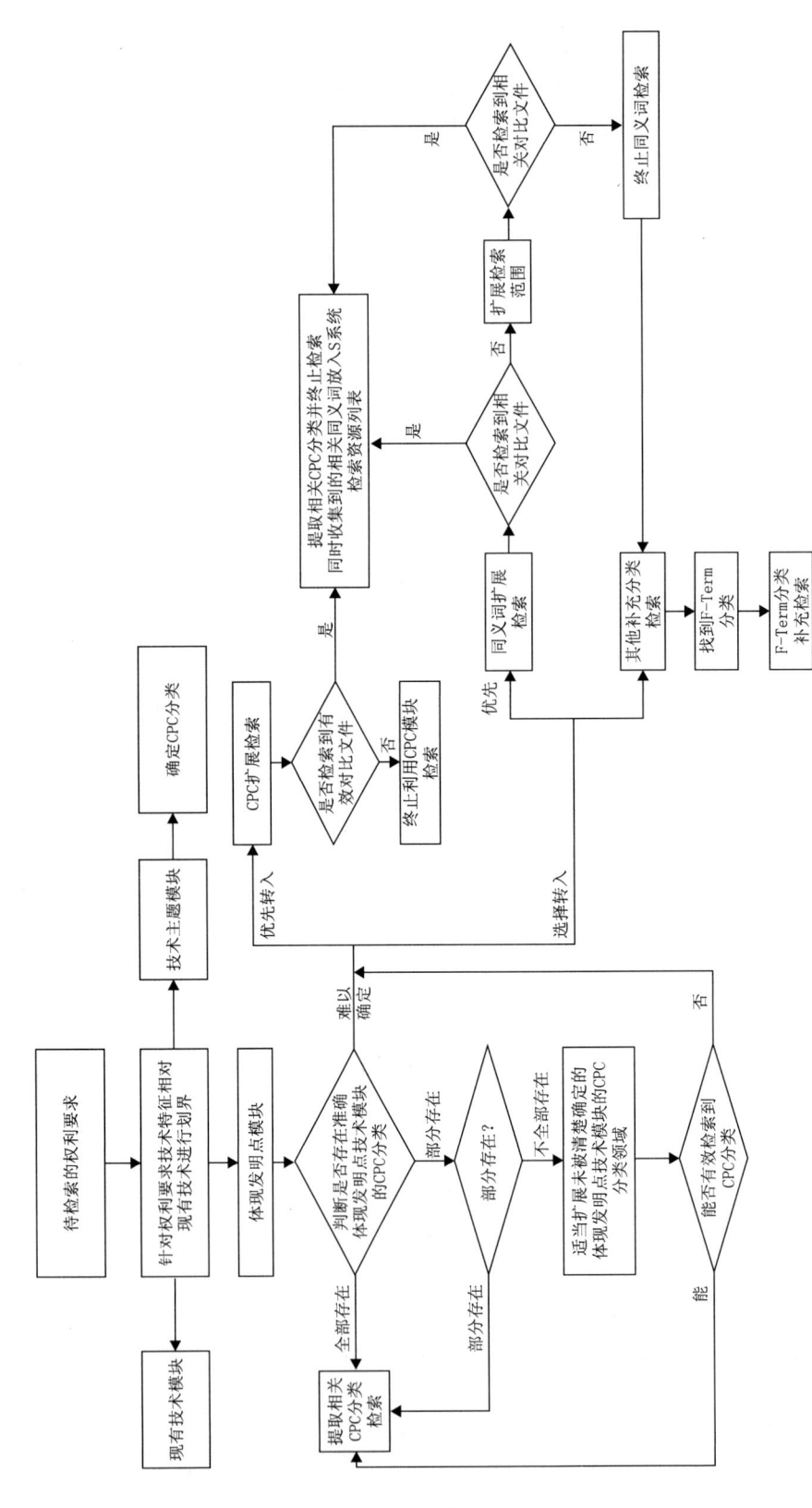

图5-1-1 利用F-Term分类对未检索到的技术模块进行F-Term分类补充检索

表5-1-1 以CPC分类为主的检索模式模板

技术主题	对待检索的权利要求的分析														可检索的基本检索要素列表						备注
	现有技术	与现有技术划界后对应的CPC分类（CPC2是指与划界后相应特征对应的CPC分类）					CPC2分类中能够提炼的关键词					无法提炼出准确CPC分类的技术内容							技术主题的CPC1	体现发明点的CPC2(ABCD...)	从CPC2中提炼的关键词(AB'C'D'...)	无准确CPC时提炼的实体词(A"B"C"D"...)	无准确CPC时提炼的衍生词(A"'B"'C"'D"'...)	分领域建议
													实体词				衍生词				I	II	III	IV	V	
		A	B	C	D	A'	B'	C'	D'	A"	B"	C"	D"	A"'	B"'	C"'	D"'						
体现发明要求保护的主题名称所涉及的技术领域	根据审查员的已有技术知识或申请的背景技术确定	（已有技术知识）																						
		（本申请背景技术中记载的内容）																						
	随着检索的深入被重新认证为现有技术的内容(abcdefg...)	a																						
		b																						
		c																						
		d																						
		e																						
		f																						
		g																						
技术主题CPC1是指针对技术主题的CPC分类																								

注意事项：（1）上述 I～V 为制定检索策略所用的基本检索要素。
（2）注意在不同系统中CPC的检索字段不同。

— 033 —

第二节　应用分类的检索——FT检索策略分析及应用模板

FT仅涉及日本专利文献和具有日本同族的其他专利文献，而且多数审查员对所属领域FT分类的了解程度并不深，所以在实际的检索工作中，FT分类往往不会首先使用。FT分类的使用情形应当是在通过常规检索手段无法检索到部分体现发明点的技术模块时，再利用FT分类针对上述技术模块进行补充检索，即常规检索为主、FT检索为辅的检索策略。在针对某些领域申请量巨大的日本专利文献进行检索时，FT无疑是一种非常有效的检索手段，对于解决其他分类系统中日本文献检索不全所带来的漏检的状况，能够起到有效的作用。FT从发明目的、用途、结构、效果、材料、控制手段、制造方法等方面和角度进一步细分国际专利分类表（IPC）和日本国内分类系统（FI），从而构成了对一项专利技术的"立体分类"。其细分程度要大大高于IPC，分类准确性也较高。在部分领域经常会遇到某些技术特征所对应的关键词翻译不统一、难以确定或容易遗漏的情况，这时如果找到了合适的FT分类号，可以有效地规避上述现象。

一、利用常规检索手段进行初步检索

在实际的检索中，应当首先利用IC/CPC以及关键词等常规检索手段对发明进行检索。可以根据权利要求的技术方案划分成若干模块，进行全要素或部分要素检索。要素为IC/CPC等体系的分类号和关键词。

二、根据初步检索结果考虑采用FT进一步检索

在常规检索中，假如无法检索到关键的体现发明点的技术模块，得不到相关的对比文件，那么就可以考虑利用FT作进一步检索。FT检索应该重点针对之前未能检索到的体现发明点的模块。之所以要有所侧重，主要是基于以下一些原因。

首先，在之前的常规检索中，必然已经进行了全面检索，并且找到了部分相关文件。那么，使用FT检索也就没必要从头开始全面检索，而应对常规检索中无法检索到的模块进行重点检索，检索的针对性强，检索效率也较高。

其次，中国专利局审查员对FT的分类体系结构并不完全了解，从发明的各个角度都找到合适的FT号是不现实的，更不可能也没必要把与发明相关的所有FT号都找到并用来检索。而仅对个别技术模块找到相对应的分类号是比较容易的，利用其进行检索也是可行的。

三、判断是否存在准确的体现技术模块的FT分类号

判断与技术模块相对应的FT分类号，最简便的方式是查看日本同族都给出了哪些

FT 分类号，然后再查阅 FT 分类表以了解那些 FT 分类号的释义，并从中确定所要检索的技术模块对应的 FT 分类号。以后随着日本对中国专利也给出 FT 分类号，我国审查员就可以方便地从本申请得到相应的 FT 分类号。假若本申请不存在日本同族，那么也可以通过查阅检索得到的较接近专利文件来获得相关的 FT 分类号。此外，利用其他分类号和关键词在 S 系统中进行统计分析也可以搜索到比较相关的 FT 分类号。FT 分类体系从发明目的、用途、结构、效果、材料、控制手段、制造方法等多个角度给出细分，所以针对某个技术模块也应尽可能尝试从多个角度寻找相关的 FT 分类号，为后续检索工作提供足够的检索要素。

四、利用 FT 分类号进行检索

若能够准确地确定技术模块的 FT 分类，就可以在 SIPOABS 数据库中利用 FT 字段进行检索。由于单个 FT 号下的文献量非常巨大，所以尽可能对技术模块从多个角度给出 FT 分类号，再将各个 FT 分类号相与。若检索结果文献数量仍然较大，还可以酌情考虑用其他分类号和关键词作进一步限定。当找到包含相应技术模块的多个文件时，就可以从中筛选与本发明较为接近的对比文件，这就达到了利用 FT 分类号进行检索的目的。

FT 分类号检索是一种有效的补充检索手段，尤其在日本技术比较活跃的领域，经常能获得很好的检索结果，使用 FT 分类号检索能有效提高审查员的检索效率。

第三节 关键词检索策略分析

一、利用关键词进行检索

在检索过程中常用的基本检索要素之一就是关键词，在大多数检索情况下关键词和分类号同时使用，在有些检索情况下仅使用关键词也能获得良好的检索结果。关键词和分类号相互结合使用，通过阅读相同分类号的专利申请可以发现同一结构关键词的不同表述，例如气体放电电离产生的带电粒子，在大陆地区表述是"等离子体"，而台湾地区的表述是"电浆"。本部分主要介绍如何全面准确地选取关键词。而英语关键词选取的难点之一是一些非英语国家的术语表述不规范，例如同一个技术术语，不同的日本申请人采用的表述不同。

《专利审查指南 2010》中指出，在选取关键词时，一般需要考虑相应检索要素的各种同义或近义表达形式，而且在必要时还需要考虑相关的上位概念、下位概念以及其他相关的概念及其各种同义或近义表达形式。也就是说对关键词做必要扩展，必要扩展主要有横向扩展、上位扩展、下位扩展、效果扩展、用途扩展（如图 5-3-1 所示）。

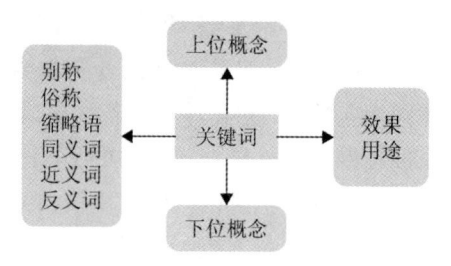

图 5-3-1 关键词扩展

二、关键词的扩展途径

合理准确地选择出关键词，需要建立在准确理解发明的基础上。检索前首先能准确地理解申请文件，确定发明点，然后选取最能体现发明点技术特征的各种可能关键词，从结构、效果、功能等方面进行全面描述。然后对关键词进行适当扩展，一般来说扩展途径有两个，一种途径是源于经验积累。在审查一线工作的时间越长，对审查领域的技术掌握得越来越丰富，逐渐积累了一些专业的通用的技术术语，在处理一些申请时，可能申请文件采用生僻的不规范表述，这时候审查员能不拘泥于申请文件的表述，而是采用本领域规范术语。例如有的申请文件表述的是在显示器基板外侧设置有"不透光图案"，这是一种不规范的过于上位的概括，审查员能迅速想到"黑矩阵"。这种扩展能力和审查工作中的日常积累分不开。另一种途径是查询扩展，接下来介绍一些通用的查询扩展方式。

（1）利用检索系统中的同义词查询功能，例如 S 系统多功能查询器中"关联词查询"功能，为关键词扩展同义词，以及 EPOQUE 系统中的 EPOS 数据库来扩展英文关键词，EPOS 数据库可以检索同义词和相关词。

（2）利用外网常用搜索引擎。一般可以输入"关键词俗称"、"也叫"、"又称"、"简称"查阅同义词。也可以直接用关键词在搜索引擎中检索，通过阅读检索结果，得到相关近义词。

（3）通过互联网的查询工具对关键词进行查询，充分利用例如 www.patentics.com 等网站中的同义词、近义词扩展工具，以及期刊网 CNKI 高级检索项中的扩展项来查阅。

（4）通过权威词典手册进行关键词的查询，以及集成于金山词霸等软件中的各类专业词典等。

（5）在检索过程中扩展。有些申请文件中的技术特征过于上位，或者术语不准确，而审查员根据知识积累又不能进行确切表达时，可以先借助分类号以及能准确表达的关键词进行检索，在详细阅读检索结果时，往往能找到更准确的表达。

三、在检索系统中的表达

关键词在检索系统中的表达方式一般有如下3种。
（1）检索要素准确表达。
（2）利用截词符进行检索要素的模糊检索。
（3）利用逻辑算符对多个检索要素进行模糊检索 s、w、nd 等。

四、关键词检索的基本策略

准确选取关键词是审查员的基本功。由于多数分类号对应的文件量巨大，有个别最低级别分类位置对应的文献量多达数千篇，因此在每种检索手段中关键词都或多或少能起到一定的作用。关键词检索是检索手段的重要构成部分，对于以关键词为主的检索基本流程如图 5-3-2 所示。

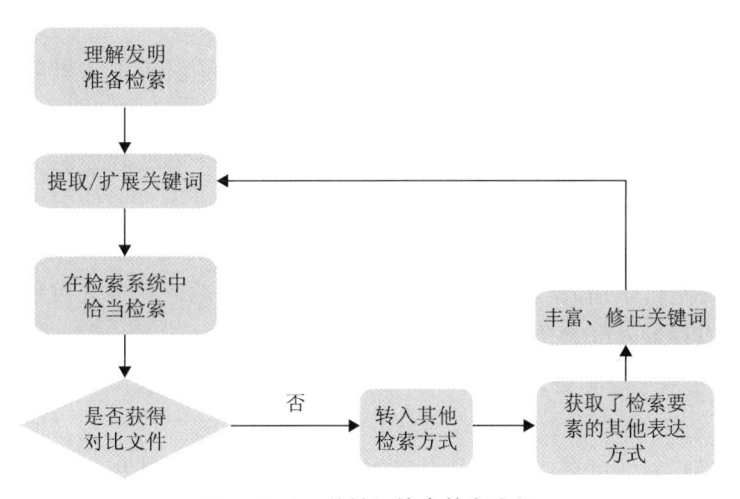

图 5-3-2　关键词检索基本流程

五、以关键词为主的检索模式小结

准确扩展关键词的方式一般有两种：一种是在学习中长期积累，在审查领域全面地统计关键词并且恰当准确地表达关键词，对技术领域越熟悉专业技术知识积累越丰富，选择的关键词就越准确全面；另外一种就是，审查员根据自己的经验积累无法确切扩展，这时候借助阅读检索结果，经常能发现本领域准确专业的表达方式，采用后能得到理想的检索结果。扩展调整关键词是审查员应掌握的基本技能，这种技能的提高需要审查员不断学习积累，很难一蹴而就。

（一）追踪检索策略分析

在开始检索时，必然要查询该案的 PCT 国际阶段、同族以及系列申请的引证文献和被引证文献，必要时还需要查询本申请的背景技术文件、以申请人/发明人作为检索入口追踪后得到的文件。此外，在常规检索中得到的与本发明密切相关的中间文件，但由于各种原因无法作为对比文件，也可以对其进行追踪，通过查看中间文件的引用和被引用文件、寻求和中间文件相关程度相同但可以作为对比文件的专利文献；或者从中间文件得到启示，从一个新的检索要素的角度在另一方面进行检索。在非专利数据库中，追踪检索策略与专利数据库检索基本相同，主要是对申请人和发明人进行追踪，也可以通过关键词进行常规检索，并对检索结果中密切相关的文献追踪其引证文献。下面就简述几种常用的追踪检索方式。

1. 同族追踪

在检索之前，应当首先对该案的 PCT 国际阶段或同族以及系列申请的通知书、检索报告、引证和被引证文献进行查询，从中查找合适的文件作为与本申请最相关的对比文件。

2. 申请人/发明人追踪

将本申请的申请人/发明人作为检索入口进行检索。这种追踪检索对于申请人为研究所性质的申请具有一定的作用，因为一个人的研究方向通常是比较固定的，其研究成果也是存在联系的，因而从发明人的其他专利申请文件中更有可能查询到相关的对比文件。而同一个研究所的成果往往也是一批人的共同成果，即使署名不同，也存在共同完成以及互相借鉴的可能，所以以同一申请人进行适当的追踪检索也是必要的。此外，在外文库进行申请人/发明人追踪时，要注意作者的表达方式可能有多种，假如在检索过程中发现另外的表达方式，应及时进行扩展。

3. 在常规检索中进行追踪检索

假如通过前述一系列追踪检索步骤无法查找到合适的对比文件，那就需要转入常规检索。在常规检索的过程中，往往会发现一些与本申请极其相似的文件，但由于种种原因无法作为对比文件，例如公开日不合适等，这时就可以针对这种文件追踪其引证文件。

具体方式可以通过 S 系统"核心检索"界面提供的"结果追踪"功能或详览界面提供的"引证与被引证"功能作进一步查询。对常规检索过程中得到的中间文件进行追踪，也不仅限于查看中间文件的引用和被引用文件，对该中间文件的申请人/发明人等也可以进行追踪，寻求和中间文件内容类似但可以作为对比文件的文献。此外，审查员也可以从中间文件得到启示，从一个新的检索要素的角度在另一方面进行常规检索。

4. 非专利数据库中的追踪检索

在专利审查工作中，非专利数据库和专利数据库的检索是独立进行的，所以在非专利数据库中进行追踪检索的时机可以根据需要随时展开，不必仅限于在专利数据库检索完成之后再进行，也可以先于检索专利文件之前就检索非专利文献。非专利文献的追踪检索方式和专利文献的追踪检索方式基本相同,可以进行申请人/发明人追踪,也可以通过关键词进行常规检索,并对检索结果中密切相关的文献追踪其引证文献(参见图5-3-3)。

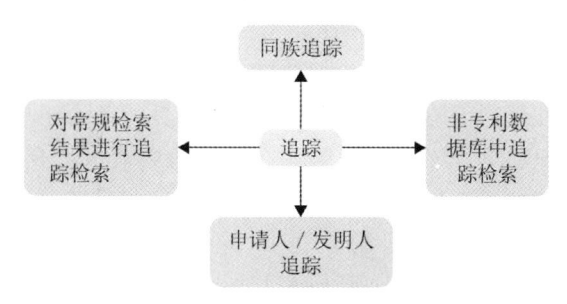

图 5-3-3　追踪检索途径

对于一些研究所的专利申请,发明人在期刊上所发表的论文可以通过在 CNKI 中的作者搜索中轻松地检索到。但是,能从中直接找到对比文件的简单情况并不多见,若需要做进一步的检索,还应根据非专利文献检索的特点,做一些必要的扩展检索。在英文中,作者的名称存在多种可能的表达格式,仅用一种名称格式通常无法把作者的论文都找到,所以可以在外网上搜索作者的介绍,查看作者的论文列表。非专利检索工具的种类比较多,可综合利用多种工具追踪发明人已发表的论文。对于中文论文,优选使用 CNKI 的跨库检索工具进行发明人追踪。对于英文论文,可以在 S 系统互联网接入平台中提供的外文非专利数据库中进行检索,也可以在外网的谷歌、百度中使用发明人及发明人的单位为检索词,甚至用关键词进行检索。总的来说,在检索结果与本申请技术内容很相关的基础上追踪获得有效对比文件的可能性很大,追踪得当能起到事半功倍的效果。

(二) 台湾地区专利申请检索策略研究

台湾地区近几年在大陆的专利申请量每年有 1 万件以上,由于我国大陆地区不承认台湾地区申请作为优先权(2011 年已承认),在专利检索系统中台湾申请和大陆的申请就不是一个专利族,在其他国家和台湾地区的专利申请是大陆地区申请的准同族,在台湾地区的专利申请很可能和大陆地区的申请技术上很相关,有的公开日早的话可能构成 X 类文件,而即使不能构成 X 类文件,其审查过程也可以供审查员参考,因此审查员希望能检索到相关的台湾申请和国外申请。本部分内容主要研究台湾地区申请的准同族检索,以及在国外的相关系列专利申请的检索,台湾申请的其他检索途径和普通专利申请的检索途径相同。

1. 根据优先权不同,台湾地区申请人在大陆提交的专利申请的类型

(1) 以外国的在先申请作为优先权。

申请人首先在美国提交专利申请,然后以此作为优先权的基础,再向台湾地区、

中国大陆以及其他国家提出申请，对于此类申请，同族检索与普通申请的同族检索方法相同。

（2）以在中国大陆的在先申请作为优先权或者未要求优先权。

该类申请通常存在两个或多个专利族：

两个专利族的情况如下：一个是大陆地区的申请，一个是以台湾地区申请作为优先权基础的台湾地区和外国申请构成的同族族，后者是前者的准同族。

多个专利族的情况如下：该台湾申请人在外国的申请也没有以中国大陆或台湾地区的申请作为优先权基础，而是各自独自申请，这样就存在了多个专利族。

2. 根据申请人的情况区分的类型

（1）台湾地区的公司或者台湾地区的个人向我国专利局提出的专利申请。

（2）在大陆地区成立的台资公司向我国专利局提出的专利申请；该公司通常只是在中国大陆进行申请，而台湾地区及外国的申请由母公司完成，这种申请的专利族情况和优先权的第二类相似，大陆地区子公司的申请以大陆地区的在先申请作为优先权或者未要求优先权，而母公司在外国的申请以在台湾地区提出的专利申请为优先权，或者在外国独自申请。

3. 检索同族或准同族的常用检索入口

（1）优先权检索，需要注意两点：首先是格式转换，台湾专利数据库中的优先权格式是3位数字的"民国"纪年和6位数字，"民国"纪年+1911＝公元纪年，例如095＊＊＊＊＊＊在EPOQUE中的PR字段格式是20060＊＊＊＊＊＊；其次是EPOQUE系统中PR字段默认优先权文件是专利申请，如果优先权文件是实用新型，那么应在申请号后加"U"。

（2）台湾地区申请公开号检索：利用台湾地区申请公开号在WPI或DWPI数据库进行检索。

（3）发明人检索：以发明人为检索入口，TWABS中和外网"台湾智慧产权局"发明人是繁体中文，EPODOC和SIPOABS中发明人是发明人全称的台湾拼音。DWPI和WPI数据库中采用发明人入口进行检索不实用，因为这两个数据库中发明人格式中姓是全拼，而名字是全拼首字母缩写，检索结果噪声很大。

（4）CPY（公司代码）字段检索：对于台湾地区的公司申请，通常CPY有多个，所以在CPY扩展不全时，容易漏检，而且通常大陆地区子公司的CPY和台湾地区母公司的CPY不同，对于申请量大的公司，一般结合关键词或分类号进行检索。

4. 检索技巧

发明人台湾拼音全称获取方式：

（1）在S系统的TWABS数据库的发明人入口以繁体字进行检索，将检索结果导入Viewer浏览器，在浏览器中的著录项目信息部分或者图像格式的全文信息中获得发明人的台湾拼音全称。

（2）本申请申请文件中提供了发明人台湾拼音格式。

（3）通过大陆—台湾拼音对照表自己转化。

5. 通过台湾拼音全称在 EPODOC 或 SIPOABS 数据库检索

在 S 系统中"A W B"仅表示"A 空格 B"，而"A 1W B"能表示"A-B"。台湾拼音全称，如果名字是两个字，一般两个字的拼音之间采用"-"连接，因此，在检索时注意检索式的表达，在 EPODOC 数据库中可以直接采用算符"W"。

6."台湾智慧产权局"的网站

注意"台湾智慧产权局"的网站，该网站数据更新先于 TWABS 数据库。

（三）以申请文件中的特殊字符为关键词进行检索

台湾申请的申请文件全文中有时出现短语的英语表述，数字、字母、公式等特殊表达，标题中出现的英语表述，审查员利用这些特殊字符在内网或外网全文库或者摘要库的 TI 字段也可以迅速检索到准同族。

1. 检索方法

一般在 google web、faqs.org 或者 freepatentsonline 网站上进行检索；为了提高检索准确度，一般和发明人、申请人信息相结合。

2. 台湾申请准同族检索流程

台湾申请因为优先权的特殊性以及申请人的一些有特点的申请习惯，使这类申请有其特色，主要特征表现为同族信息不易完善，而同族的审查信息，对于审查员有重要参考价值，因此，审查员在考虑其个性的基础上提出了准同族检索流程，以供大家参考，流程如图 5-3-4 所示。

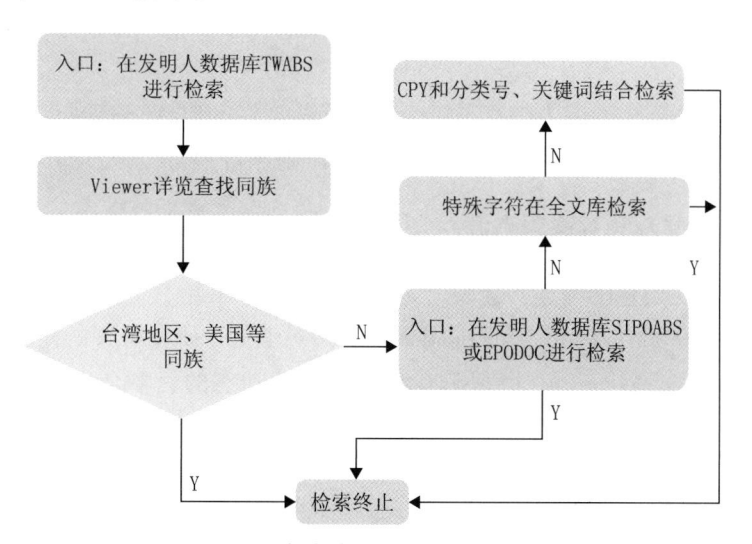

图 5-3-4 台湾地区申请准同族检索流程

六、利用特殊著录项目进行检索

(一) 申请人/发明人检索分析

审查员在日常工作中进行专利文献检索时，不免会使用申请人/发明人索引字段。然而，在 DWPI 和 SIPOABS 中，上述字段的格式存在一定差异。审查员应该对上述索引字段的使用规则及其格式有所了解，才能确保检索在客观上能正确反映审查员的主观意图。

1. PA/CPY 检索的应用

字段 PA 和 CPY 均指申请人（注意：CPY 仅存在于 DWPI 数据库中），但两者的使用条件略有不同。在申请人为大公司的情况下使用 PA 更接近全面检索，在申请人为小公司时使用 CPY 字段则更为合理。因为大公司一般具有多个子公司，不同的子公司使用不同的 CPY，从而导致使用单一的 CPY 检索结果不全面。以 MATSUSHITA（日本松下）公司为例，在 DWPI 库中的 PA 字段下检索"MATSUSHITA"，其结果的 CPY 字段包括 MATU、MATW、TMAT 等。这些不同的 CPY 指代不同的子公司。所以利用 CPY 字段检索，对大公司来说，会造成很大漏检。而小公司一般情况下只有一个公司代码，所以使用 CPY 既全面又准确。

此外，PA 字段在两数据库（DWPI 和 SIPOABS）中不同之处主要在于：DWPI 库收集的是同族信息，其包括所收集到的同族 PN 号的相同字段的相应信息之和，因此，与 SIPOABS 中收集的单篇文献相比，在 DWPI 中这类字段的信息一般都多。

2. IN 检索的应用

发明人 IN 字段在 SIPOABS 中都是写的完整的人名，而在 DWPI 中则不完整。由于 DWPI 中对发明人都采用缩写的形式，而这种缩写形式又很难唯一地标识某一发明人，因此在 DWPI 数据库中发明人信息是极为不准确的。在 SIPOABS 库中使用 IN 字段的噪声相对较小，而在 DWPI 库中使用 IN 字段的噪声则非常大。

七、非专利文献和互联网资源

非专利文献主要包括期刊、会议论文、标准、专业书籍、工具书、系列出版物等。

ISI 是 Institute for Scientific Information（美国科学信息研究所）的简称。

ISI Web of Knowledge 是一个基于互联网建立的动态的、整合的数字化研究环境，采用一站式服务，帮助研究人员获取、分析和管理研究信息，它是一种综合文摘数据库，提供全文下载的链接。数据库覆盖生命科学、物理、电子电气、信息科技、社会科学、艺术人文、心理学、食品科技、农业、应用生物科技等学科（参见表 5-3-1）。涵盖超过 16 000 种学术期刊，其中 8700 多种为影响大、国际性、权威性的学术期刊，收录的期刊每年浮动变化。除了期刊论文外还有两个数据库：一是 Derwent Innovations

Index，收录了 1966 年以来的专利摘要；另一个是 ISI Proceedings，是 Web 版会议数据库，包括了 1990~2002 年的会议记录，数据每周更新，覆盖了所有自然科学与技术领域的会议文献，包括农业、环境、生物化学、物理、计算机工程等学科主题，传递新产生的但是未必成熟的科研信息，对学科领域中最新发现、新成果等重大事件的首次报道率最高。我局的互联网资源统一接入平台的英文资源列表中包含 ISI 的 8 个数据库。

访问网址为 http：//www.isiknowledge.com，检索的核心语法见表 5-3-2。

表 5-3-1　数据库简介

名　　称	简　　介	收录文献起始年份
BIOSIS Previews	生命科学	1969
Inspect	物理、电子电气、信息技术	1969
Derwent Innovations Index	化学、生化、电子电气、工程专利	1966
Web of Science	所有领域高品质期刊会议	1945
CAB Abstracts	农业、应用生物科技	1973
FSTA	食品科技	1969
MEDLINE	医学	1950

ISI 的 INSPEC 数据库可以进行化合物/数值范围/分类号检索，互联网资源涉及 Google web scholar books、baidu、读秀、CNKI。

表 5-3-2　核心语法

算　　符	含　　义	举　　例
AND OR NOT	与或非	
*	代表 0 到多个任意字符	
?	代表 1 个任意字符	
$	表示 0 或 1 个任意字符	
"　"	短语	"plasma display panel"
SAME	同句算符	plasma SAME display
-	A-B 或 A B	X-ray 包括 X ray

说明：逻辑算符的优先级为 SAME>NOT>AND>OR，检索不区分大小写。

八、总　结

检索是审查的一个重要环节，一直是提高审查质量的重中之重，也是从业者进行技术研究、查阅相关资料的一个重要手段。而检索能力的提高并非一朝一夕之功，需要在工作中长期积累才能有所成效。通常高质量的检索结果需要把握住两个关键方面，一方面是检索手段的选择和使用，另一方面是对申请文件技术主题的了解程度。检索手段的选择和使用一般根据两方面来确定，首先是申请文件的特点，例如我国大陆科研院所的申请或台湾地区申请，通常检索过程有一定特色，其次是基于数据库的了解来选择检索手段。现在把检索的基本流程总结如下（见图5-3-5），供检索者参考。

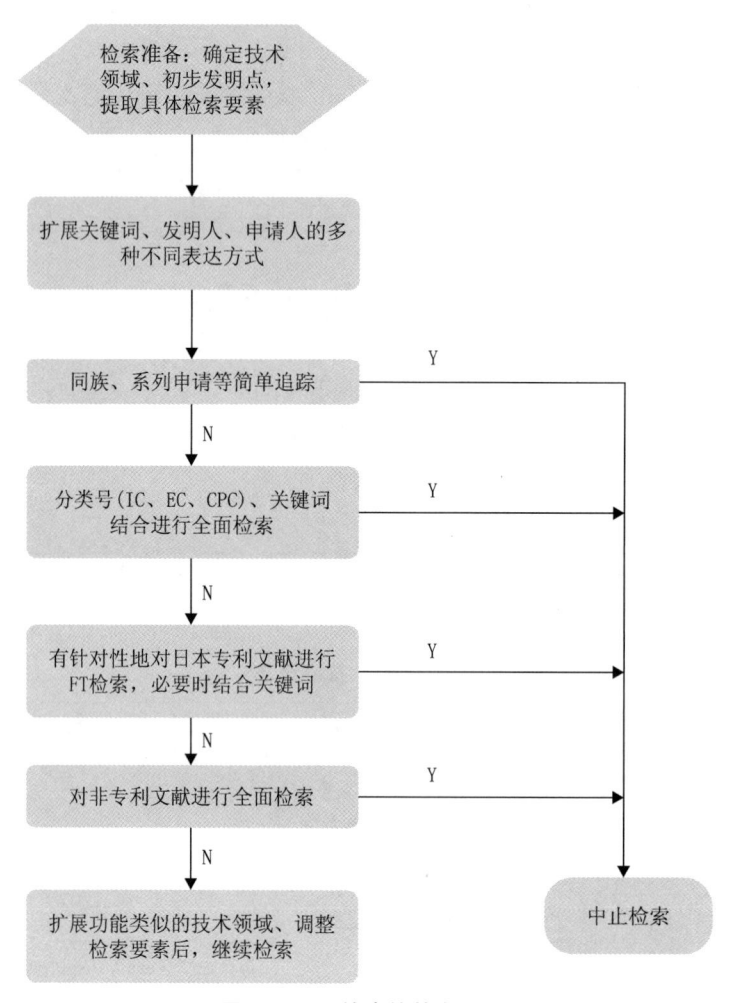

```
检索准备：确定技术领域、初步发明点，提取具体检索要素
          ↓
扩展关键词、发明人、申请人的多种不同表达方式
          ↓
同族、系列申请等简单追踪 ──Y──→
          ↓ N
分类号(IC、EC、CPC)、关键词结合进行全面检索 ──Y──→
          ↓ N
有针对性地对日本专利文献进行FT检索，必要时结合关键词 ──Y──→
          ↓ N
对非专利文献进行全面检索 ──Y──→
          ↓ N
扩展功能类似的技术领域、调整检索要素后，继续检索

                          中止检索
```

图 5-3-5 检索的基本流程

以分类号和关键词为主的检索模式模板见表5-3-3。

表 5-3-3 以分类号和关键词为主的检索模式模板

对待检索的权利要求分析								可检索的基本检索要素列表					备注
技术主题			现有技术	与现有技术划界后体现的发明点技术特征		无法准确分类的技术内容		技术主题的 IC、CPC、FT、EC 分类	体现发明点的 IC、CPC、FT、EC 分类	划界后能够提炼的关键词	无准确分类时提炼的实体词	无准确分类时提炼的衍生词	
				与现有技术相应的 IC、CPC、FT、EC 分类	划界后能够提炼的关键词								
				A B C D	A' B' C' D'	A'' B'' C'' D''	A''' B''' C''' D'''	I	II	III	IV	V	
体现发明要求保护的主题名称所涉及的技术领域或类似的技术领域	针对技术主题的 IC、CPC、FT、EC 分类	根据审查员的已有知识	已有技术知识										分领域建议
			索或申请的背景技术中记载的内容确定	本申请背景技术中记载的内容										
			随着检索的深入被认为是现有技术的内容（abc...defg...）	a										
				b										
				c										
				d										
				e										
				f										
				g										

注意事项：（1）上述 I～V 为制定检索策略所用的基本检索要素。
（2）注意在不同系统中分类号的格式和检索字段不同。

第四节 特殊的检索策略研究

一、发明规律

本书中所说的发明规律是指发明人或申请人获得一个创新技术后将其转化成一份专利申请的过程。其包括两个阶段,第一阶段是发明人创新的过程,第二阶段是申请人将创新产品或工艺转化成专利申请的过程。

在第一阶段中,通常发明人是通过发现问题、创新试验(或称创新实践)、产业应用、效益、技术秘密等过程实现的;在第二阶段中,通常是申请人通过权利要求、说明书(含附图)等格式化的部分形成的。

二、申请人的撰写规律及应对的审查心证

一般情况下,无论是发明人还是申请人所撰写的专利都是为了获得效益、增进其价值收益,而专利制度的实施其基本的规则就是公开换取保护。在第一阶段中,发明人为了解决一定的技术问题而采用的创新试验过程一般会存在一定的技术秘密(know-how),那么,申请人是否决定在第二阶段中充分体现出该技术秘密,则需要有较强的专利申请技巧才能够既避免违反公开换取保护的规则,又能够获得自身技术秘密的保护。

经研究发现,申请人通常通过以下方式获得技术秘密的保护。

(一)功能性的限定

该方式主要是将产品结构中某一部件所能实现的功能撰写在保护范围内,说明书中的内容也仅记载了实现该功能的部件名称和位置,而并未详细说明该部件的具体结构。并且,该部件似乎并不是申请人所声称的解决其技术问题必要的技术特征(在有些情况下,申请人可故意对该部件轻描淡写来规避该技术秘密)。

在新颖性/创造性评判的时候,可以对这部分内容如下处理:步骤一,检索该技术特征所体现的部件是否在现有技术中存在;步骤二,检索该部件所实现的功能是否在本领域的现有技术中存在。执行步骤一是检索者对申请中所声称的部件名称是否为公知部件的一个判断,通过检索来提高检索者对该部件的认识从而为下一步判断作出铺垫;执行步骤二是对该部件所执行的功能的公知性进行判断的过程,若经过检索发现获得该功能的实现是本领域技术人员所共同期望的,则可认定该功能性限定的该部件属于本领域技术人员容易想到的技术内容。

相反地,若检索者经过检索未发现在本领域中有实现相同诸如本申请中所记载的

技术效果的技术部件的话，则不宜评判该申请的创造性。

（二）参数限定的特征

技术参数的限定也是申请人对其技术秘密进行保护的一种手段。具体说来，是通过物理、化学、机械、通信等领域技术参数的限定来实现某一技术方案的保护。

技术参数可大可小、可多可少，在实际检索过程中是一个难点。申请人通过技术参数限定有两个好处，一种好处是某些产品或方法的部件或方式不容易用具体的结构和方式的描述来实现保护，而通过参数来体现结构或方式改进后的优良品质既能够较好地保护发明，又能够体现出发明人在研发过程中的艰辛。这主要因为，在第一阶段中的创新试验是一个非常艰辛的过程，这一阶段往往需要进行大量的试验来获得相应的效果测定，并且发明人会将试验的条件、试验的参数、试验的效果等数据详细记录下来以便对比研究以获得最好的创新技术。

事实上，很少有专利申请能做到说明书记载包罗万象，面面俱到，一般在专利申请的具体实施方式部分都会有一些相对简单的试验步骤记录以及相对详细的试验结果数据表格记录。那么根据这些记载的内容，申请人可以对其保护的技术方案进行技术概括，而采用技术参数的限定方式加以保护就是一种常用的选择。

那么，审查员如何在新颖性/创造性评判的过程中对这一部分内容加以判断呢？具体可以采用以下步骤。

第一步，针对参数本身采用本领域的基本检索要素（这里具体指与该技术参数相关的技术领域的分类号或技术领域关键词），结合参数本身进行检索，参数本身包括可以在 S 系统中使用截词符或同在算符将该参数的数值内容以及与之对应的物理、化学、机械或通信的参数单位进行结合检索，看是否能够检索到相关的对比文献。若能检索到相关的对比文献，则可采用该检索结果进行新颖性/创造性评判，若不能检索到相关的技术参数则执行第二步。

第二步，提炼出与该技术参数相对应的物理、化学、机械或通信的概念（即与该技术参数关联的技术术语）在 Google 或 Baidu 互联网上或超星数字图书馆、CNKI、万方等非专利文献数据库中进行检索，也可以在专利文献数据库中针对该技术术语进行检索，通过检索确定该技术术语可能或一般会达到的参数范围是多少。若经过检索发现该技术参数的限定内容虽然没有在现有技术中明确公开，但是，其所能达到的技术效果是现有技术中本领域技术人员所期望的，则可以判断该参数限定的技术方案是容易想到的。

第三步，若经过上述两个步骤都没有发现与相关技术参数相关的现有技术内容，则不宜评判该申请的创造性。

（三）公知常识

公知常识是创造性评判中的一种常用方式。根据《专利审查指南2010》中的要求，检索者在使用公知常识进行创造性评判的时候，应该首先使用工具书、教科书等书证。但是，在检索者实际操作过程中，使用上述书证的比例还不是很多。那么如何判断是否是公知常识才能做到心中有数呢？下面给出几点建议。

第一，根据检索发现技术特征在本领域很多专利或非专利文献中都有记载，此时，可内心确定该技术特征可能属于本领域的公知常识，可以在评价创造性时使用。很多申请人的意见答复中也常用例举现有技术如专利文献或非专利文献来解释其申请中的某些特征是本领域的公知技术特征。

第二，说明书中没有具体描述的那些技术特征。申请人在说明书中不可能对全部技术特征都面面俱到地描述出来，其详细记载的一般为发明点密切相关的技术特征，而对与发明点无关紧要的技术特征，虽然也被记载在权利要求书和说明书当中，但是申请人对此一般只是一笔带过。审查员不可能对技术领域的全部技术内容都检索得面面俱到，而对于上述特征由于其技术内容相对简单，因此容易被审查员在评判新颖性/创造性的过程中认定为公知常识或惯用手段。这里，我们姑且把这种在新颖性/创造性评判过程中使用的公知常识评述方式称为公知常识的质疑性评述。

第三，某些特殊领域的公知常识的判定。

在某些特殊领域，经常会遇到使用很多数学公式、物理公式或计算方法等公式描述的技术内容。

针对这样的技术发明，在检索上是非常困难的。但是，公式所涉及的技术内容一般都属于科学发现，现阶段，科学发现是不能进行专利申请的。也就是说，申请文件中的公式信息，一般情况下十有八九都是现有技术中存在的，特别是存在于某一教材、技术手册等中，但是，检索者也不可能对所有的领域教材和技术手册都进行全面细致的检索，此时，一般会用该公式属于本领域的公知常识进行评述。

在这种情况下，采用公知常识进行评述，检索者还应当注意以下几点策略：首先，应当看说明书中是否记载了该公式的来源，判断该公式是直接公式还是推导公式。若是直接公式（即说明书中直接给出的公式），审查员会在审查意见通知书中指明该公式属于相关技术领域的公知常识，然后具体判断其公式的应用所能带来的技术效果以及发明解决的技术问题与该公式之间的密切程度。若是推导公式（即说明书中记载了原始公式以及根据该原始公式进行推导的公式），则应该判断该推导过程中各个公式所能带来的技术效果是否已经明确记载在说明书当中并且考虑该公式对于解决技术问题的密切联系程度，若从原始公式推导出的公式仅仅是本领域技术人员应用简单的数学知识或物理知识就能够得到的，也认为该推导公式属于直接公式，并用上述直接公式的处理方式处理；反之则不能认为该推导公式是本领域的公知常识。

审查员可以在审查意见通知书中先质疑该公式的来源。无论是直接公式还是推导公式，若申请的说明书中没有详细记载其来源所在，审查员有理由质疑该公式的存在是否真实，由此给出说明书内容公开不充分或权利要求不清楚的审查意见，而后用公知常识进行新颖性/创造性预评判。这个过程是与申请人交流沟通的过程。其实，申请人使用公式进行保护也是一种技术秘密的保护方式，而公式的内容往往包罗万象，很容易造成保护范围不适宜。因此，将公式的来源举证责任通过上述方式抛给申请人，也便于对保护范围的确定和新颖性/创造性评述的准确要求。

（四）运用常规试验的能力

《专利审查指南2010》中明确给出了本领域技术人员的概念，并且，记载了本领域技术人员应当具备运用常规试验的能力。在新颖性/创造性评判过程中，经常会在通知书中看到诸如"这是本领域技术人员的惯用手段"、"是通过合乎逻辑的分析、推理或有限次的试验得到的"这类创造性评判意见，如果不结合现有技术只是套话，则不能被申请人所信服。

那么，如何体现在新颖性/创造性评判的审查意见中让申请人心服口服呢？下面给出两点建议。

1. 确定试验所要解决的技术问题

这一内容从说明书的记载中获得，并且作为检索要素的提炼内容。在《专利审查指南2010》关于创造性判断的三步法中，对所要解决的技术问题是有要求的，同时，所要解决的技术问题是与发明所能达到的技术效果是密切关联的。整体的技术方案需要解决一个技术问题并且达到一定的技术效果和作用，而每一个技术特征的细节也都能对解决技术问题而带来的效果特征产生影响。比如，现阶段，审查员在使用三步法进行新颖性/创造性评判的时候，首先获得最接近的现有技术，而后找到与最接近的现有技术的区别技术特征，最后基于每一个区别特征确定该申请所要解决的技术问题。而确定所要解决的技术问题又要从区别技术特征所能带来的技术效果或起到的技术作用出发进行确认，因此可以看出技术问题与技术效果密切相关。

2. 确定为了解决该技术问题的试验步骤是否在权利要求中记载

权利要求是专利权获得的依据，同时也是检索者进行新颖性/创造性评判的重要标的。一般情况下，在权利要求中涉及的试验手段包括了方法的技术特征、参数的技术特征或功能性限定的技术特征3种情况。

检索者在针对上述3种情况进行检索时应当有不同的侧重点：

（1）当技术特征为方法的技术特征，此时，检索者应当从该方法的技术特征中提炼基本检索要素，同时，还应该考虑该方法技术特征的前后技术关联。若在实际检索过程中没有检索到该方法的技术特征，显然，此时检索者不应当用惯用的技术手段或有限次的试验获得这样的评述方式。

（2）当该方法的技术特征中的某些已经是现有技术，而其中某一个或几个特征检索者没有检索到相关现有技术，此时，检索者应当从检索到的现有技术与该一个或几个特征的技术关联性考虑所述的一个或几个特征是否可以采用惯用的技术手段或有限次的试验获得这样的评述方式。这里"技术关联性"是指根据待审申请或检索到的对比文件的说明书中的记载，确定现有技术中（即已经检索到的对比文件）存在的方法的技术特征所要解决的技术问题以及应用的领域环节，若在相同的技术领域采用的缺少了某一或某几个技术特征的技术方案能够达到与待审申请权利要求中要求保护的包括了所述某一个或几个特征的技术方案相同的技术效果，并且从待审申请的说明书记载的内容中，也没有发现记载所述的某一个或几个特征的技术方案能够带来的特殊技术效果，则认为所述的一个或几个技术特征不能区分其与现有技术的技术差异。因此，这时认为技术关联性低，可以采用惯用手段或有限次的试验获得的评述方式进行创造性评述。若所述一个或几个技术特征相对于现有技术带来了特殊的技术效果，并且该技术效果已经明确记载在说明书当中，则此时，检索者应该认为所述的一个或几个技术特征对于该方法的技术特征具有较高的技术关联性，此时则不应当使用惯用手段或有限次的试验获得的评述方式进行创造性评价。

关于参数特征以及功能性限定的技术特征的判定方式与本节中二（一）、（二）的方式相同。

三、准确理解发明，避免"事后诸葛亮"

审查员根据权利要求记载的内容进行检索是一种常用的审查手段，但是，要想新颖性/创造性评判得准确并且能够缩短审查程序，审查员对于说明书的理解也至关重要。根据《专利法》第59条第1款的规定，说明书的内容可以对权利要求进行解释。权利要求仅仅是对说明书内容的一个概括，而无论评判新颖性中的技术效果、技术问题，还是评判创造性中基于区别特征确定的该申请所要解决的技术问题并且确定结合的启示，都是与说明书中的记载密不可分的。有时，如果审查员仅仅针对权利要求的表面意思进行了评述，但并没有了解发明保护的实质，很容易在申请人的意见答复和修改相关权利要求后进行补充检索，这无疑对审查程序的节约是没有好处的。

那么，如何有效地利用说明书的内容准确理解发明避免"事后诸葛亮"呢？审查员在新颖性/创造性评判中应当注意以下几点。

第一，重视说明书的具体实施方式部分，对关于参数的认定、试验的方法步骤、与技术效果相对应的技术特征的记载详细程度进行判断。若上述内容在一份专利申请中都详细记载，则可认为这份专利申请的技术含金量高，可以预判申请人在获得发明时获得了较多的创造性劳动。

第二，从申请人的意见答复中获得有用信息。审查员也会有理解上的错误和偏差，通过审查意见通知书针对有争议的问题进行讨论以合理确权这点非常重要。若申请人回答有理有据，则此时审查员也不宜过于固执，应当承认认识上的差异，进行继续审查。若申请人的答复含糊其辞，顾左右而言他，则审查员可以认定审查意见是正确的而进行后续处理。

第二部分 检索工具的使用

第六章　专利数据库概述

专利数据，对于从事发明创造工作的专利申请人、知识产权行政部门工作人员以及利用专利知识和发明创造取得成功的普通社会公众来说，都具有重要的意义。这一部分主要介绍社会公众所能获取的专利数据资源以及它们的使用方式。

第一节　中国专利检索

中国国家知识产权局提供了中国以及世界其他国家、地区的专利数据的可靠而又简便的检索方式。首先，可以通过国家知识产权局主页或者 http：//www.sipo.gov.cn/zljsfl/，直接进入国家知识产权局的"专利检索与查询"服务模块（参见图2-2-2）。"专利检索与查询"服务模块包括"专利检索与服务系统（公众部分）"、"中国专利查询系统"、"专利公布公告"、"专利查询"4个部分的内容，下面逐一对其进行介绍说明。

一、专利检索与服务系统（公众部分）

网址：http：//www.pss-system.gov.cn/sipopublicsearch/portal/index.shtml。

专利检索与服务系统（公众部分）的上线时间为2011年4月26日，其服务内容包括专利检索、专利分析等。专利检索与服务系统（公众部分）收录了103个国家、地区和组织的专利数据，其中涵盖了中国、美国、日本、韩国、英国、法国、德国、瑞士、俄罗斯、欧洲专利局和世界知识产权组织，提供的检索相关的功能包括常规检索、表格检索、概要浏览、详细浏览、批量下载等。中国专利数据每周六更新，国外专利数据每周三更新。

进入专利检索与服务系统（公众部分）后，如图6-1-1所示，可以看到其提供的各种服务和内容，包括专利检索、专利分析、法律状态查询、分类号查询，以及系统收录的专利数据范围，例如，中国专利收录了1985年至今的专利数据。

图 6-1-1 "专利检索与服务系统"界面

点击进入"专利检索"栏目,如图 6-1-2 所示,即可进行专利检索。

图 6-1-2 "专利检索"系统的"常规检索"界面

"专利检索"系统默认的检索方式为"常规检索",参见图 6-1-2。"常规检索"界面较为简洁,仅有一个输入栏;在该输入栏下面,是可选的检索字段,包括检索要素、申请号、公开(公告)号、申请(专利权)人、发明人、发明名称,可以根据需求选择检索所针对的字段。其中,"检索要素"检索较为常用,用于检索包含所输入的关键词的专利,其具有一定的输入规则,包括:

在标题、摘要、权利要求和分类号中同时检索;

支持二目逻辑运算符 and、or、not;

如果输入有空格,则需加英文双引号,如:"半导体 等离子",否则系统将按照半导体 or 等离子检索;

如果输入保留关键字(运算符),需要在保留关键字两边加英文的双引号,如:半导体"and"等离子、"(半导体)"。

例如,通过"检索要素"检索,在输入栏内输入如下检索式:半导体 and 等离子 and CMP,则是在标题、摘要、权利要求和分类号中检索同时包括上述 3 个关键词的专利数据。在图 2-3-2 的结果显示界面,可以通过"显示设置"包括的栏目,对结果显示进行设置。例如，点击"设置显示字段"，可以选择所要显示或者不显示的字段，包括摘要、摘要附图、著录项目等；点击"过滤中国文献类型"，可以选择要显示的专利申请类型，如发明、实用新型或外观设计，以及选择文献类型，如公开文献或授权公告文献；点击"设置排序方式"，可以选择按照公开日或者申请日进行升序或降序排列；点击"设计日期区间"，可以通过设定申请日或者公开日范围来选择要显示的专利文献。

通过勾选文献前的方框，选中需要浏览的一篇或多篇文献，然后点击"浏览文献"，即可对选中的文献进行详细浏览，参见图6-1-3。浏览界面左侧栏为"文献浏览库"，为选中需要浏览的文献；浏览界面的顶栏包括"高亮"、"高密"、"聚焦"、"格式设置"、"加入文献收藏夹"、"浏览该国专利审查结果"等选项，可以根据需求进行设置，以便提高浏览、查阅效率。浏览界面的"摘要信息"部分涵盖了专利文献的基本信息，其中，文献摘要部分可以进行中英互译。

图6-1-3 文献浏览界面

另外，若需要查看某一文献的详细内容，可以点击"全文图像"进行查看，参见图6-1-4。点击"浏览全部文献"，可以将检索到的全部专利文献添加到浏览页面中，但是，当文献数目超过100篇时，无法直接浏览全部文献；需要通过限制使结果数目不超过100，之后才能进行全部浏览。

"常规检索"界面还可针对申请号、公开（公告）号、申请（专利权）人、发明人、发明名称进行检索，这在了解某一文献的著录项目之后查找其详细信息时较为便利。例如，在针对"申请号"进行检索时，需输入申请国+流水号，例如图6-1-4中检索结果的第一篇CN201410072401，即可在结果显示页面得到该文献。较为常用的是针对公开号进行检索，其输入格式为文献的公开国+公开流水号+公布级别，例如上面检索结果的第一篇,若按照其公开号进行检索,则应输入 CN103794717A。

图 6-1-4　浏览页面中的全文图像显示

另外,"专利检索"栏目中,还包括表格检索、检索历史、文献收藏夹、多功能查询器、批处理管理及批量下载库。相比于"高级检索","表格检索"可以提供更丰富、详细和直观的检索方式,可以在相应字段的输入栏内输入所要检索的内容,并且可选地针对中国和/或外国以及中国港澳台专利进行检索,如图 2-3-1 所示。"表格检索"中,各个输入栏的输入规则通过将鼠标移至相应输入栏即可悬浮出现。例如,要检索发明名称中包括"氮化硅"、IPC 分类号包括"H01L21/762"、权利要求中包括"衬底"的专利文献,在相应输入栏进行输入,然后点击"生成检索式",即可在检索式编辑区域自动生成检索式,点击"检索"便获得相应的检索结果;另外,也可以根据相应规则在检索式编辑区域对检索式进行重新编辑。"表格检索"所获得的检索结果的浏览方式与"常规检索"相同。

"专利检索"中另一个常用的内容是"多功能查询器",如图 2-2-5 所示。"多功能查询器"中,可以进行 IPC 分类号查询、法律状态查询、申请(专利权)人别名查询、国别代码查询、双语词典、分类号相关查询、关联词查询等常用的专利相关信息的查询,方便使用者更好地进行专利信息查询。例如,在 IPC 分类号查询界面,可以输入 IPC 分类号查询其具体含义,也可以输入关键词,查询包括该关键词的分类号。

二、中国专利查询系统

网址:http://cpquery.sipo.gov.cn/。

中国专利查询系统包括两个查询系统：电子申请注册用户查询和公众查询系统，如图 6-1-5 所示。电子申请注册用户查询专为电子申请注册用户提供，每日更新注册用户基本信息、费用信息、审查信息（提供图形文件的查阅、下载）、公布公告信息、专利授权证书信息；公众查询系统是为公众（申请人、专利权利人、代理机构等）提供，每周更新基本信息、审查信息、公布公告信息。

非注册用户可以点击"公众查询"，进入公众查询系统。该系统采用的是精确查询，查询条件中的发明名称、申请号、申请人三者必须填入至少一个，查询结果为精确匹配。该系统可以查询中国专利基本信息和审查信息（通知书、检索报告等中间文件）。

图 6-1-5 中国专利查询系统

例如，在申请人栏输入"浙江大学"，起始申请日为"20120710"，截止申请日为"20130821"，则系统将检索出由"浙江大学"在 2012 年 7 月 10 日至 2013 年 8 月 21 日期间申请的专利，如图 6-1-6 所示。由于采用了精确匹配，系统仅会给出"浙江大学"申请人所申请的专利，而不会给出包含"浙江大学"字样的其他申请人所申请的专利。

图 6-1-6 公众查询系统

点击检索结果中所需要的专利发明，可以浏览其基本信息以及审查信息，包括审查意见通知书、检索报告等中间文件，如图 6-1-7 所示。

图 6-1-7　公众查询系统结果详览

三、专利公布公告

"专利检索与查询"服务模块中的"专利公布公告"部分，涵盖了 1985 年 9 月 10 日至今的中国专利公布公告，可以按照发明公布、发明授权、实用新型和外观设计 4 种公布公告数据进行查询。"专利公布公告"具体的数据范围有：中国专利公布公告信息，实质审查生效、专利权终止、专利权转移、著录事项变更等事务数据信息。"专利公布公告"具体包括"公布公告查询"、"高级查询"、"IPC 分类查询"、"LOC 分类查询"、"事物数据查询"等界面，如图 2-2-3 所示。

例如，在"公布公告查询"输入栏输入"OLED"，可检索到著录项目、摘要或简要说明数据中包括"OLED"的专利信息。对检索结果可以按类型选择，并且选择所需要的排序方式。点击每条记录的相关内容，例如"发明专利"、"事务数据"等，可以查看到具体内容，如图 6-1-8 所示。

图 6-1-8　公布公告查询结果显示

此外，在"专利公布公告"的"高级查询"界面，可以进行更为细致的公布公告信息的检索，其界面较为直观，此处不再详述。

四、专利查询

网址：http：//www.sipo.gov.cn/zljs/xxcx/。

专利信息查询包括7个查询系统：收费信息查询、代理机构查询、专利证书发文信息查询、通知书发文信息查询、退信信息查询、事务性公告查询、年费计算系统，为公众（申请人、专利权人、代理人、代理机构）提供每周更新的专利公报信息、法律状态信息、事务性公告信息、缴费信息、专利证书发文信息、通知书发文信息、退信信息，以及代理机构备案信息、年费缴纳与减缓信息，如图6-1-9所示。

图6-1-9 专利信息查询界面

五、港澳台及国外专利检索

中国国家知识产权局"专利检索与查询"服务模块的"专利检索与服务系统（公众部分）"提供了外国以及中国港澳台专利的数据检索，具体使用方式请参见对"专利检索与服务系统（公众部分）"的介绍，此处不再赘述。"专利检索与服务系统（公众部分）"所收录的103个国家、地区和组织的专利数据范围主要包括：

美国（US），1790年至今；

日本（JP），1913年至今；

欧洲（EP），1978年至今；

韩国（KR），1973年至今；

世界知识产权组织（WO），1978年至今。

另外，外国以及中国港澳台专利检索还可以直接访问相应国家、地区的官方网站。中国国家知识产权局也提供了具体的检索指南，其具体网址为：http://www.sipo.gov.cn/wxfw/ytwzljsxt/ytwzljsxtjs/。

以上主要介绍了依托中国国家知识产权局网络资源所能获得的专利检索数据库，另外，国家知识产权局还提供现场服务，即专利文献馆。

国家知识产权局专利文献馆的专利检索室读者阅览区配备了70台计算机终端，供公众免费上机检索专利文献。其中35台为局域网终端，可供检索局域网中国专利数据库；35台为互联网终端，可供检索各国政府或地区网站上的免费专利数据库。

而审查员在审查过程中常用的专利文献检索系统工具为CPRS、EPOQUE、S系统。下面将详细介绍以上3个系统所涉及的专利数据库。

第二节 专利审查员使用数据库简介

这一部分主要根据审查实践中所使用的专利文献检索系统工具来介绍各个工具中具体包括的专利数据库。审查过程中常用的专利文献检索系统工具为CPRS、EPOQUE、S系统。在国家知识产权局专利文献馆的公共终端上，社会公众可以使用由文献馆提供的公共账号登录CPRS系统进行检索，但是，EPOQUE和S系统仅限于审查员使用。在此，本节将着重介绍CPRS系统，而对EPOQUE和S系统将做简要介绍。

一、CPRS

CPRS，全称为Chinese Patent Retrieval System，即中国专利检索系统。下面分中国专利文献检索和外国专利文献检索两个部分来介绍CPRS系统。

（一）CPRS中国专利文献检索

CPRS收录了自1985年4月1日《专利法》实施至今已公布的全部中国发明、实用新型和外观设计专利申请。CPRS中的中国专利数据库可进行检索的内容包括著录项目、摘要、第一独立权利要求，无法进行全文检索，但是可以进行全文浏览。在登录界面输入账号、密码之后，即可进入CPRS的主界面，如图6-2-1所示。

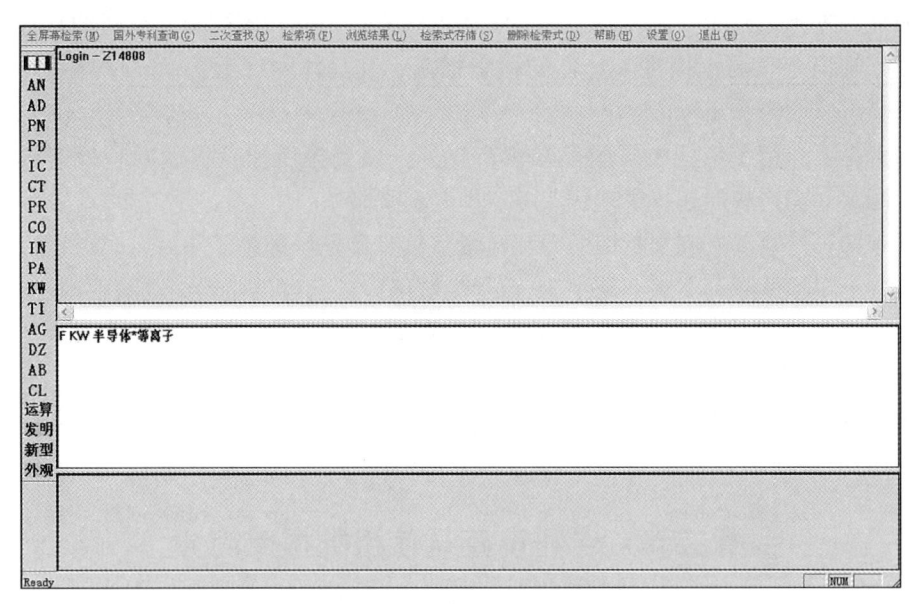

图 6-2-1 CPRS 主界面

CPRS 的主界面即为专家检索界面。左侧边栏列出了专家检索界面中各个主要检索入口，可以通过点击所要检索的字段，直接调用出检索命令，也可以在命令输入栏中直接输入命令行。例如，要检索关键词中包含"半导体"和"等离子"的专利信息，可以直接在命令输入栏中输入：

F KW 半导体*等离子

也可以点击左侧边栏中的"KW"，点击之后，命令输入栏中会出现"F KW"这一关键词检索的命令，然后，在"F KW"后输入"半导体*等离子"。

下面介绍一些专家检索界面中的常用命令。

关键词：F KW 关键词。这里的关键词检索包括在发明名称、摘要、第一独立权利要求形成的混合索引中进行自由词检索，并在人工标引的关键词字段形成的索引中进行词匹配检索，检索结果为这两个索引分别检索的并集。

申请号：F AN 8 位或 12 位申请号。

公开/公告号：F PN 7 位或 9 位公开/公告号。

IPC 分类号：F IC IPC 分类号。其中大组要由 3 位数字构成，不足 3 位时前面补零，例如，F IC H01L02176，其检索分类号包括 H01L21/76 的专利。

发明人：F IN 发明人姓名。

申请人：F PA 申请人名。

申请日：F AD YYMMDD 或 YYYYMMDD。范围检索采用 YYMMDD>YYMMDD。

公开/公告日：F PD YYMMDD 或 YYYYMMDD。范围检索采用 YYMMDD>YYMM-DD。

同时，各个检索命令之后的检索要素之间可以采用逻辑运算符，例如：＊（与），+（或）等。

不同检索式的结果可以通过命令"J"进行逻辑操作。例如，要将第1条检索式和第2条检索式的结果与，可以输入：J 1＊2。

检索式构造完成之后，点击"回车"，系统即进行检索，并将检索结果显示在专家检索命令输入栏上方的界面之中。例如，输入命令：F KW 半导体＊等离子，其结果为：（001）F KW 半导体＊等离子 <hits：2599>。其中，"（001）"意味着该检索式是当前检索任务中的第1条检索式；"<hits：2599>"指的是该检索式的命中结果为2599条，也即共有2599条专利包括"半导体"和"等离子"这两个关键词。

可以通过一定的检索策略，构造不同检索式，并进行逻辑运算，获得期望的检索结果。要浏览检索结果中的各个专利信息，可以点击主界面上方菜单栏中的"浏览结果"。点击"浏览结果"后，系统会跳出"请输入要显示的检索式号"的对话框，对话框中默认的检索式号为最后一条检索式的编号。继续点击"确定"，即进入结果浏览界面。继续之前的例子，浏览"（001）F KW 半导体＊等离子 <hits：2599>"的检索结果，如图 6-2-2 所示。

图 6-2-2　CPRS 浏览界面

浏览界面左侧栏为各专利信息的专利号和发明名称，右侧栏则显示了选中专利的基本信息，包括摘要、独立权利要求、著录项目、审批历史等信息。

通过浏览上述基本信息，确定是否需要进一步浏览专利的全文信息。如果需要浏览全文，则点击命令栏中的图标，即可进行当前专利的全文显示。

结果浏览界面还有其他一些辅助功能，例如：定制显示项目，字体配置，察看附图首页，检索结果的 IPC 分类号统计等。其中，IPC 分类号统计有助于检索人员确定所需要的分类号，例如，对于包括"半导体"和"等离子"这两个关键词的专利信息，如果检索人员并不太了解其准确的 IPC 分类归属，则可以对上述关键词检索的结果进行 IPC 分布统计，进入方式是：浏览界面菜单栏"查看"包括的"IPC 分布统计"。

除了默认进入专家检索界面之外，CPRS 系统还提供了更为直观的全屏检索界面，参见图 6-2-3。

检索人员可以在相应的栏目中输入检索要素进行检索。例如，在"关键词"栏目中输入"半导体*等离子"，点击"检索"，即可获得结果。当然，全屏幕检索结果与专家检索界面结果是相同的。通过点击"检索结果"，可以直接进入浏览界面，此处不再赘述。

CPRS 主界面的菜单栏还可以对检索式进行存储和删除，以便于使用。

图 6-2-3　CPRS 中国专利全屏幕检索界面

（二）CPRS 美国、日本、欧洲以及 PCT 专利文献检索

通过 CPRS 主界面菜单栏中的"国外专利查询"，可以对美国、日本、欧洲以及 PCT 专利文献进行检索。

1. CPRS 美国专利文献检索

CPRS 收录了自 1975 年以来大部分美国专利全文信息，可以通过专利号（PN）等要素进行检索并浏览全文图形信息。进入方式：点击"国外专利查询"菜单中的"美国专利全屏幕检索"和"美国专利专家检索界面",参见附图 6-2-4 和图 6-2-5。

与 CPRS 中文检索使用方法类似,在所需要的检索栏目内输入检索要素,例如,在图 6-2-4 的全屏幕检索界面中,在关键词栏目输入"semiconductor * plasma"进行关键词检索,或者,在图 6-2-5 的专家检索界面中,直接输入检索式"F KW semiconductor * plasma"也可进行检索。

CPRS 还提供了美国专利公开文献查询的功能,即在获悉美国专利申请公开号的情况下,可以通过该功能,获得美国专利申请公开文本全文,如图 6-2-6 所示。

图 6-2-4　美国专利全屏幕检索界面

图 6-2-5　美国专利专家检索界面

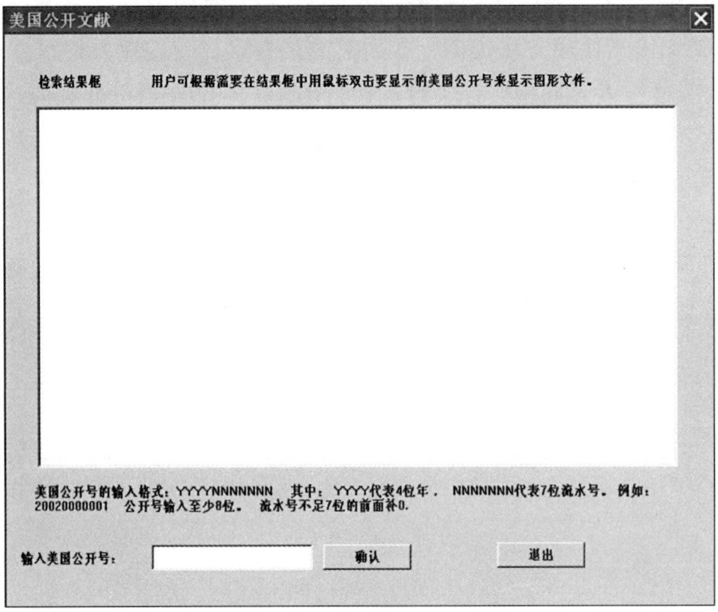

图 6-2-6　美国公开文献查询界面

2. CPRS 日本专利文献检索

CPRS 收录了自 1993 年以来大部分日本专利全文信息，可以通过特许公开 A、特许公告 B 等要素进行检索并浏览全文图形信息。进入方式：点击"国外专利查询"菜单中的"日本专利查询"，如附图 6-2-7 所示。

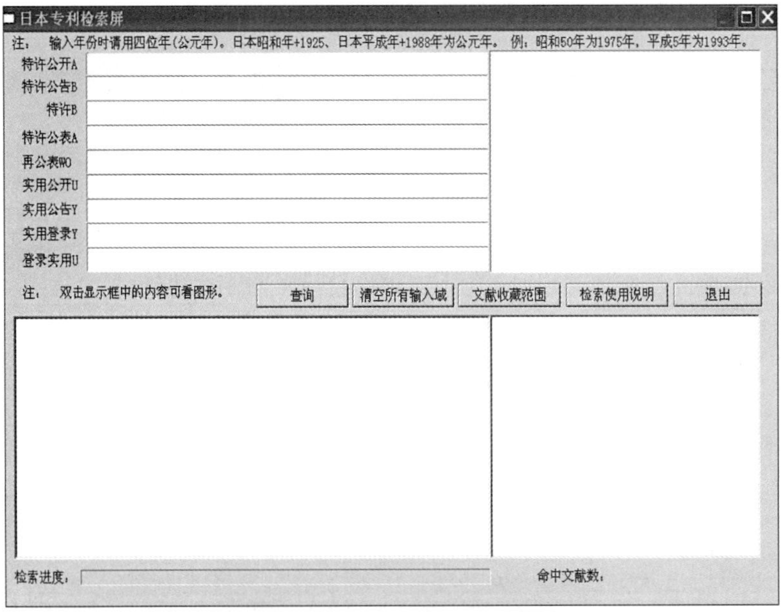

图 6-2-7　日本专利查询界面

在 CPRS 的"日本专利查询"界面中，可以通过日本专利的文献号，来获得日本专利文献的全文图形文档。其仅支持专利文献号的检索，并不能进行诸如关键词、申请人等项目的检索。

"检索使用说明"部分详细介绍了文献号的输入规则，例如，检索特许公开 A 类的文献，文献号输入格式是：YYYYXXXXXX，其中，YYYY 代表 4 位公元年，XXXXXX 表示 6 位文献号，年号必须满 4 位，而文献号可以不必输入满 6 位。

3. CPRS 欧洲和 PCT 专利文献检索

CPRS 还收录了部分欧洲和 PCT 专利全文信息，仅可通过文献号进行检索并浏览全文图形信息，进入方式：点击"国外专利查询"菜单中的"各国专利文献查询"，然后选择国别为 EP 或 WO，如图 6-2-8 所示。当然，该查询功能也可以对美国（US）和日本（JP）的专利文献进行查询。

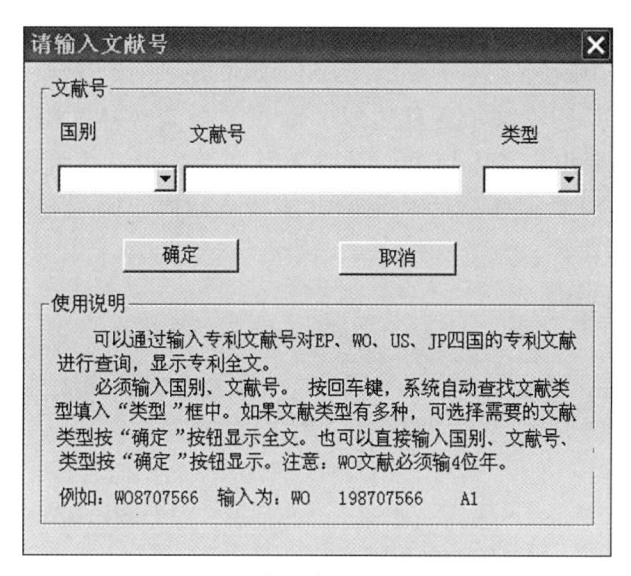

图 6-2-8　各国专利文献查询界面

以上主要介绍了 CPRS 系统的功能和使用方法。社会公众可以在国家知识产权局专利文献馆的公共终端上获得与审查员相同的完整的 CPRS 使用功能。但是，对于审查员还会用到的 EPOQUE 和 S 系统，由于社会公众并无使用权限，下面将仅进行简要介绍，以方便大家了解审查员的检索工具。

二、EPOQUE

EPOQUE，全称为 EPO Query，为国家知识产权局专利局从 EPO 引进的检索系统。

（一）WPI

WPI，即德温特世界专利数据库，收集了自 1963 年至今的约 40 个国家、地区和组织的专利文献，数据并不是非常全面。WPI 专利文献标题和文摘都有德温特公司（Derwent）重新改写，用词比较规范，文摘中技术内容信息丰富，适合采用关键词进行检索，同时，其手工代码进行检索也比较准确；另外，WPI 包括公司代码 CPY。

具体到检索方法，在 EPOQUE 的 Internal 检索工具中，输入"..fi WPI"即可进入 WPI 数据库。之后，可以直接输入关键词进行检索，例如：semiconductor and plasma。如进行其他字段的检索，需要输入相应的字段名称，例如检索 IPC 分类号为 H01L21/76 的专利信息，则需要输入"/IC H01L21/76"或者"H01L21/76/IC"。Internal 支持检索式之间的逻辑运算、截词符等操作。

（二）EPODOC

EPODOC 为摘要数据库，所收集专利文献的国家不如 WPI 多，但是具体到某个国家的专利文献数据往往较全。EPODOC 包括了丰富的分类信息，例如 EC、UC、FI/FT 等，其中欧洲专利分类 EC 为 EPODOC 所独有，适合采用分类号进行检索；同时，EPODOC 还收录了各种引用文献以及检索包括文献，适合追踪检索。不足在于标题和摘要由申请人撰写，不如 WPI 规范，信息含量也参差不齐。其具体检索方法与在 WPI 数据库中所采用的方法完全相同，通过"..fi EPODOC"即可进入 EPODOC 数据库。

（三）其他数据库

EPOQUE 还包括一些全文数据库（以 TXT 开头），以及 ECLA 等分类表数据库。

三、S 系统

S 系统，全称为 Patent Search and Service System，即专利检索与服务系统，共包括约 40 个数据库，其中主要的专利数据库包括：

（一）CPRSABS

CPRSABS，为摘要数据库，等同于 CPRS 中的中国专利文献数据。

（二）CNABS

CNABS，为摘要数据库，收录自 1985 年至今的全部中国发明、实用新型和外观设计专利文献数据，支持中英文联合检索，是目前首选的中国专利文摘数据库。具体包括：中国专利初加工数据（外观数据除外）、中国专利深加工数据、CPRSABS 中的关键词和国省代码、CNTXT 中权利要求全文、DWPI 中国文献信息、SIPOABS 中国文献信息，等等。

（三）DWPI

DWPI（Derwent World Patent Index，德温特世界专利索引数据库），为西文摘要数据库，收录自1948年至今的45个国家、地区和组织的专利文献。

与 EPOQUE 中的 WPI 数据库相比较，两者文献量、使用方法、检索结果基本一致，不同在于，DWPI 增加了 EC、UC 和 Fi/F-term 分类号检索入口。

（四）SIPOABS

SIPOABS（State Intellectual Property Office Abstract Database，世界专利文摘数据库），包括了 SIPO 以与 EPO 交换的 DOCDB2.0 数据库为基础数据补充的 EPODOC 数据库，以及美国、日本、韩国的辅助文摘数据，收录了自1827年至今的97个国家、地区和组织的专利数据，其包括的专利信息主要有著录项目、引证、摘要、分类号等。SIPOABS 与 EPODOC 的主要区别在于：

SIPOABS 中公开、公告文献视为两条记录，而 EPODOC 为一条记录；

SIPOABS 没有收录 XP 类型的非专利文献。

除了数据量略有区别，SIPOABS 与 EPODOC 检索入口、使用方法和检索结果基本一致。

（五）VEN

VEN，为 SIPOABS 和 DWPI 组成的数据库，是 S 系统中首选的中西文摘要库。VEN 涵盖了两个主要国外数据产品的全部数据，统一了外文文献的入口，简化了检索操作。

（六）CNTXT

CNTXT（China Patent Full-Text Database，中国专利全文文本代码化数据库），收录了自1985年至今的中国专利全文文本数据，包括申请信息、公开信息、说明书、权利要求书等，是中文全文检索的首选数据库。CNTXT 不包括 Ti、Ab 等入口。

（七）其他全文数据库

EPTXT、USTXT、WOTXT、JPTXT，分别是欧洲、美国、PCT、日本专利全文数据库。

以上介绍了 S 系统中的主要专利数据库。登录 S 系统后，其界面如图6-2-9所示。S 系统的检索子系统包括：界面检索、核心检索、METALIB 集成检索、药物专利集成检索和互联网资源统一接入平台。

图 6-2-9　S 系统主界面（局部）

其中，如图 6-2-10 所示，界面检索与 EPOQUE 系统的 Internal 类似，通过"..fi"命令选择具体的数据库，例如，输入"..fi ven"，即可进入 SIPOABS、DWPI 组成的虚拟数据库。

界面检索的具体检索方法也与 Internal 相同。输入关键词，即可进行关键词检索，例如图 6-2-10 中的"semiconductor and plasma"；还可进行其他字段的检索，例如 SS 5 中的 IPC 分类号检索；同时，各个检索式的检索结果还可以进行逻辑运算，例如 SS 6 中将检索式 4 和 5 的结果进行了"与"操作。

点击界面检索右侧栏中的"检索历史"，可以看到历史检索式，并可将选中的检索结果发送至浏览界面。

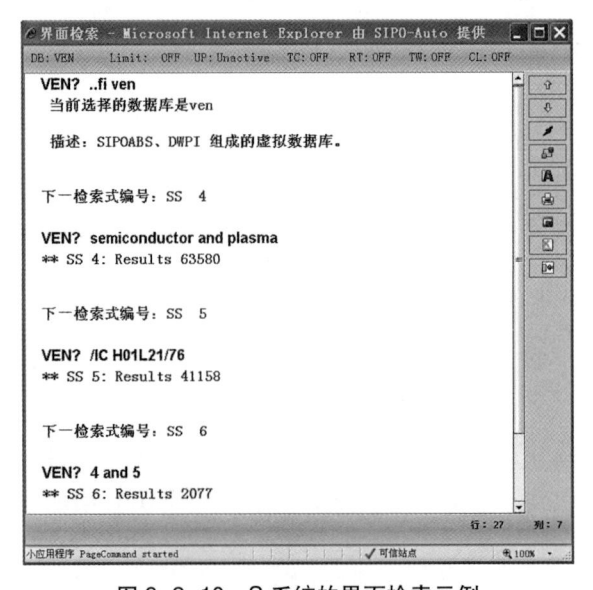

图 6-2-10　S 系统的界面检索示例

检索子系统还包括核心检索，其功能与界面检索相同，如图 6-2-11 所示，区别在于界面检索更加详细和直观。核心检索界面的左侧用于选择所需要的数据库。检索人员构造的检索式要输入在检索式输入栏，例如，直接进行关键词检索的"semiconductor and plasma"，其输入规则也与界面检索相同。

核心检索界面的下方显示了 S 系统的检索历史，其包括了各个界面检索的混排历史，例如，在图 6-2-11 的混排历史中包括了之前在"界面检索"中的检索历史。

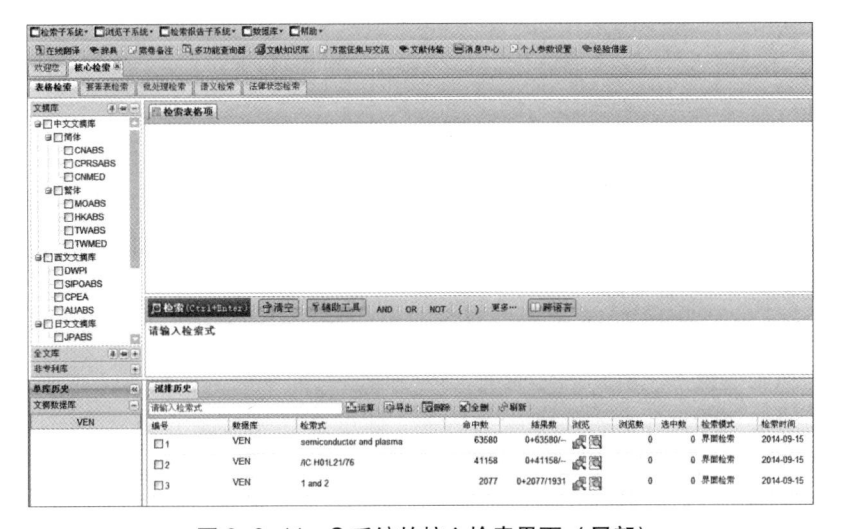

图 6-2-11　S 系统的核心检索界面（局部）

以上简要介绍了 EPOQUE 和 S 系统中数据库选择以及检索式构造规则，便于公众对审查部门提供的检索过程进行阅读和理解，以了解其检索思路和策略。

第七章 专利数据库的使用方法

下面,基于一个简单的案例来具体介绍专利数据库的使用方法。

【案例】权利要求:一种半导体器件,包括 NMOS 和 PMOS,NMOS 和 PMOS 被浅沟槽隔离结构分隔开,其中,浅沟槽隔离结构中具有空洞,且空洞位于浅沟槽隔离结构中部以下。

首先,相关领域技术人员通过阅读上面的内容,大致确定案例的发明要点在于浅沟槽隔离的具体结构。在此基础上,如果已经了解到相关案例的发明人、申请人信息,则可以在专利检索与服务系统(公众部分)的专利检索部分,直接对发明人、申请人进行检索,这样,通常可以获得有助于理解发明创造的背景技术类的专利文献。若申请人的申请量过大,还可以加上与技术主题相关的关键词进行检索,如本例中可加入"浅沟槽隔离"。

接着,对案例的具体发明要点进行检索。通过查找和阅读 IPC 分类信息[在专利检索与服务系统(公众部分)—专利检索的多功能查询器界面中],可以确定案例的分类号应为 H01L21/762。由于本案例所属领域比较明确,采用分类号检索可以较为准确地限定文献范围,因此,这里采用了 IPC 分类号检索。对于某些案例,其分类号信息并不明确,包括的具体分类号过于繁杂,这种情况下,就不再适合通过分类号进行文献范围限定了,而需要直接通过关键词进行检索。

如图 7-0-1 所示,在"表格检索"中的 IPC 分类号栏输入 H01L21/762,在关键词栏输入"浅沟槽 and 空洞",意味着搜索分类号 H01L21/762 下、关键词中包括"浅沟槽"和"空洞"的所有专利文献,其中,关键词指的是在发明标题、摘要以及权利要求中同时进行检索。检索结果为 27 条数据。由于数据量不大,可以进行全部浏览,以查找是否存在相关的专利文献。

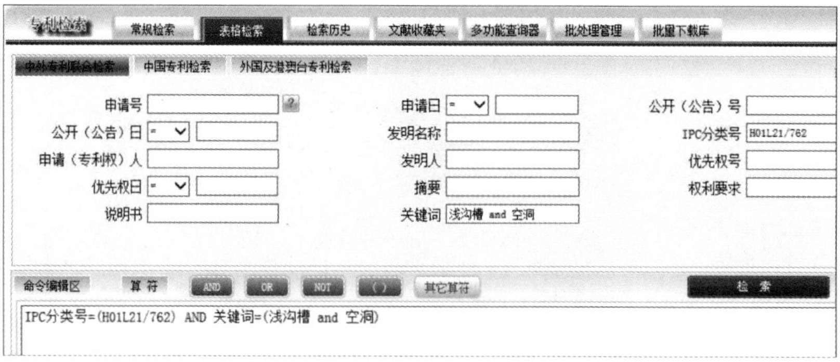

图 7-0-1 案例的表格检索界面(局部)

由于检索结果数据量较小，如果在上述范围内未发现相关文献，则需要进行关键词的扩展，以扩大检索范围。

在本例中，"浅沟槽"可以扩展为"浅沟渠"，以及其英文缩写STI；"空洞"能够扩展的词更多，这里仅举几例，如"孔洞"、"空隙"、"孔隙"等。可以直接在命令编辑区对检索式进行编写、构造。通过扩展关键词，检索结果也会相应增加，例如，如图7-0-2所示的检索式能够获得74条数据，相比之前有所增加。

图 7-0-2　案例扩展关键词的表格检索界面

在获得上面的检索结果之后，可以进入浏览界面，如图7-0-3所示。为了更迅速准确地查找到相关文献，可以对所需要关注的词汇设置高亮或者聚焦。例如，在本例中，由于"空洞"及其扩展词为发明要点所在，因此，设置了"隙"和"洞"字的高亮显示，可以更加方便地确定本例发明要点的相关位置，便于快速浏览。

通过上面的检索与浏览，可能能够获得与本例相关的专利文献。若依然无相关文献，则通过浏览上面的检索结果，进一步了解相关背景技术，在此基础上，一方面能够使我们更加精确地确定检索关键词，另一方面也有助于我们对关键词进行进一步的扩展；同时，由于检索和技术理解的相互进行，我们也能够不断地调整检索策略和思路，尝试各个检索要素的不同组合，例如本例中增加或者减少某一检索要素，如将检索式更改为"关键词=（浅沟槽 and 空洞）"而舍弃分类号的限定。

图 7-0-3　浏览界面（局部）

若在中文专利数据中无法获得满意的检索结果，则可以将检索扩展到外文数据中。专利检索与服务系统（公众部分）的专利检索部分可以直接对外文专利数据进行检索。

在本例中，例如可以直接构造检索式"（STI or（shadow and trench））and void"，从而获得188条数据，参见图7-0-4。如果认为数据量过大，可以通过增加其他关键词或加入分类号进一步来限定检索结果。对检索结果，可以按照中文专利检索相同的调整方式进行调整，如扩展关键词、改变检索要素的组合等。外文专利检索结果的浏览方法与之前的介绍相同，例如，可以通过高亮来快速查看所需要的关键词。

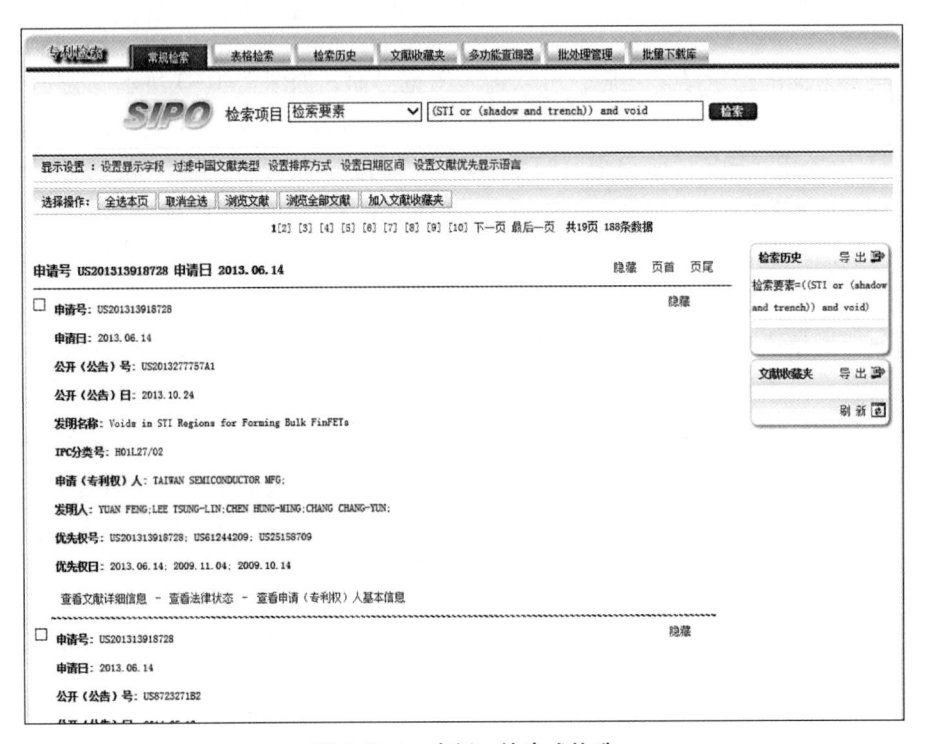

图7-0-4　案例一检索式构造

以上通过一个案例介绍了常规的专利文献检索方法以及通常的检索思路，在具体使用中，还需要根据具体案情来作出适当的调整。

第八章 非专利数据库概述

第一节 CNKI 网络资源共享平台

国家知识产权局基础设施始建于 1999 年 6 月，通过采用数字图书馆技术，建成了"CNKI 数字图书馆"。在此基础上的 CNKI 网络资源共享平台（下文简称"CNKI"）为用户提供了期刊、报纸、学位论文、会议论文等文献信息，是检索中文非专利文献的重要工具。CNKI 入口为 http://www.cnki.net，图 8-1-1 为 CNKI 的登录界面。个人用户可以在非登录状态检索文献，并浏览摘要，但要下载全文则需要注册并充值。CNKI 提供了普通检索和高级检索，本节将介绍这两种检索的使用方法。

图 8-1-1 CNKI 的登录界面

一、普通检索

CNKI 主页上部的搜索框提供普通检索的入口（如图 8-1-2）。检索时可选择检索标签、检索字段和检索库。检索标签包括文献、期刊、博硕士、会议等。检索字段包括全文、主题、篇名、作者、单位、关键词、摘要、参考文献、中图分类号、文献来源等 10 个检索字段（如图 8-1-3），在普通检索中只能选择 1 个检索字段，其中主题检索是同时在篇名、关键词、摘要 3 个字段中检索。检索库包括期刊、国内会议、标准等 14 个检索库，能同时选择多个。从图 8-1-4 的检索库看到，CNKI 的检索范围包括专利文献和多种类型的非专利文献。

图 8-1-2　CNKI 的普通检索入口

图 8-1-3　CNKI 的检索字段

图 8-1-4　CNKI 的检索库

在选择了检索字段和检索库后进行普通检索。普通检索只提供一个输入框，输入框不支持 or、and 等逻辑检索式，但是可以输入多个检索词，检索词之间以空格隔开，表示检索词之间为"与"关系。以"有机电致发光"和"金属螯合物"为例，选择"篇名"作为检索字段，选择全部检索库，共 14 个检索库，在检索框中输入"有机电致发光 金属螯合物"，得到 31 条检索结果（如图 8-1-5）。可以看到，篇名中不仅包含"有机电致发光"和"金属螯合物"的文献落入检索结果，包含"金属"、"螯合物"的文献也被检索到。可见，普通检索不仅是对检索词进行精确检索，还对检索词进行模糊检索，即对检索词进行了适当扩展。如果觉得检索结果过多，还可以在结果中再检索，只需在检索框中输入检索词，选择检索字段，点击"检索"旁的"结果中检索"即可。

图 8-1-5　CNKI 的普通检索示例

检索结果可以按主题、发表时间、被引用次数和下载次数进行排序。按发表时间排序，可初步筛选出专利申请的现有技术，进行着重浏览，但是如果仅参考申请日之前的现有技术，有可能会漏检。得到检索结果后点击"题名"即可浏览文献，在不注册的状态下可看到文献的概要信息，包括作者、摘要、关键词等，若要下载全文，可以注册个人账号充值后下载。

综上，普通检索是一种比较直观、快速的检索方式，通过选择合适的检索词能快速查找相关文献。但是由于其对检索词进行模糊检索，检索精度不够，检索结果多，浏览量大，并且检索字段无法组合，检索不够灵活，所以普通检索通常作为一种初步的检索。

二、高级检索

高级检索为用户提供了一种更精确、更灵活的检索方式，在 CNKI 主页提供了"高级检索"的入口。图 8-1-6 是 CNKI 的"高级检索"界面。界面仅显示"文献"检索标签，"文献"检索标签包括了期刊、博硕士、会议、报纸和年鉴库。但是实际上可通过"跨库选择"选择对检索的库进行扩充或缩减，比如在"跨库选择"中选择"专利"，也可同时检索专利。高级检索包括的检索方式有高级检索、专业检索、作者发文检索、科研基金检索、句子检索、文献来源检索。下文将介绍常用的高级检索、专业检索和句子检索。

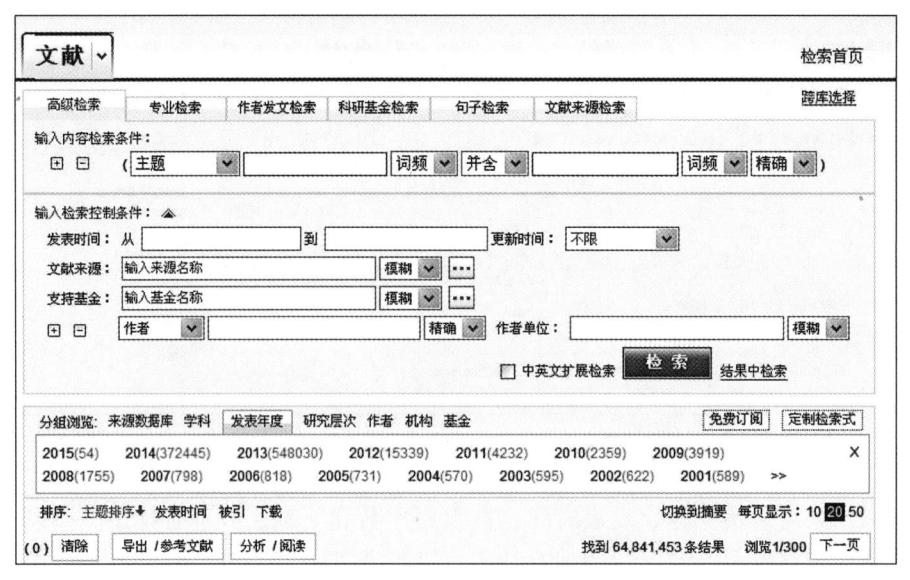

图 8-1-6　CNKI 的高级检索界面

(一) 高级检索

高级检索提供了"输入内容检索条件"和"输入检索控制条件"两部分的输入内容（如图 8-1-7），其中"输入检索控制条件"可以被隐藏。在"输入内容检索条件"中，提供了主题、篇名、关键词、摘要、全文、参考文献、中图分类号等 7 个检索字段，各检索字段之间可以进行"或者"、"并且"、"不含"的逻辑运算。同一检索字段中，可输入"或含"、"并含"和"不含"关系的两个检索词。在检索词后的输入框后面提供了"词频"和"精确"、"模糊"的选项。词频数是指在当前检索字段中，检索词至少出现的次数。例如，在"全文"字段中检索词"有机电致发光"词频选为 3，表示文献的全文中"有机电致发光"至少出现了 3 次。词频越高，相关性可能越大，因而"词频"可起到一定的去噪作用。"精确"和"模糊"是与之前的普通检索相对应的，普通检索采用"模糊"检索，在高级检索时同样可选择"模糊"检索，不过为了更精确地查找现有技术，推荐使用"精确"检索。点击内容检索条件中对应的"+"，可增加检索字段，检索字段最多增加到 7 个。在"输入检索控制条件"中，可以限定文献的时间、来源、支持基金和作者。点击检索控制条件中对应的"+"，可扩充对作者的选择，并且各作者之间可以进行"或者"、"不含"、"并且"的逻辑运算。

图 8-1-7　CNKI 的高级检索界面

同样以"有机电致发光"和"金属螯合物"为例，选择精确检索方式，为避免漏检，将检索词拆分为"有机"、"发光"和"螯合物"，以主题作为检索字段，选择全部检索库，不限制"检索控制条件"，得到 44 条检索结果（如图 8-1-8）。从检索结果看到，由于采用"精确"检索，系统不会模糊检索词，检索结果只涵盖检索词。若想扩展检索词，可增加"或含"的内容，例如将"螯合物"扩展为"配合物"，选择"或含"，即能实现检索词的扩展。模糊检索，可看作是系统对检索内容的扩展，而精确检索，是用户进行的人工扩展，前者简便但不可控，后者稍复杂但精确性高。浏览检索结果时，可以分组浏览，例如发表年度、作者、机构等，还可以在摘要和列表之间进行切换，浏览摘要和全文与普通检索相同。

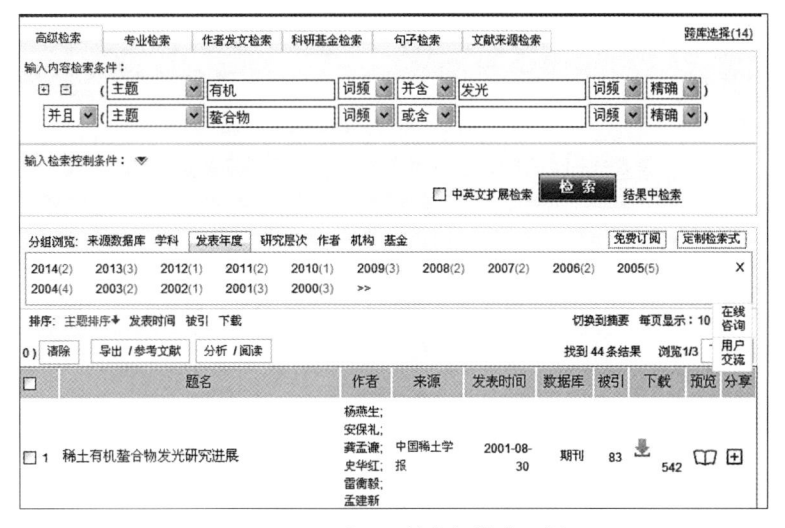

图 8-1-8　CNKI 的高级检索示例

综上，高级检索为用户提供了检索字段组合的功能，可同时进行7个检索字段的组合。可选择词频，选择"精确"检索，与普通检索相比，界面更丰富，各种组合也更加灵活，准确度更高，能进行宏观领域和微观细节的组合，检索结果的数量能得到较好的控制。高级检索相比普通检索，实用性更强。

（二）专业检索

专业检索是通过专业检索语法表达式进行检索。从图8-1-9看到，专业检索只提供一个检索框，在提示"请输入专业检索语法表达式"下输入表达式进行检索。专业检索语法表达式是由逻辑运算符和检索字段构造的检索式。参见表8-1-1，检索字段包括SU="主题"、FT="全文"、AB="摘要"、AU="作者"等，运算符除AND/*（与）、OR/+（或）、NOT/-（非）之外，还有同段：/SEN N（同段），3种同句：/NEAR N（间隔小于N个词）、/PREV N（按词序出现，间隔小于N个词）、/AFT N（按词序出现，间隔小于N个词），以及词频：$ N（出现N次）等。其中，同段和同句可在全文检索中使用，为用户在全文中检索提供了方便。

图8-1-9　CNKI的专业检索界面

表8-1-1　CNKI专业检索的检索字段和逻辑运算符

检索字段	含 义	逻辑运算符	含 义	逻辑运算符	含 义
SU	主题	AND/*	与	/SEN N	同段
FT	全文	OR/+	或	/NEAR N	间隔小于N个词
AB	摘要	NOT/-	非	/PREV N	按词序出现，间隔小于N个词
AU	作者	$ N	词频，出现N次	/AFT N	按词序出现，间隔小于N个词

检索字段与运算符的组合可以在检索字段之间，也可以在同一检索字段中。在同一检索字段中"与/或/非"用符号"*/+/-"表示，在不同检索字段中则用英文"AND/OR/NOT"表示（大写和小写均可）。例如，"有机电致发光"和"金属螯合物"都以主题为检索字段，检索式为：SU=有机电致发光*金属螯合物（如图8-1-10a）；若"有机电致发光"作为检索主题，在全文中查找"金属螯合物"，检索式为：SU=有机电致发光 AND FT=金属螯合物（如图8-1-10b）。

图 8-1-10a　CNKI 的专业检索表达式

图 8-1-10b　CNKI 的专业检索表达式

同样以"有机电致发光"和"金属螯合物"为例，采用在高级检索中相同的检索策略，即检索词拆分为"有机"、"发光"和"螯合物"，主题作为检索字段，选择全部检索库，检索式构造为：SU=有机 and SU=发光 and SU=螯合物。检索结果与高级检索相同，如图 8-1-11 所示，选用同样的检索策略，专业检索也得到 44 条检索结果，与高级检索中"精确"检索的结果相同，由此可见专业检索是对检索词的精确检索。

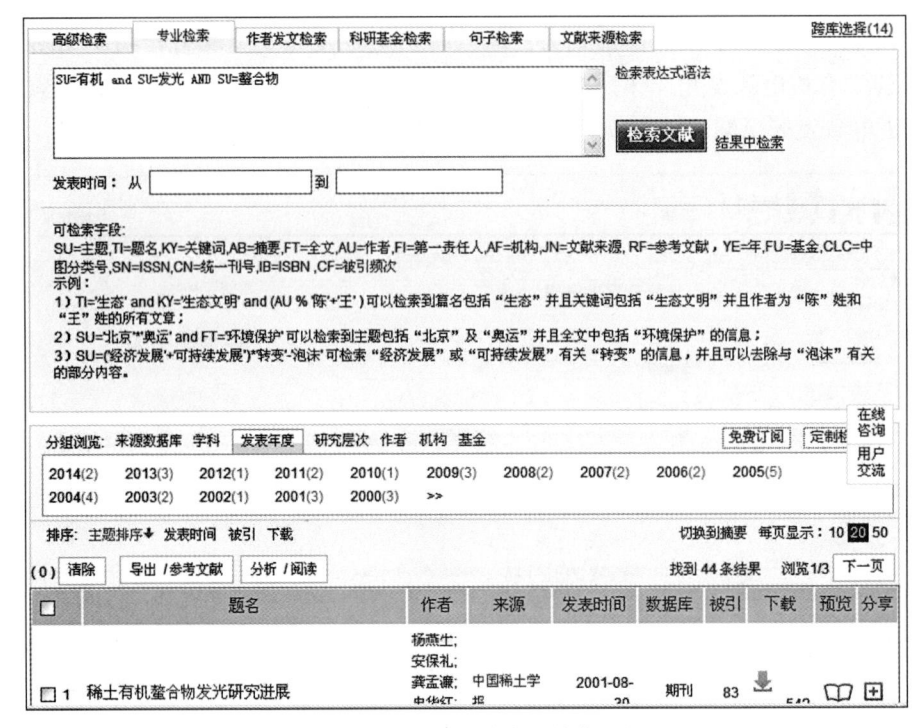

图 8-1-11　CNKI 的专业检索示例

在使用同段和同句检索时，同段或同句算符两侧的检索词只能是一个检索词，不能是进行"＊/＋/－"逻辑运算的检索式，例如只能是"有机电致发光"，不能是"有机电致发光+oled"。同段或同句的运算式要放在英文半角字符的单引号中，算符用英文的大写表示，算符前需空格。例如，在全文的同段中检索"有机电致发光"和"金属螯合物"，两者间隔小于 2 句，检索式为：FT='有机电致发光 /SEN 2 金属螯合物'（如图 8-1-12）；在全文的同句中检索"有机电致发光"和"金属螯合物"，两者的间隔小于 5 个词，检索式为：FT='有机电致发光 /SEN 5 金属螯合物'（如图 8-1-13）。

综上，专业检索为用户提供了另一种检索界面。与高级检索相比，专业检索可以使用超过 7 个检索字段的组合，组合时也不受格式的限制，能使用的检索策略更多，检索更加灵活，同时也对检索者的使用要求更高。如果只想进行几个检索字段的简单组合，建议使用高级检索，其提供了简洁的界面；若想做一些特殊的限制，例如在全文的同段、同句中查找，建议使用专业检索。

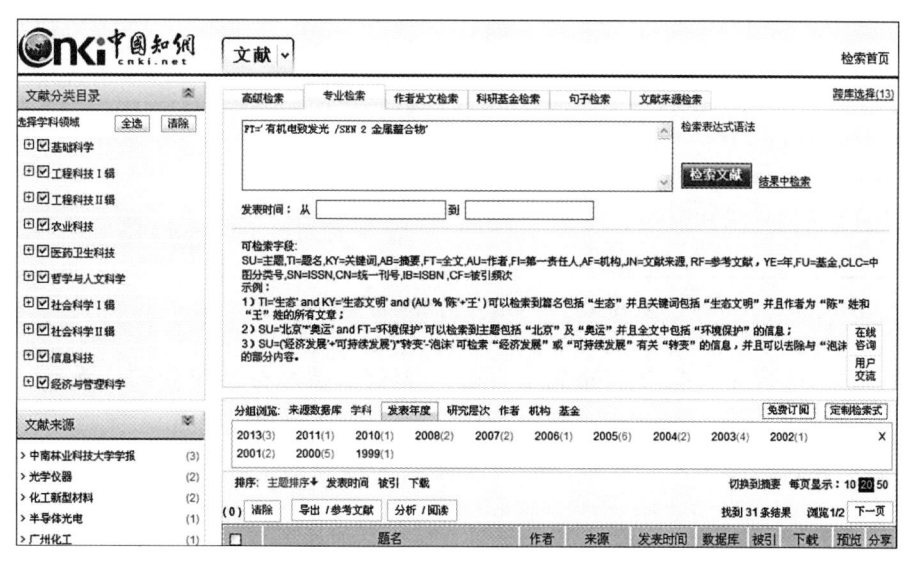

图 8-1-12　CNKI 的专业检索的同段检索

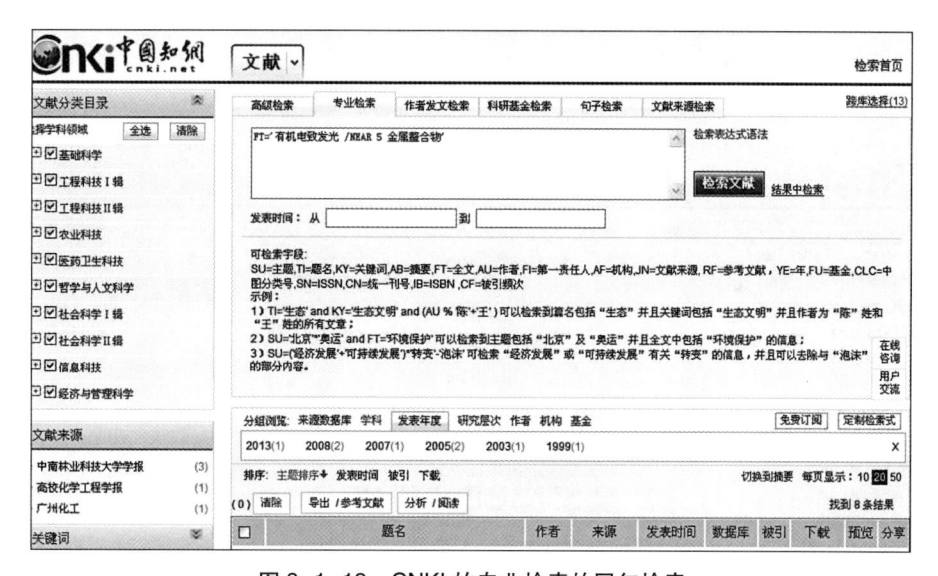

图 8-1-13　CNKI 的专业检索的同句检索

(三) 句子检索

句子检索是在全文字段中进行检索（如图 8-1-14），可在全文的同一句或同一段中进行检索，不过只能选择两个检索字段，每个检索字段输入两个检索词。检索字段之间可以进行"或者"、"不含"、"并且"的逻辑运算。因而，当要在全文中查找包含某两个检索词的文献时，使用句子检索可对这两个检索词的关系作限定，避免检索结果过多。

图 8-1-14 CNKI 的句子检索的界面

以"有机电致发光"和"金属螯合物"为例,选择全部检索库,在同一段中检索"有机电致发光"和"金属螯合物",得到 90 条结果(如图 8-1-15)。检索结果的显示方式不同于普通检索、高级检索和专业检索,不显示摘要,点击"句子来自"的文献,可浏览该文献的摘要等。在同一句中检索"有机电致发光"和"金属螯合物",得到 9 条结果(如图 8-1-16)。检索结果的显示方式与同段检索类似,不过还显示了检索词所在的句子,通过浏览这些句子能大概获知文献的相关性,仅浏览相关文献即可,而不用打开每一个结果在全文里查找。浏览文献的方式与同段检索相同。

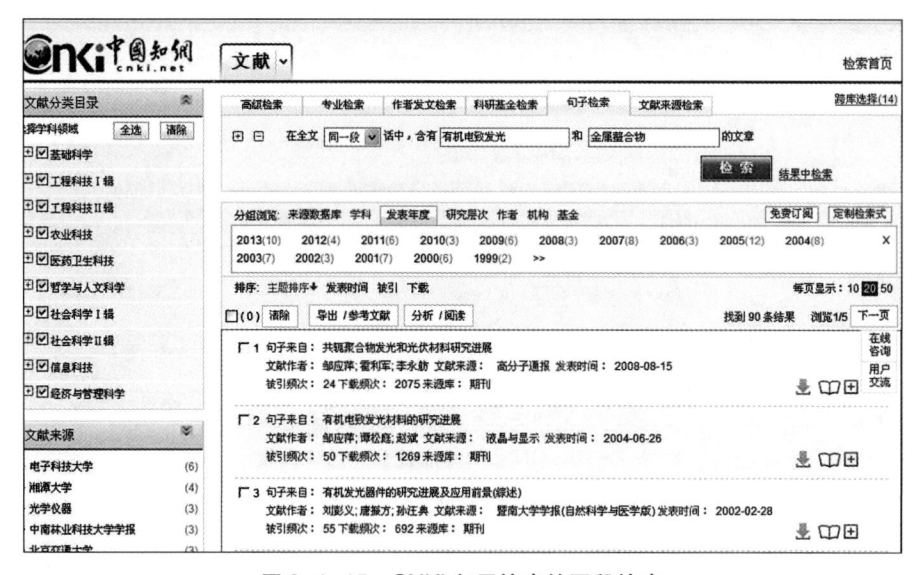

图 8-1-15 CNKI 句子检索的同段检索

图 8-1-16　CNKI 句子检索的同句检索

综上，句子检索提供了一种在全文中进行快速检索的途径。对于检索词明确、检索词关系密切检索，句子检索不失为一种更好的全文检索方式。与初级检索、高级检索、专业的全文检索相比，句子检索能缩小检索范围，去噪效果更好；与专业检索的同段、同句检索相比，无须限制检索词之间的间隔句、间隔词，不容易漏检，而且同句检索的结果显示方式更直观，更利于浏览。不过由于检索字段和检索词的数量限制，检索词之间只能是"和"的关系，在同句或同段中同时查找多个检索词时，建议使用专业检索。

第二节　万方数据知识服务平台

万方数据知识服务平台（下文简称"万方数据"）是知识资源出版和增值服务平台，目前出版的资源总量超过 2 亿条，覆盖各学科和行业，提供了 5000 万篇学术论文、4000 万件专利、300 万项标准的检索资源。万方数据的入口是 http：//c.wanfangdata.com.cn，图 8-2-1 是万方数据的登录界面。个人用户可以在非登录状态检索文献，并浏览摘要，但要下载全文则需要支付一定费用。万方数据提供了普通检索和高级检索，本节将介绍这两种检索的使用方法。

图 8-2-1　万方数据的登录界面

一、普通检索

万方数据主页上部的搜索框提供普通检索的入口（如图 8-2-1）。检索时可选择检索标签，检索标签包括学术论文、期刊、学位、会议、专利、标准等，其中学术论文涵盖了期刊、学位、会议、外文文献和 oa 论文。普通检索只能选择多个标签中的一个，因而检索非专利文献时，通常选择涵盖内容较多的学术论文标签。

普通检索提供了一个输入框，可以在输入框中输入检索字段和检索词，检索式格式为"检索字段：检索词"。检索字段包括主题、标题、关键词、摘要、作者、日期等，但是不支持全文检索。检索字段的"主题"包含标题、关键词和摘要，而标题还可用"题目"、"题名"表示。例如在标题中检索"有机电致发光"，输入检索式"标题：有机电致发光"。多个检索式之间支持与/或/非的逻辑运算，运算符 and/＊表示"与"，or/+表示"或"，not/^表示"非"。在进行逻辑运算时，运算符与检索式之间用空格隔开，例如"标题：有机电致发光 or 关键词：金属螯合物"。检索式中，运算符缺省时表示各检索式之间"与"的关系，检索字段缺省时表示在"主题"字段中检索，例如"有机电致发光 金属螯合物"，表示检索主题中同时含有"有机电致发光"和"金属螯合物"的文献。在得到检索结果后，如果对检索结果不满意还可以在检索结果上部的"标题"、"作者"和"关键词"的输入框中输入相关内容进行二次检索（如图 8-2-2）。

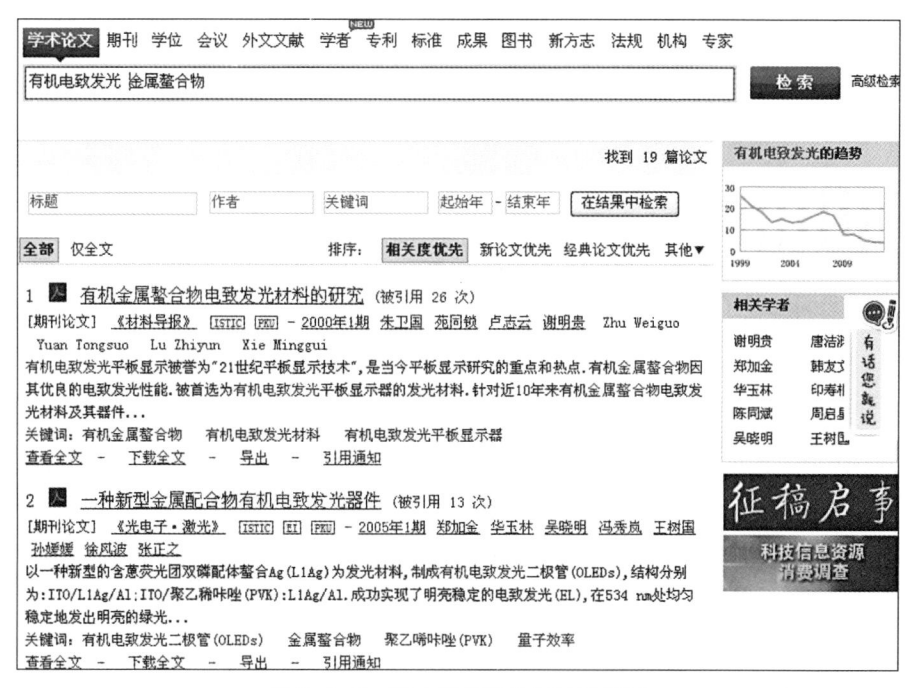

图 8-2-2　万方数据的普通检录界面

以"有机电致发光"和"金属螯合物"为例，在学术论文中以其为主题进行检索，得到19条检索结果（如图8-2-2）。检索结果为用户提供了概览，示出文献的标题、关键词和包含检索词的部分摘要，点击文献标题即可浏览文献。在不注册的状态下可看到文献的概要信息，包括作者、摘要、关键词等，若要下载全文，需支付一定费用。检索结果的右侧会显示第一个检索词"有机电致发光"的检索结果的数量随年份变化的趋势。点击趋势图可以放大，并同时进入知识脉络检索和比较分析的界面。在知识脉络检索界面（如图8-2-3），图片显示"有机电致发光"的文献数量随年份变化的趋势。图片下方给出与"有机电致发光"相关的热词、经典文献、前沿文献和相关学者，因而用户可在知识脉络检索界面获得与第一个检索词相关的信息。

点击知识脉络检索界面的"比较分析"，进入比较分析界面（如图8-2-4）。选择感兴趣的相关词，图片将示出选定的相关词的检索结果随年份变化的趋势。如图8-2-4中选择了"有机电致发光"、"电致发光"和"掺杂"，图片中用不同颜色显示了与这3个检索词相关的文献数量随年度变化的趋势，也为用户提供了检索词的相关信息。

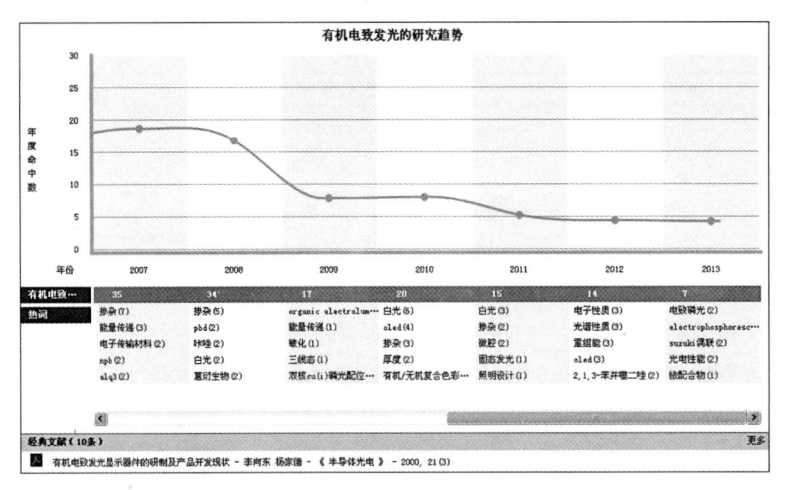

图 8-2-3　万方数据的知识脉络分析界面

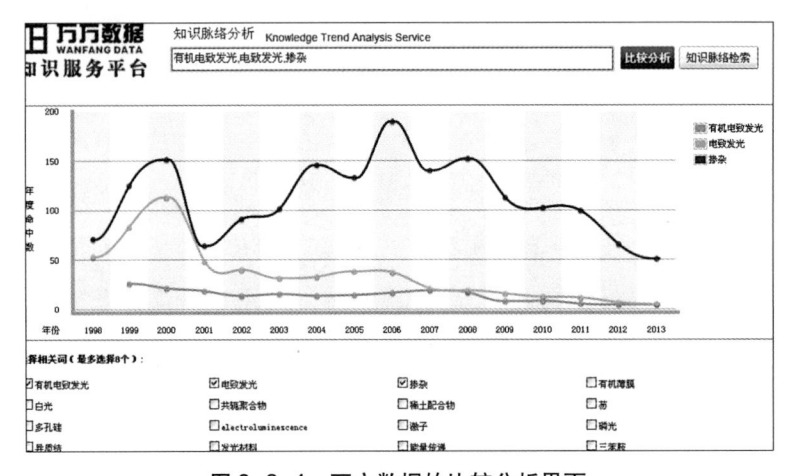

图 8-2-4　万方数据的比较分析界面

综上，普通检索是一种比较直观、快捷的检索方式，通过选择合适的检索词能快速查找相关文献。但是由于只提供了一个输入框，若要在多个不同检索字段检索多个检索词，并要进行多种逻辑运算时，会给用户带来输入上的困难，因而普通检索通常作为一种初步的检索。

二、高级检索

高级检索为用户提供了一种灵活、组合更简便的检索方式，万方数据主页提供了"高级检索"的入口。图 8-2-5 是万方数据的"高级检索"界面。界面左侧显示"选择文献类型"，文献类型有期刊论文、学位论文、会议论文、中外专利等。检索时可同时选择多种文献类型，也就是实现在多个检索库的检索。高级检索包括高级检索和专业检索这两种检索方式，下文将逐一介绍。

图 8-2-5　万方数据的高级检索界面

（一）高级检索

高级检索将检索字段和检索词放在了不同的输入框中（如图 8-2-6）。检索字段包括主题、题名、关键词、摘要等。检索时可选择一个检索字段，也可选择全部。检索框的下部给出使用的帮助信息，例如"主题"字段包含了标题、关键词和摘要。高级检索的各检索字段之间可以进行"与"、"或"、"非"的逻辑运算。在检索字段的输入框后面提供了"精确"和"模糊"选项。检索字段前的"+"，可增加检索字段，检索字段最多增加到6个。在采用相同检索策略的情况下，高级检索中"模糊"检索得到的检索结果和普通检索相同，也就是说普通检索是默认进行模糊检索。因而高级检索的"精确"检索功能提供了定位更精准的检索方式。

图 8-2-6　万方数据的检索字段界面（局部）

高级检索提供了推荐关键词和导出检索历史的功能。点击高级检索界面的"推荐关键词"，输入"金属螯合物"，系统推荐"螯合物"，可以推测系统认为检索时用"螯合物"优于"金属螯合物"，但是输入"酞菁铜"，系统推荐"酞菁"，而两者有实质差别，因此目前来看推荐关键词的实用性不强。

高级检索可以查看并导出检索历史。点击高级检索界面的"检索历史"，弹出检索历史列表的对话框，可查看历史的检索策略、检索数据库、检索时间，或者删除检索历史。点击检索策略中的检索式，系统自动转入专业检索进行检索。点击"导出检索历史"按钮，系统将以 txt 格式导出所有检索历史，供今后查用。

同样以"有机电致发光"和"金属螯合物"为例，选择全部文献类型，在主题中以精确方式进行检索（如图 8-2-7）。检索框下部显示检索结果。第一条检索结果的上方给出"检索表达式：主题：（"有机电致发光"）＊主题：（"金属螯合物"）＊Date：-2014"，从式中看到，检索词"有机电致发光"和"金属螯合物"的两边都是用了双引号，也就是说在精确检索时，检索词是被完整地看作一个字符串，只检索与字符串完全对应的内容。相对应地，如果选择模糊检索（如图8-2-8），第一条检索结果的上方给出"检索表达式：主题：（有机电致发光）*主题：（金属螯合物）* Date：-2014"，检索词没有双引号，不看作一个字符串，检索时不仅检索与之完全对应的内容，还会检索相近或相似的内容。

检索结果的右侧给出相关的高频关键词，如"量子效率"，"电致发光"、"发光二极管"等，用户可选择以用做检索词的扩展。得到检索结果后，可以选择文献后点击图8-2-8中的"导出"标签，导出选择的文献。

综上，高级检索为用户提供了检索字段组合的简洁界面，可同时进行6个检索字段的组合，并提供了导出检索历史的功能，为检索结果的保存和浏览提供了便利。但由于高级检索仅提供了有限的检索框，组合方式相对单一，变化少，无法实现多个检索词和多个检索字段组合的稍复杂的检索策略。

图8-2-7　万方数据高级检索的精确检索

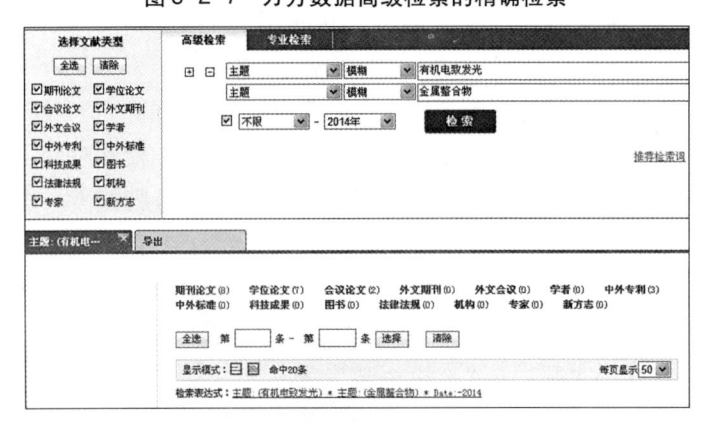

图8-2-8　万方数据高级检索的模糊检索（局部）

（二）专业检索

专业检索是通过逻辑运算符和检索项构造的检索式进行检索，其中检索项包括检索字段和检索词。图8-2-9中输入框右侧的"可检索字段"弹出提示框，给出检索字段和逻辑运算符的提示。检索字段包括主题、题名或关键词、题名、创作者、作者单位、关键词、摘要、日期，以及论文的刊名等，逻辑运算符包括＊（与）、＋（或）和^（非）。用户在编辑检索式时，直接点击提示框中的检索字段，输入框中自动生成该检索字段，用户输入检索词就构造完了检索项，如果需要检索项间的组合，再选择相应的逻辑运算符即可。在输入检索词时，如果要精确检索，检索词两边使用双引号，检索结果和高级检索的精确检索相同，否则是进行模糊检索，检索结果与高级检索的模糊检索相同。

图8-2-9 万方数据的专业检索界面

专业检索同样也有"推荐检索词"和"检索历史"的功能，与高级检索相同。总的来说，专业检索和高级检索都提供了构造检索式的途径，用户可以根据检索的复杂需求进行选择。专业检索可使用的检索策略更多，检索更加灵活，同时也对检索者的使用要求更高。借助专业检索界面的提示框，检索式的编辑变得更加容易，也不会遗漏检索项。实际上，在普通检索中也能利用专业检索中的检索式，只不过普通检索不能同时在所有检索库中检索。

第三节 读秀中文学术搜索

读秀中文学术搜索的数据库是由海量全文数据及资料基本信息组成的超大型数据库。其以430万种中文图书、10亿页全文资料为基础，为用户提供深入内容的章节和全文检索、部分文献的原文试读，以及高效查找、获取各种类型学术文献资料。个人用户只有在登录状态才能进行文献检索，并浏览摘要。

一、数据库特点

该数据库以出版发行的图书作为资源，因此，使用其检索可获取相关领域的现有技术，也可以针对发明的某个技术特征进行检索，用于公知常识的判断和举证。

"读秀中文学术搜索"（以下简称"读秀"）把图书打碎，以章节为基础重新整合在一起。读秀的知识搜索基于全文搜索技术的知识点搜索，使用两个以上或较长的检索词，可以快速在文章的全文内容中准确命中所需结果。

该数据库主要提供以下服务：

（1）图书目录的查询。

（2）文献传递服务。读秀可以为读者提供最多 50 页的原文，读者先根据显示的目录页，选定所需的页数，提交需求信息，原文以电子邮件的方式，发送到读者的信箱中，每次发送的原文可以有 20 天的有效期，这一期间内，读者可以随时浏览。

（3）浏览指定图书的目录页、版权页、前言页、正文的前 17 页，并提供基于全文的检索。

（4）显示方式支持 IE 浏览器的显示，但是必须安装相应的插件，显示的页面不能打印，如需要可进行图像的拷贝，或者是采用 OCR 文字识别的方式，转换成文本方式打印。

二、数据库的使用

在读秀首页（如图 8-3-1）显示的检索标签，包括知识、图书、期刊、报纸、学位论文、会议论文、文档、电子书等。点击标签行右侧的"更多"，可以看到显示出更多的检索标签（如图 8-3-2），除前述检索标签，还包括专利、标准、词条、会议论文、课程、文档、新闻、政府信息等多个检索入口。下面选择部分检索标签，以"有机电致发光"及"金属螯合物"为例介绍读秀检索的使用方式。

图 8-3-1 读秀首页界面

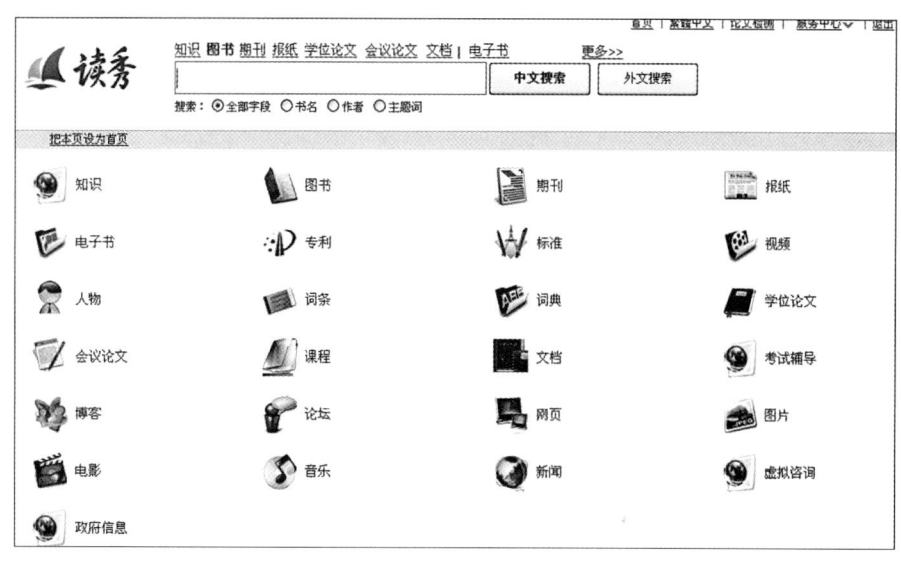

图 8-3-2　读秀的全部检索标签

(一) 在"知识"标签下的检索

该入口下的检索目的在于了解词条的含义及相关使用情况，默认为全文范围内检索，因此并没有设置可选的普通检索、高级检索及专业检索的不同检索方式。从"有机电致发光"进行中文检索的结果中可以看出（如图 8-3-3），检索栏默认对输入的检索词进行精确检索，得到的结果和检索词完全匹配，检索词出现在题名和全文中。检索得到的条目约 2653 条，涉及多种类别，是最广泛范围下的检索结果。在检索结果的左侧，可使用左侧的筛选条件选择与预期相符的年代和专题筛选，在右侧给出了相关人物、图书、期刊、报纸、学位论文、课程课件、标准、专利的分类结果以及相应的公开时间。在检索栏中输入"金属螯合物"，点击"在结果中检索"，得到 10 条检索结果，结果显示对金属螯合物也进行的是精确检索，其内容分别来自图书、期刊、会议论文等。点击检索结果下方的阅读，则弹出这一检索结果来源的篇幅段落以供阅读（如图 8-3-4），二次检索词"金属螯合物"被高亮显示。点击页面右上角的第一个按钮"来源"，显示书名或文章题名、作者信息，此外还可以下载和打印，下载页数为出现该检索词处前后共 17 页的内容，如要浏览更多内容，点击书名或文章题名，进入"图书"标签下该图书或文章检索结果页面，选择图书馆文献传递。此外，如该图书在超星科技数字图书馆中有馆藏，并且使用者能够使用超星科技数字图书馆进行全本图书的阅读，但一般不包括最近几年新出版的图书。

图8-3-3　读秀的知识入口的检索结果

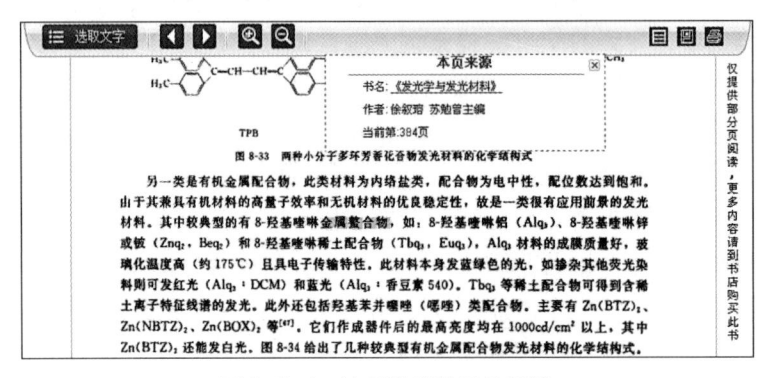

图8-3-4　读秀检索结果的阅读

(二) 在"图书"标签下的检索

1. 简单检索

检索字段包括书名、作者、主体词、丛书名、目次，以及全部字段的检索。在检索栏中输入检索词，选择检索栏下方的检索字段进行检索，匹配方式可以选择精确检索或模糊检索。在全部字段中进行检索时，检索位置不仅包括书名，还包括图书简介、章节题名的位置，如果在以上位置出现检索词，也会被检索到（如图8-3-5）。在检索结果的左侧，按类型、年代、学科、作者提供了分类，在检索结果的右侧给出了在期刊、报纸等载体上的推荐内容。

该检索结果的部分阅读，提供的页数包括书名页、版权页、前言页、目录页、正文第1页起的15页内容、封底页。如需阅读更多内容，需使用图书馆文献传递服务。

图8-3-5　读秀"图书"标签下的简单检索界面

2. 高级检索和专业检索

高级检索的检索字段包括书名、作者、主题词、出版社、ISBN号、图书分类、中图分类号、年代，还可设置每页显示条数。该检索方式主要也是以获取相关图书为目的，对与检索内容相关的检索字段并不多。

点击高级检索栏右侧的专业检索，进入专业检索的检索框。检索框的下方显示了检索使用的逻辑运算符、检索字段和命令式的示例。其中：T=书名，A=作者，K=关键词，Y=出版年，S=丛书名，R=摘要，C=目录。

检索规则说明（以下符号均为半角符号）：

（1）逻辑符号：＊代表"并且"，｜代表"或者"，－代表"不包含"；

（2）其他符号：（）括号内的逻辑优先运算，＝后面为字段所包含的值，＜代表"小于等于"，＞代表"大于等于"；

（3）如书名或关键词中含有"数字"或"图书馆"，且出版年范围是2000~2010年（含边界），表达式为：(T=数字｜T=图书馆｜K=数字｜K=图书馆) ＊ (2000<Y<2010)。

在专业检索框中，在检索字段中的检索词用英文半角的双引号括起，表示全字符匹配的精确检索，如不使用双引号，则进行模糊检索。例如检索式R="电子传输"，其检索结果仅限"电子传输"的内容；而检索式 R=电子传输，其检索结果包括了出现"电子传输"、"电子"、"传输"这些词的内容。

同样，在高级检索和专业检索中，检索位置不仅包括书名，还包括图书简介、章节题名的位置，如果在以上位置出现检索词，也会被检索到（如图 8-3-5）。在检索结果的左侧，按类型、年代、学科、作者提供了分类，在检索结果的右侧给出了在期刊、报纸等载体上的推荐内容。检索结果的部分阅读，提供的页数包括书名页、版权页、前言页、目录页、正文第 1 页起的 15 页内容、封底页。如需阅读更多内容，需使用图书馆文献传递服务。

图书标签下的检索，主要目的是获取相关领域的书目以及背景技术，目前还比较缺乏对技术内容有针对的检索组合。

（三）在"期刊"、"报纸"标签下的检索

期刊入口的普通检索的检索字段包括标题、作者、刊名、关键词、作者单位以及全部字段，报纸入口的普通检索的检索字段包括标题、作者、来源、全文以及全部字段。

两者的高级检索和专业检索与图书入口下的高级检索和专业检索类似。目前这些入口下的专业检索程度并不充分，如果需要针对技术内容在期刊、论文有针对性的检索，仍然推荐使用 CNKI 以及万方数据库。

第四节　超星科技数字图书馆

超星科技数字图书馆为目前世界最大的中文在线数字图书馆，提供大量的电子图书资源提供阅读，其中包括文学、经济、计算机等 50 余大类，数百万册电子图书，500 万篇论文，全文总量 13 亿余页，数据总量 1000T，以及大量免费电子图书，超 8 万个学术视频，拥有超过 35 万授权作者，5300 位名师，1000 万注册用户并且每天仍在不断地增加与更新。

超星科技数字图书馆，可以通过书名、作者、全文检索 3 个入口进行检索（如图 8-4-1）。

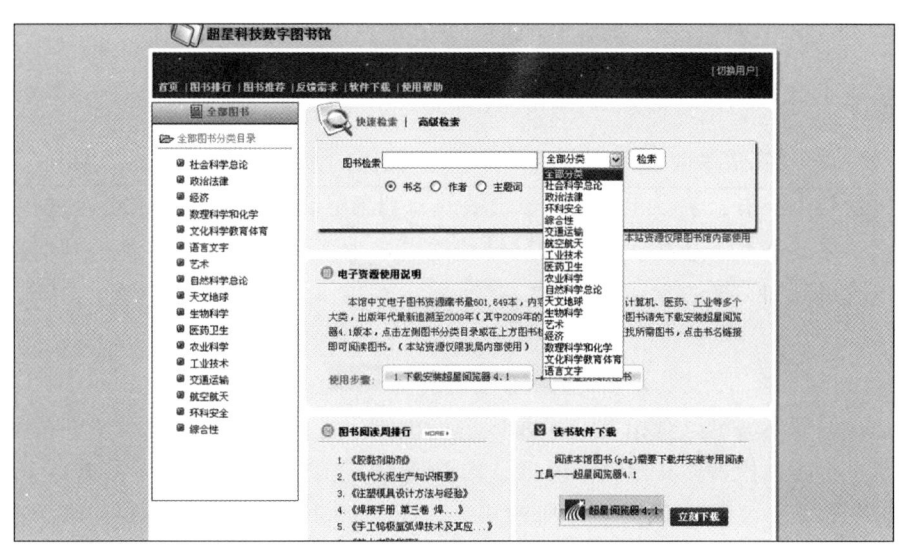

图 8-4-1　超星科技数字图书馆检索入口

该数据库提供 3 种检索方式：

（1）分类检索，根据中图法分类，通过"图书馆分类"一栏，点击所需检索的类目，随后显示该类目包含的子类，逐次查找。

（2）初级检索，对于一些目的范围较大的查询。

（3）高级检索，实现图书的多条件查询。检索字段包括书名、作者、主题词。

超星数字图书馆提供图书的全文阅读。出版年代最新追溯至 2009 年（其中 2009 年的书为 1424 本）。检索结果自动以时间降序进行排列。

第五节　IEEE Xplore

一、数据库特点

IEEE Xplore 是一个学术文献数据库，主要提供计算机科学、电机工程学和电子学等相关领域文献的索引、摘要以及全文下载服务。它基本覆盖了美国电气电子工程师学会（IEEE）和国际工程技术学会（IET）的文献资料，收录了超过 200 万份文献。

IEEE Xplore 主要包括 IEEE 和 IET 这两个机构的出版物，还包括 VDE（德国电气工程师协会）的出版物。IEEE Xplore 主要涵盖有 300 多万篇全文电子文档、160 种期刊与杂志、1200 多种 IEEE 年会会议记录、3800 多种技术标准、1000 多本电子书和 300 多个电子学习课件（至 2014 年），每月新增 2.5 万篇论文到 IEEE Xplore 中，完整文档回溯到 1988 年，最早到 1872 年。其覆盖的学科领域包括太空、计算机、电信、生物医学、电力及消费性电子产品等领域。

二、数据库功能及使用方法

IEEE Xplore 数据库（以下简称"IEEE"）提供的浏览功能可划分为期刊、会议、标准、书籍与电子书、学习课件这 5 个领域的分别浏览。非登录状态下可以进行检索，浏览检索结果的基本信息和摘要，通过付费的方式为读者提供通过各种期刊期次、会议年份等获得已知文献的全文。

（一）普通检索

在该数据库中，可以对相关技术领域进行检索，也可以在基本检索栏中按基本的检索要素进行模糊检索。其检索字段默认在 Metadata（数据库编辑的元数据）下检索，检索内容不包括全文。文献类型包括期刊、会议论文、标准、教育课程及图书，出版社包括 IEEE、IET、AIP、AVS、IBM、BIAI、TIP。

在检索栏中输入检索词进行普通检索，用英文半角双引号括起检索词进行精确检索，检索词之间加空格不使用逻辑运算符表示"与"的关系，例如："organic electroluminescent"、"electron transport"，表示全字匹配的"organic electroluminescent"和"electron transport"之间进行"与"的逻辑运算（如图 8-5-1）。检索词不区分大小写。

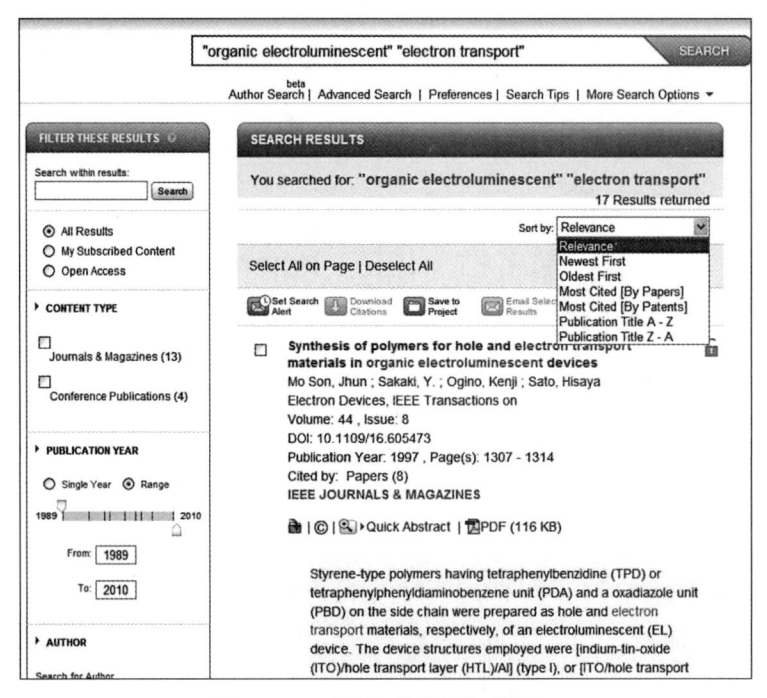

图 8-5-1　IEEE 的普通检索界面

在 IEEE 的普通检索中，可以使用检索词和逻辑运算符构造检索式，可以使用通配符。使用通配符进行检索词的检索需注意以下问题：

（1）可以使用通配符"＊"表示该位置存在任意多个字母，使用通配符"？"表示该位置存在一个字母。通配符"＊"可以位于单词的中间和词尾，不能位于单词开头；通配符"？"可以位于单词的前面、中间和词尾。

（2）目前，在使用通配符"＊"对单个检索词检索时，检索词使用或不使用英文半角双引号都可以。例如"electroluminescen＊"和"electroluminescen＊"同样表示对"electroluminescent"或"electroluminescence"两个词进行检索。

（3）在使用通配符"＊"对多个检索词检索时，只能进行模糊检索，而不能使用英文半角双引号来进行两个检索词的精确匹配检索。例如不使用英文半角双引号"organic electroluminescen＊"可以获得检索结果，而使用英文半角双引号的"organic electroluminescen＊"则无法检索。

（4）在不使用通配符时，IEEE 在检索时会考虑名词的单复数或分词变形。如使用通配符，需要考虑该通配符是否包括了该单词所有的变形形式，否则 IEEE 会将不符合的变形形式排除在检索结果外。而对于拼写近似的名词和形容词、名词和动词等，IEEE 不会自动考虑变形形式。例如，对于检索词为不使用英文半角双引号的"electroluminescent"，虽然进行的是模糊检索，但 IEEE 不会扩展检索名词形式的"electroluminescence"。

（5）此外，"＊"在一个单词之后，还包括了该单词开头、与其他单词连写形成的复合词。

（6）通配符"＊"、"？"可以与逻辑运算符"AND"、"OR"、"NOT"一起使用，如果运算符两边是词组可以用英文半角单引号或括号括起，但也可以不使用单引号或括号，例如'electron transport＊' AND layer、（electron transport＊）AND layer 和 electron transport＊ AND layer 的检索结果相同。

在检索结果的左侧可以选择在结果中检索、分期刊杂志和会议出版物查看、选择出版年代查看、按作者查看检索结果，在检索结果右上侧可选择排序，如论文引用量、被专利引用量。如要查看哪篇文献被专利引用的次数最多，在点击"Sort by"后选择"Most Cited [By Patents]"按专利引用量排序，选择被专利引用次数最多的文献。再点击该篇文献后可以找到引用该篇文件的专利号、专利名称和作者名字（如图 8-5-2）。

目前 IEEE 给出的相关专利仅限于在美国申请并被授权的专利，这些专利是按授权公布日期从晚到早的顺序排列，并且由于是已被授权的专利，通过比较这些被批准的专利保护范围，可以了解关于这一技术相关的发展程度和发展方向。

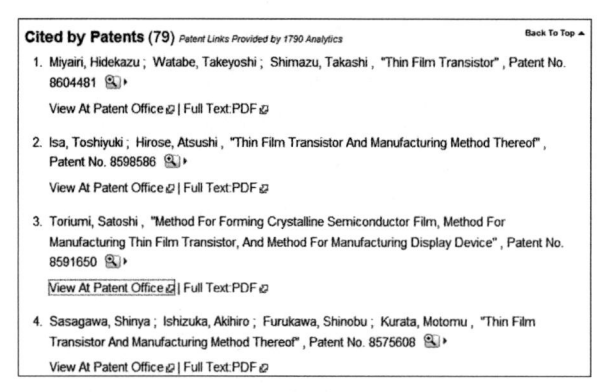

图 8-5-2　IEEE 检索结果的相关引用专利

这些授权专利的全文可以通过链接进入美国专利商标局网站提供的全文文本形式阅读，也可以直接在该页面下载 PDF 文档。IEEE 提供有详细全面的引用和被引用文献的信息，可以让使用者快速有效并且全面地了解该项技术领域的进展。

（二）高级检索

在点击"Advanced Search"后，进入"Advanced Search Options"界面，选择"Advanced Keywors/Phrases"（如图 8-5-3）。

图 8-5-3　IEEE 的高级检索界面

在高级检索中，通过选择检索字段之间的"AND"、"OR"、"NOT"的关系来实现各检索字段中"与"、"或"、"非"的逻辑运算。在检索栏上方选择"Metadata Only"时，各检索字段可选择数据库编辑的元数据（Metadata，包括摘要和题名文本、标引词）、文章名称、作者、出版物名称、摘要等。在检索栏上方选择"Full Text & Metadata"时，还包括全文范围内的检索。除默认给出的 3 个检索项，使用者还可以增加更多的检索项。在"PUBLISHER"项中，可以对不同出版商的出版物进行选择；在"CONTENT TYPS"项中，可以勾选会议出版物、期刊等不同的分类进行浏览；在"PUBLICATION YEAR"中选择出版年份。

在高级检索的检索栏中输入的检索表达规则，与前述普通检索中的检索表达规则相同。但可以通过扩展字段实现多检索字段之间的逻辑运算，并且可以选择包括全文位置的检索。

（三）命令式检索

在点击"Advanced Search"后，进入"Advanced Search Options"界面，选择"Command Search"，可以在检索框中输入构造的自由检索式，进行复杂检索。可以组合多于 4 个检索项，使用除"And"和"Or"之外的逻辑运算符。

在检索框上方，同样可以选择"Full Text & Metadata"，在检索词没有限定检索字段时，在全文内容下进行检索。

在检索框中，可以输入关键词，该关键词默认的检索字段包括主题词、作者名字（不包括姓）、日期或词组，对于不确定的单词，可以如前所述使用通配符来完成拼写。使用者可以使用算符和检索字段组合来限定检索字段，例如在文章名称中检索使用检索表达式在"Data Fields"和"Operators"两项提供的下拉菜单，可以选择正确的数据领域和运算符进行检索（如图 8-5-4）。以下介绍命令式检索的基本方式。

在命令式检索中，通配符的基本使用规则与前述相同。

1. 检索字段

"Data Fields"包括文章题名、作者、出版物名称、摘要、标引词、作者单位、序列号、ISBN、ISSN 等。点击"Data Fields"，各个检索字段出现在下拉单中。在构造检索式时，该检索字段的拼写及大小写需与下拉单一致，否则无法检索。例如，"Document Title"表示在文章题目字段下检索。

2. 运算符

"Operators"运算符包括"AND"、"OR"、"NOT"表示与、或、非的逻辑运算；以及"NEAR"、"ONEAR"两个位置算符——前者不要求顺序、后者要求顺序。在位置算符后输入数字，表示算符前后两个检索词在检索内容中相隔的单词数。例如"ONEAR/3"表示算符"ONEAR"前后的检索词依顺序在检索内容中相隔了 3 个单词。

和普通检索一样，通配符"*"、"?"可以与逻辑运算符"AND"、"OR"、"NOT"

一起使用，如果运算符两边是词组可以用英文半角单引号或括号括起，但也可以不使用单引号或括号，例如'electron transport * ' AND layer、（electron transport *) AND layer 和 electron transport * AND layer 的检索结果相同。

但通配符"*"、"?"不能与位置算符一起使用，并且位置算符的两边如果要使用词组时，只能是用英文半角的双引号括起的精确检索。例如，"electron transport" NEAR/3 layer 可以进行检索，而 electron transport NEAR/3 layer、electron transport NEAR/3 layer、(electron transport) NEAR/3 layer 则无法检索。

3. 检索词

在命令式检索的表达式中，用英文半角双引号括起的词组被视为多个单词，检索框输入的单词一次不能超过 10 个。而在之前的高级检索中，每个输入框中的单词数也为 10 个。

图 8-5-4　IEEE 的命令式检索界面

4. 构造检索式

在不限定检索字段时，默认在全部字段内进行检索。例如检索式"organic electron-luminescent"AND"electron transport"表示在所有检索字段中检索。需要限制检索字段时，参考"Data Fields"下拉单，将检索字段用英文半角双引号括起，该检索字段的拼写及大小写需与下拉单一致，否则无法检索；接着使用字段符号":"表示在该字段下检索；在":"后输入检索词，当检索词为一个单词时，可以使用或不使用英文半角双引号来区分模糊检索和精确检索，当检索词为一个词组时，模糊检索时在":"后的词组的单词之间不需要用英文半角双引号或括号括起，此时可以使用通配符。精确检索可以使用英文半角双引号括起，但其中不能使用通配符。

对于不同检索字段下检索内容的逻辑运算应注意以下事项：

（1）字段符号"："的优先级大于"AND"、"OR"、"NOT"逻辑运算符，并且系统默认"："后所有检索词内容都为此字段的检索内容直至出现其他算符。因此，从一检索字段名称起，至该检索字段下的检索词输入完毕，这一区间无须用括号或单引号括起。例如，检索在文章题目中出现"有机电致发光"且在摘要中出现"电子传输"的模糊检索，该检索式表达为"Document Title"：organic electroluminescen * AND "Abstract"：electron transport *"，检索得到59篇结果。再如，检索在文章题目中出现"有机电致发光"且在摘要中出现"电子"临近"空穴"的模糊检索，该检索式表达为"Document Title"：organic electroluminescen * AND "Abstract"：electron NEAR/5 hole，检索得到103篇结果。

（2）如在同一字段中对检索词进行逻辑运算，则对字段符号"："后面构造的检索词及逻辑运算符用英文半角单引号括起，表示在该检索字段下，对检索词进行逻辑运算。例如，要检索在Document Title文章题目中出现"organic electroluminescen *"或是"OLED"的结果，检索式为"Document Title"：'organic electroluminescen * OR oled'。如检索式表达成"Document Title"：organic electroluminescen * OR oled，其含义为在Document Title字段中检索"organic electroluminescen *"或在全部字段中检索oled。

第六节　ISI Web of Knowledge

ISI Web of Knowledge 是 Thomson Reuters 公司开发的信息检索平台，通过这个平台用户可以检索关于自然科学、社会科学、艺术与人文学科的文献信息，包括国际期刊、免费开放资源、图书、专利、会议录、网络资源等，可以同时对多个数据库（包括专业数据库、多学科综合数据库及"中国科学引文数据库"）进行单库或跨库检索，可以使用分析工具，可以利用书目信息管理软件。

ISI Web of Knowledge 包括相关8个子资源，即 ISI BIOSIS Previews、ISI Current Contents、ISI Food Science and Technology Abstract、ISI MEDLINE、ISI CAB Abbstracts、ISI Derwent Innovations Index、ISI Inspec、ISI Web of Science。

Web of Science（WOS）是世界上较有影响的多学科学术文献文摘索引数据库，包含7个子库，目前可以访问以下子库：

（1）期刊引文子数据库：SCI（回溯至1982年）、SSCI（回溯至1999年），内容涵盖自然科学、工程技术、社会科学等诸多领域内最具影响力的学术期刊。WOS提供独有的被引文献检索，可以轻松地回溯或追踪学术文献，发现与自己研究课题相关的重要文献。通过它不仅可以从文献引证的角度评估文章的学术价值，还可以迅速方便地组建研究课题的参考文献网络。SCI收录或引用量已成为许多大学评价学术水平的一个重要标准，每周更新。

（2）会议论文引文子数据库：CPCIS（即ISTP，回溯至1990年）会议文献是国际学术交流的重要组成部分。新的理论、新的解决方案和新发展的概念通常最早出现在科学会议上发表的论文中。CPCIS通过网络的方式提供会议论文的书目信息和作者摘要，其内容收集自著名国际会议、座谈会、研讨会、讲习班和学术大会上发表的会议论文。

（3）化学数据库：CCR收录了来自期刊和专利文献的一步或多步新合成方法，IC则收录世界上有影响的期刊报导的新颖有机化合物。两个化学数据库可以用结构式、化合物和反应的详情和书目信息进行检索。

（4）ESI（Essential Science Indicators）是一个深度分析工具，根据全球1.1万种学术期刊文献记录而建立的计量分析数据库系统，它可以提供近10年各学科的科学家、机构、国家和期刊的排名数据。数据每两个月更新一次。

（5）JCR（Journal Citation Reports）即期刊引用报告。它通过对世界上7500多种期刊引用数据的定量统计分析，帮助用户了解出版物的影响力。JCR是重要的期刊评价工具。

（6）CSCD（Chinese Science Citation Database）即中国科学引文数据库，收录自1989年至今中国出版的1200余种中、英文科技核心期刊和优秀期刊，覆盖数学、物理、化学、天文学、地学、生物学、农林科学、医药卫生、工程技术、环境科学和管理科学等学科领域。数据库提供被收录文献的书目信息检索，同时还提供被引用文献的著者和来源检索。

第九章　非专利数据库的使用方法

本章将结合案例介绍非专利数据库的使用技巧。

【案例】有机发光器件的电子注入和传输效率的改进。

本案背景技术：

有机电致发光器件，又称为 OLED，由阳极、阴极和设置其间的空穴传输层、发光层和电子传输层组成。在阳极和阴极上施加电压时，阳极产生的空穴和阴极产生的电子分别通过空穴传输层和电子传输层在发光层中结合，使发光层发光。现有技术中，由于电子传输层的电子迁移率较低或者电子由阴极注入电子传输层的能级障碍太高，导致发光层中的电子数量较少，与空穴的数量不匹配，造成 OLED 的发光效率较低。

本案权利要求：

1. 一种有机电致发光器件，包括阳极，阴极，设置在所述阳极和阴极之间的发光层；其特征在于，还包括：设置在所述阴极与所述发光层之间的电子传输层，所述电子传输层的材料包括有机金属螯合物。

2. 根据权利要求1所述的有机电致发光器件，其特征在于，所述有机金属螯合物的最低未占轨道 LUMO 能级为 $-4.2\sim-3.0eV$，最高已占轨道 HOMO 能级为大于等于 $-6.0eV$，所述发光层和所述电子传输层之间还设置有空穴阻挡层。

3. 根据权利要求1所述的有机电致发光器件，其特征在于，所述有机金属螯合物 LUMO 能级为 $-4.2\sim-3.0eV$，HOMO 能级为小于 $-6.0eV$，所述发光层和所述电子传输层直接接触。

4. 根据权利要求1所述的有机电致发光器件，其特征在于，所述有机金属螯合物包括 CuPc 或 ZnPc。

分析本案技术内容：

本案权利要求的关键特征在于将有机金属螯合物用作电子传输层的材料，更具体地，是采用酞菁类的 CuPc 或 ZnPc。而在现有技术中，酞菁类有机金属螯合物常用的是作为空穴注入材料。对于用作电子传输材料的有机金属螯合物，常见的有 Alq_3、$Al(OXD)_3$、Znq_2 等材料，但这并非是发明内容的主要目的，并且以 Alq_3 为例，其 HOMO 能级和 LUMO 能级分别是 $-5.62eV$ 和 $-2.85eV$，也不符合权利要求2的限定。此外，现有技术中还有一些称为有机金属螯合物、有机金属络合物、有机金属配合物的材料，例如是作为磷光电致发光材料的 PtOEP、$Btp_2Ir(acac)$、$Ir(piq)_3$、$Ir(ppy)_3$、FIr_6 等。

通过以上分析可以看出,权利要求 1 要求保护了非常大的一个范围。再考虑到现有技术中有采用 Alq_3、$Al(OXD)_3$、Znq_2 这些金属螯合物作为电子传输材料,因此,检索到破坏权利要求 1 新颖性的文件是不困难的。而体现发明点的从属权利要求 2~4 是更应该有针对性地进行检索,并且考虑到读秀的检索范围为书籍的全文,检索数据的范围较大,并且其出版时间相对权利要求来说是更早的,如果采用"电子传输"和"有机金属螯合物、有机金属络合物、有机金属配合物"作为关键词检索,那么在检索结果中有可能会包含大量的前述分析现有技术的文章,这样一个检索结果会相对较多,在这种较大范围内来筛选本案的改进点内容,相对会更困难。因此,为了检索结果更快速且有针对性,可以覆盖更多权利要求限定的内容,可以尝试使用确定申请中使用的材料,用该材料直接检索——CuPc 与电子传输、ZnPc 与电子传输。

本章出于演示各数据库使用方法的目的,在非专利库中,仍然先从较大范围的权利要求 1 的技术方案开始进行检索。在个别数据库中示意了针对从属权利要求的技术方案的检索。

第一节 CNKI 的检索示例

一、普通检索

通常而言,文献的主要内容体现在题名、关键词和摘要中,因而通常先选择在这 3 项中进行检索。而在 CNKI 中"主题"检索字段包含了在题名、关键词、摘要这三部分内容中进行检索,普通检索时可以首先考虑从"主题"检索开始。从本案的技术方案可知,其是对有机电致发光器件的电子传输层的改进,具体地使用了酞菁铜(cupc),因而检索词可选择为有机电致发光、电子传输和 cupc。确定了检索字段和检索词,选择检索库,在此选择除专利以外的检索库,共 13 个检索库。由于普通检索不支持逻辑检索式,但检索词之间以空格隔开表示"与",因而要检索包含有机电致发光、电子传输和 cupc 的文献,以空格将检索词隔开即可。检索结果如图 9-1-1 所示,得到 104 条结果。如第三章第一节所述,普通检索是对检索词的模糊检索,也就是说不仅涉及"有机电致发光"、"电子传输"和"cupc"的文献被检索到,有可能涉及"有机"、"发光"、"电子"和"传输"的文献也被检索到。如图 9-1-1 的第一个结果,打开文献,浏览题名、摘要和关键词,并不涉及"电子传输"。因此,普通检索的结果噪声比较大,需要逐一浏览进行筛选。若要对检索词进行精确定位,建议使用高级检索。

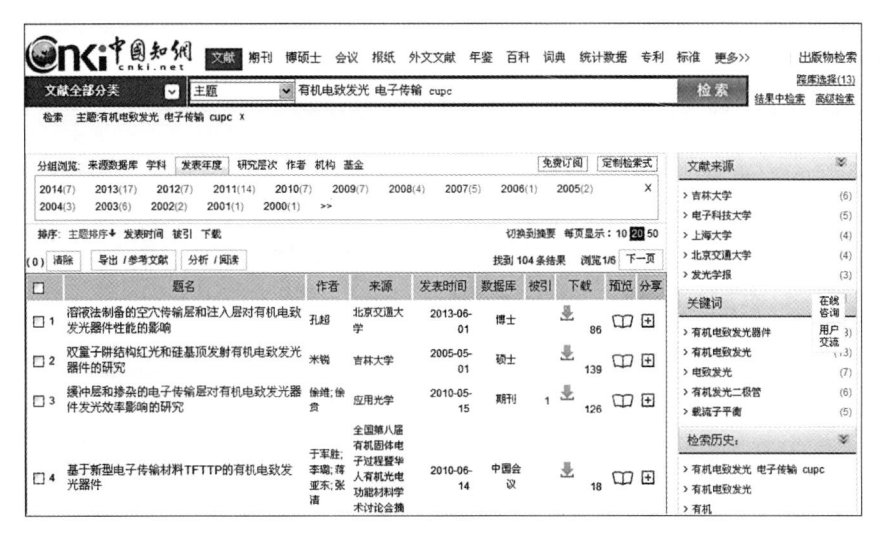

图 9-1-1　CNKI 的普通检索（主题检索）界面

要全部浏览通过主题检索得到的 104 条结果，工作量不小，因而可以考虑适当调整检索策略。本案涉及有机电致发光器件，可以首先限定领域，用"篇名"检索字段做第一步限定（如图 9-1-2），选择除专利以外的 13 个检索库，得到 1041 条结果。接下来，利用在"结果中检索"进一步缩小检索范围，在 1041 条结果的"主题"中检索"电子传输"（如图 9-1-3），得到 150 条结果，最后在这 150 条结果的"全文"中查找使用了"cupc"的文献（如图 9-1-4），得到 12 条结果，通过浏览摘要或全文查看是否有相关文献。在"结果中检索"提供了一种层层递进的检索方式，实质是普通检索中不同检索字段的组合，即对"篇名"、"主题"和"全文"的组合，只不过组合方式单一，只能是后者"与"前者，而没有"或"和"非"的组合。

图 9-1-2　CNKI 的普通检索（在结果中检索）界面

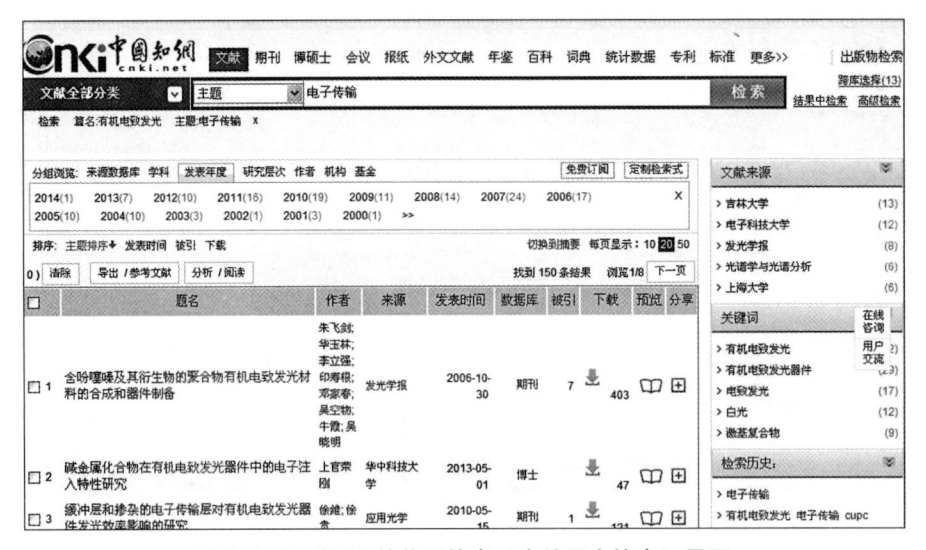

图 9-1-3　CNKI 的普通检索（在结果中检索）界面

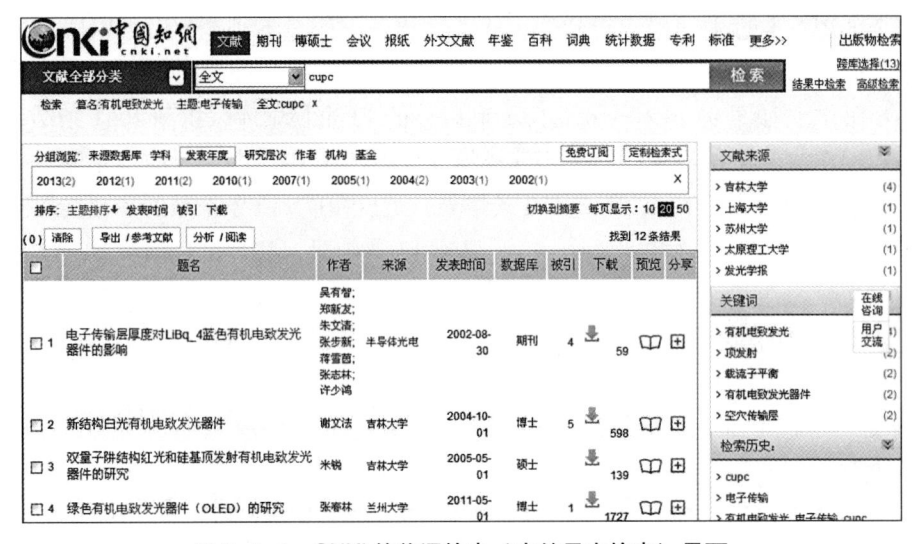

图 9-1-4　CNKI 的普通检索（在结果中检索）界面

从上文的主题检索和在结果中检索看到，普通检索无法对有扩展的检索词进行同时检索，例如"有机电致发光"可扩展为"oled"，在检索"有机电致发光"是无法同时检索"oled"，因此有扩展检索词时要重复检索多次，若每个检索词都能扩展，如"电子传输"可扩展为"电子传导"，"cupc"可扩展为"酞菁铜"，要检全这 6 个词，重复的工作量大，建议采用高级检索。

二、高级检索

（一）高级检索

高级检索和普通检索相比，一是检索字段可进行与、或、非的组合，每个检索字段中可输入具有与、或、非关系的多个检索词，便于检索词的扩展检索，二是可进行精确检索，检索精度高。同样是在"篇名"中查找"有机电致发光"、"主题"中查找"电子传输"和"全文"中查找"cupc"的组合，在高级检索时可在不同检索字段之间选择"并且"，扩展的检索词之间选择"或含"。检索得到61条结果（如图9-1-5）。由于扩展了检索词，即使在"精确"检索的条件下，高级检索的结果也比普通检索多。如果检索词多于2个，高级检索无法完成，需要使用专业检索。

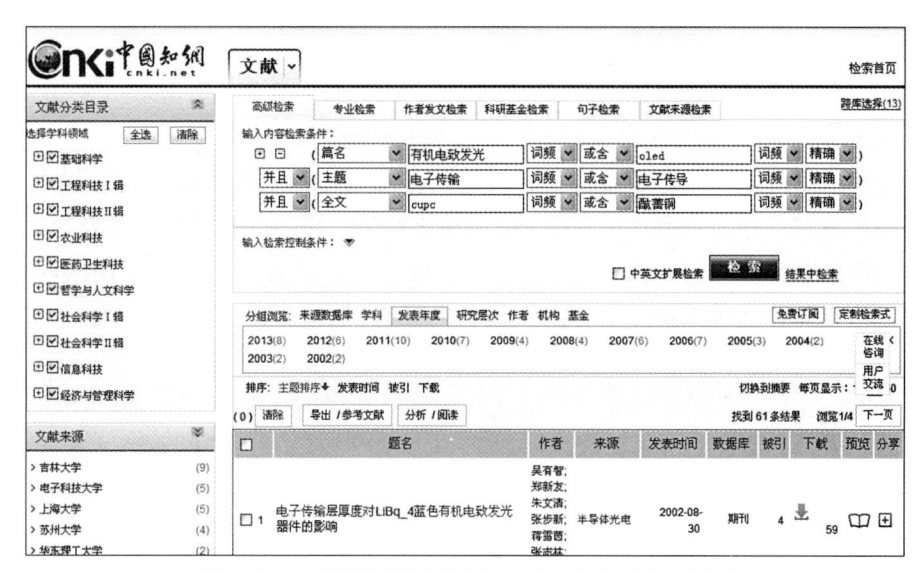

图9-1-5 CNKI的高级检索（检索字段组合）界面

如果检索结果浏览量还比较大，可以适当选择检索词后的词频。比如本案的改进点在于使用了酞菁铜作为电子传输材料，则全文中应多次提到酞菁铜，可将酞菁铜的词频选为2（如图9-1-6），表示检索"酞菁铜"在全文中出现次数超过2次的文献。

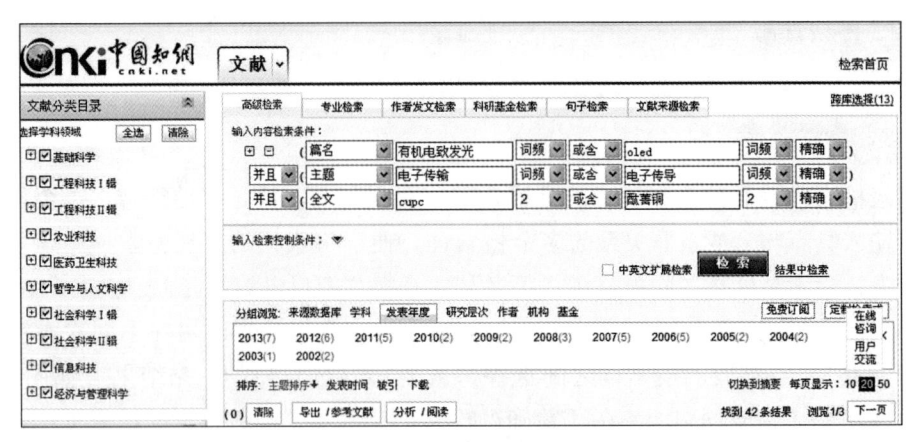

图 9-1-6 CNKI 的高级检索（词频示例）界面

当词频选为 2，不改变其他检索条件，得到 42 条结果，是之前的 2/3，可见词频对于降噪是有效的。至于词频数的选择，不建议选太大，因为提到一次的文献通常是因列举而提及，将其排除漏检的风险较小，但是将词频选为 3，就会排除词频 2 的文献，如果一个文献中已经两次提及某检索词，将其排除漏检的可能性较大。如果词频选 2 后结果仍然很多，建议使用其他方式来缩小检索结果，比如调整检索字段及其组合等，这比仅限制词频造成漏检的风险要小。此外，建议只在"全文"字段中使用词频，因为篇名、摘要和关键词本身就是对文献技术内容的归纳，在这些检索字段中，检索词出现的次数与文献相关性大小无直接关联。

高级检索同样可选择在"结果中检索"，检索方法和普通检索相同，在此不再赘述。值得注意的是，在高级检索中建议选择"精确"检索。由于检索词已进行人工扩展，若此时再选择"模糊"检索，则系统会对已扩展的检索词进行再次扩展，检索精度降低，检索结果噪声大。

（二）专业检索

专业检索和高级检索有相似之处，也可以组合检索字段和扩展检索词。在"篇名"、"主题"和"全文"中查找"有机电致发光"、"电子传输"和"cupc"，构造检索式，检索字段之间用英文的逻辑表达，检索词之间用数学符号的逻辑表达，检索式为"TI=有机电致发光+oled AND SU=电子传输+电子传导 AND FT=cupc+酞菁铜"，同样得到 61 条结果（如图 9-1-7）。若扩展检索词，在检索字段中"+"检索词即可，例如扩展"有机 el"，检索式为"TI=有机电致发光+oled+有机 el"，可见在专业检索中扩展检索词更为方便。

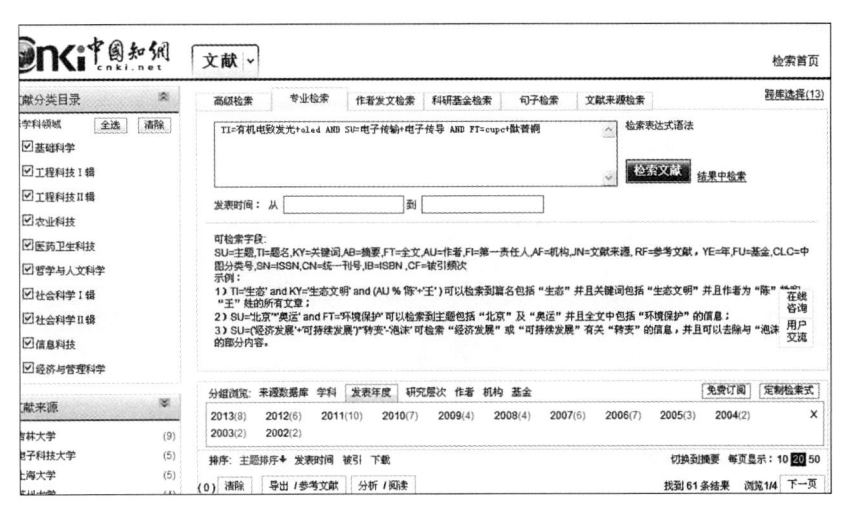

图 9-1-7 CNKI 的专业检索（检索字段组合）界面

专业检索和高级检索的最大不同是提供了更多的逻辑运算，如常用的同句"/NEAR"算符和同段"/SEN N"算符。本案的技术方案是对电子传输材料的改进，在全文中检索"电子传输"和"cupc"能更准确地定位相关现有技术。在构造检索式时，确定要同句或同段的检索词，例如在同句中检索电子传输和 cupc，同句间隔小于 5 个词，检索式构造为：FT='电子传输 /NEAR 5 cupc'，若要对检索词进行扩展，分别构造相应的检索式：FT='电子传导 /NEAR 5 cupc'、FT='电子传输 /NEAR 5 酞菁铜'、FT='电子传导 /NEAR 5 酞菁铜'，将 4 个检索式"或"起来，得到图 9-1-8 的检索结果。同理，在同段中检索，检索间隔小于 2 句的电子传输和 cupc，结果如图 9-1-9 所示。若检索结果过多，可以使用"SU"对主题进行限定，或者用词频限制检索词出现的次数，例如用 FT='cupc $ 2' 表示"cupc"在全文中出现两次。

图 9-1-8 CNKI 的专业检索（同句检索）结果

图 9-1-9　CNKI 的专业检索（同段检索）结果

用专业检索进行同句或同段检索时，N 的选择要考虑两个检索词之间的关系，如果担心漏检，可以选择较大的 N，如前文同句中 N=10。同句的 "/NEAR N" 算符还可用于检索词的扩展。比如，检索词"有机电致发光"扩展为"有机电激发光"和"有机场致发光"，就可以用 "/NEAR N" 算符构造检索词，"有机 /NEAR 2 发光"。一般而言，N=2 或 3 是较常规的选择，可以根据检索词和检索结果来确定 N 的数值。

（三）句子检索

句子检索是在全文中进行检索，其功能类似于专业检索中的同句和同段检索，但不需要考虑检索词之间间隔的词数和句子数。例如在同句中检索电子传输和 cupc，在检索框中输入检索词相应的检索词，或者增加一行以扩展检索词"酞菁铜"，如图 9-1-10 所示。

图 9-1-10　CNKI 的句子检索

句子检索的检索结果会给出检索词所在的句子，如图 9-1-11 所示，检索结果中可以直接看到文献中"电子传输"和"cupc"所在的句子。例如，第一条结果中"电子传输"和"cupc"虽然在同句中，但两者没有关联，可以不浏览该文献；而在第三条结果中，提到了将"cupc"作为"电子传输"材料，与本案的技术方案接近，可打开文献进一步浏览。因此，句子检索的同句检索，不仅检索简便，浏览结果也很方便，有利于快速检索到密切相关的现有技术。

图 9-1-11　CNKI 的句子检索结果

句子检索的同段检索和同句检索使用方法一样，当同句检索的范围太小时，用同段检索可以适当扩大检索范围，在此不举例说明。

第二节　万方数据的检索示例

本节利用第一节的案例"有机发光器件的电子注入和传输效率的改进"，介绍万方数据知识服务平台中普通检索和高级检索的使用方法。

一、普通检索

万方数据的普通检索只提供了一个搜索框，但是这个搜索框可以使用逻辑运算，也可以结合检索字段和检索词，下面将给出示例进行说明。

首先是检索词之间的逻辑运算。普通检索支持简单的逻辑运算，当逻辑算符缺省时，检索词之间为"与"的关系。首先以 1 个检索字段为例，对于案例在"主题"中检索包含有机电致发光、电子传输和 cupc 的文献，以空格将检索词"有机电致发光"、"电子传输"和"cupc"隔开，此时"主题"可以缺省。检索结果如图 9-2-1 所示，在学术论文标签中检索得到 24 篇论文。同理，也可以在检索框上部的如"学者"、"专利"等其他标签中进行相应的检索。

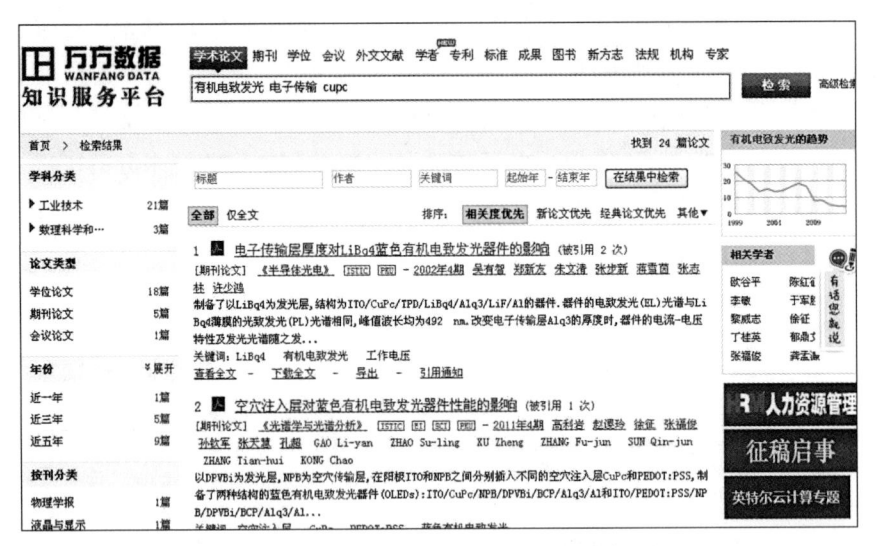

图 9-2-1　万方数据的普通检索（主题检索）结果

进一步，扩展检索词，使用逻辑算符"+"，检索结果如图 9-2-2 所示，得到 33 篇论文。需要注意的是，"与"比"或"具有优先级，先"或"再"与"时需要使用括号。此外，可用"or"代替图 9-2-2 的检索式中"+"，得到相同的结果。

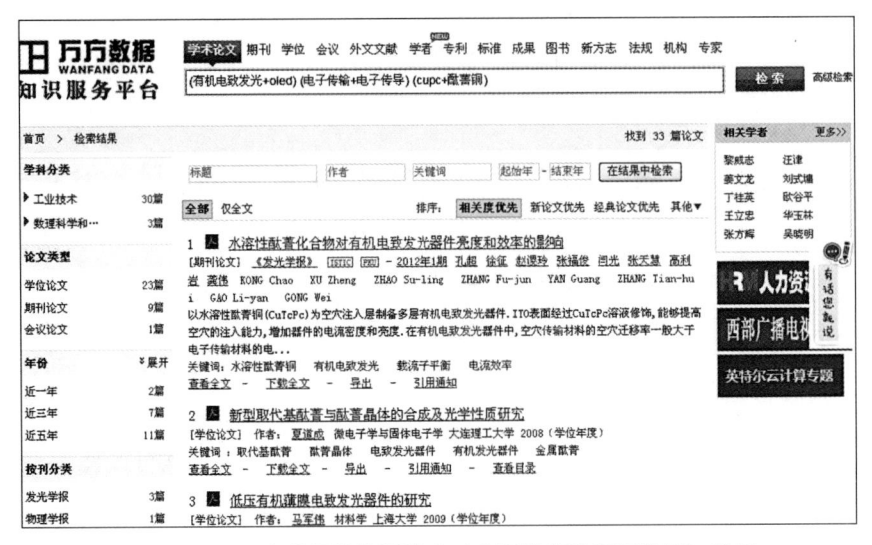

图 9-2-2　万方数据的普通检索（主题检索检索词扩展）结果

接下来是检索项之间的逻辑运算。同样对于案例，以在"标题"中查找"有机电致发光"、"摘要"中查找"电子传输"和"cupc"为例，检索式可以表示为"标题：有机电致发光 摘要：电子传输 摘要：cupc"（如图 9-2-3），检索得到 10 篇论文。若想省略相同的检索字段"摘要"，需要将"电子传输"和"cupc"放入括号中，即"标题：有机电致发光 摘要：（电子传输 cupc）"。如将整个摘要字段放入括号中，如

"标题：有机电致发光（摘要：电子传输 cupc）"，其含义与"标题：有机电致发光 摘要：电子传输 cupc"相同，都是表示在"标题"中检索"有机电致发光"，在"摘要"中检索"电子传输"，在"主题"中检索"cupc"，也就是说默认了"cupc"前缺省"主题"（如表 9-2-1）。因此，在普通检索时合理使用括号可有效简化检索式，但应注意括号和检索项配合后的含义，以免造成检索式表达错误。

图 9-2-3 万方数据的普通检索，检索项组合

表 9-2-1 万方数据的普通检索（检索项组合）检索式含义

检 索 式	含 义
标题：有机电致发光 摘要：电子传输 摘要：cupc	"标题"中含有"有机电致发光"
标题：有机电致发光 摘要：（电子传输 cupc）	"摘要"中含有"电子传输"和"cupc"
标题：有机电致发光（摘要：电子传输 cupc）	"标题"中含有"有机电致发光"
标题：有机电致发光 摘要：电子传输 cupc	"摘要"中含有"电子传输"
	"主题"中含有"cupc"

进一步，扩展检索词，需考虑"与"比"或"的优先级，合理运用括号。如图 9-2-4 所示，将每个检索字段后扩展的检索词放入括号中，如"标题：（有机电致发光+oled）摘要：（电子传输+电子传导）摘要：（cupc+酞菁铜）"，或者采用完整的表达式：检索字段+检索词，再将各表达式进行逻辑运算，如"（标题：有机电致发光+标题：oled）（摘要：电子传输+摘要：电子传导）（摘要：cupc+摘要：酞菁铜）"（如图 9-2-5）。各检索式中的"+"可以用"or"代替。

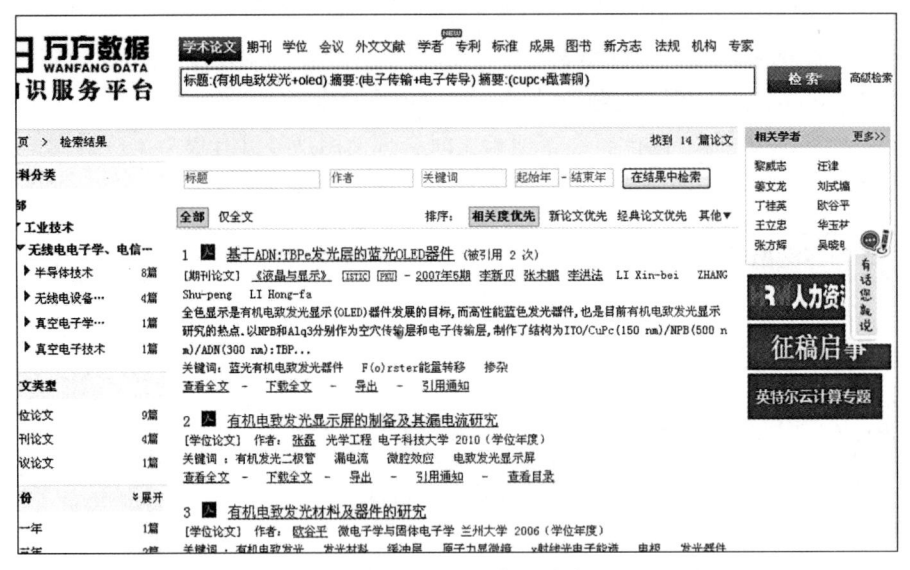

图 9-2-4　万方数据的普通检索（检索词扩展）结果

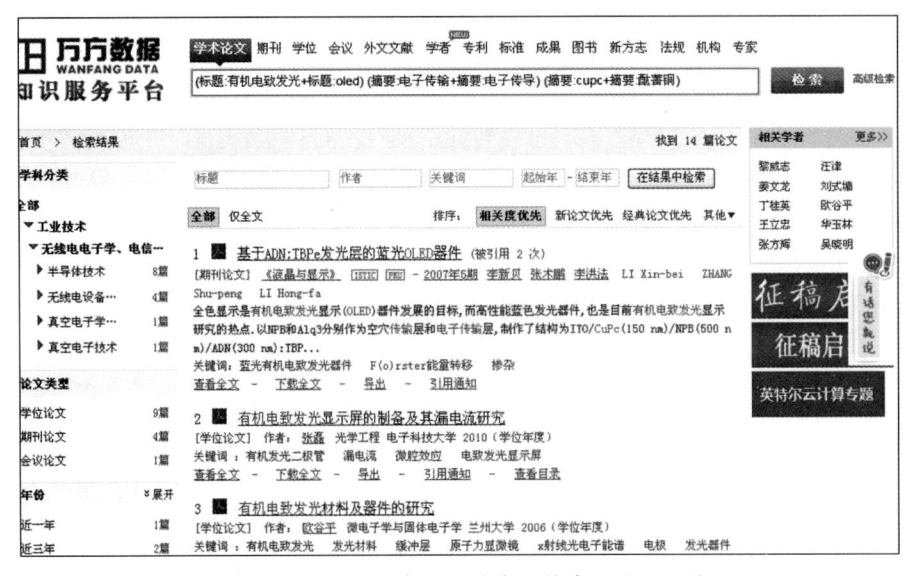

图 9-2-5　万方数据的普通检索（检索词扩展）结果

从上文的检索示例可以看到，普通检索也可以编辑较为复杂的检索式，做一些检索项的组合和检索词的扩展。在编辑检索式时应注意逻辑算符和括号的合理运用，应记住逻辑算符的缺省表示 and/+，检索字段的缺省表示在"主题"中检索。如果检索式编辑过于复杂，建议使用高级检索或专业检索。

二、高级检索

(一) 高级检索

高级检索和普通检索相比，为检索项的组合和检索词的扩展提供了简洁的输入界面。同样是在"标题"中查找"有机电致发光"、在"摘要"中查找"电子传输"和"cupc"，在相应的输入框中选择或输入相应的检索字段和检索词，在页面左侧的文献类型选择相应的检索库。如图 9-2-6 所示，"精确"检索时命中 10 条结果，其中期刊论文 1 篇，学位论文 4 篇。词检索结果比在普通检索中用相同的检索策略得到检索结果更精确。

图 9-2-6 万方数据的高级检索（检索项组合）结果

由于高级检索中每个检索字段只能检索一个检索词，因而不能进行检索词的扩展，而且高级检索最多只能检索 6 个检索项，当检索项过多，或检索词过多时，高级检索无法完成任务，需要使用专业检索。

(二) 专业检索

专业检索和高级检索在使用中具有相似性。例如，在"标题"中查找"有机电致发光"、在"摘要"中查找"电子传输"和"cupc"，利用"可检字段"提示框构造检索式，"题名：(有机电致发光) ∗ 摘要：(电子传输) ∗ 摘要：(cupc)"或者"题名：(有机电致发光) ∗ 摘要：(电子传输 ∗ cupc)"，都可以进行检索，检索结果一样。在扩展检索词时，运用逻辑运算符"+"构造检索式，"题名：(有机电致发光+oled) ∗ 摘要：(电子传输+电子传导) ∗ 摘要：(cupc+酞菁铜)"，如图 9-2-7 所示，

— 115 —

解决了高级检索无法扩展检索词的问题。

图 9-2-7　万方数据的专业检索示例

第三节　读秀的检索示例

由于读秀的知识检索入口涵盖了多个资源的内容，因此先在该入口下进行检索。知识标签下的检索只有普通检索方式，并且不能使用运算符。因此，通过"在结果中搜索"来进行二次检索。

对于案例的权利要求1，检索要素可以确定为"有机电致发光"、"电子传输层"、"金属螯合物"这3个。

由于检索栏默认的是精确检索，并且检索词之间是"与"的关系。因此，在设置关键词的时候，要充分考虑以覆盖各种可能情况。结合该领域通常使用的表述方式，将"有机电致发光"表达为"有机 发光"，将"金属螯合物"扩展为金属螯合物、金属配合物，分两次进行检索。

由于"在结果中搜索"在一个检索结果中只能使用一次，则在第一次检索中进行前两个检索要素相"与"的检索，表达为"有机 发光 电子传输"。随后分两次输入"金属螯合物"、"金属配合物"，点击"在结果中搜索"，分别得到3篇检索结果和563篇检索结果（如图9-3-1）。对于较多的检索结果，可以考虑换其他入口进行检索。

— 116 —

图 9-3-1 读秀的普通检索示例

另外，对于本领域即相关领域来说，在文献中出现"电子传输"时，一般会属于有机电致发光或有机太阳能电池领域，而有机电致发光领域会占绝大部分内容。因此，在以上步骤对金属螯合物的检索结果不太多时，可以尝试直接用"电子传输"限定技术特征并模糊限定技术领域，以观察检索结果来判断检索是否充分。输入"电子传输"进行检索，得到2713条结果（如图9-3-2），进一步在结果中检索"金属螯合物"，得到4条结果。比之前"有机 发光 电子传输"范围下检索"金属螯合物"多出1条结果。

图 9-3-2 读秀的普通检索示例

经查看，多出的 1 个结果的出处为图书（如图 9-3-3），其也属于有机电致发光领域。阅读该结果，发现"电子传输"和"金属螯合物"比较邻近，而"有机 发光"与两者相距较远，可能由此造成检索困难。可见，在检索结果不够理想或过少的情况下，可以尝试扩大检索的范围。

图 9-3-3 读秀的普通检索示例

在前面的检索过程后，没有获得特别相关的结果，尝试对更下位的检索内容进行检索。

使用"cupc 电子传输"进行检索，在现有技术中没有提到其可用于电子传输作用。使用"znpc 电子传输"则没有任何结果（如图 9-3-4），说明 znpc 的运用程度更低。因此，单独检索 znpc。

— 118 —

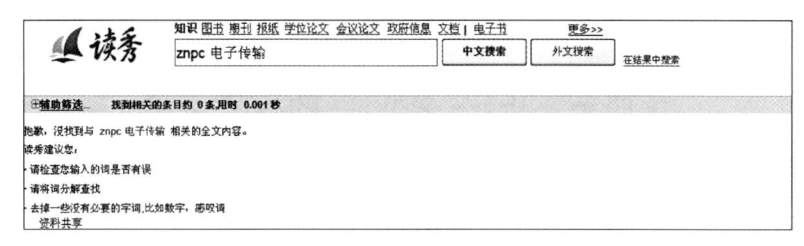

图 9-3-4　读秀的普通检索示例

可以看出第二个结果中提及了电荷注入的作用，考虑到电子传输层和电子注入层相近的作用，可以进行参考阅读，显示该篇文章仅提到了使用 znpc 实现为金属电极提供注入层的作用（如图 9-3-5）。

图 9-3-5　读秀的普通检索示例

在采用具体材料检索没有结果的情况下，可以放大至酞菁类材料作为检索要素。使用"酞菁+电子传输"，此外还有将"酞菁"误作"酞箐"的情况发生，那么也可以将"酞箐"加入进来作为关键词进行检索。

根据结果显示，对于使用酞菁类材料作为电子传输层使用（如图 9-3-6），在中文库中没有公开相关内容。至此，可以判断在读秀中已经进行了充分的检索，可以终止对该数据库的检索。

图 9-3-6　读秀的普通检索示例

第四节　IEEE Xplore 的检索示例

下面切换到 IEEE Xplore 中继续进行检索。

一、IEEE Xplore 普通检索的示例

首先，同样先从较大范围的独立权利要求的技术方案开始检索。在普通检索中，检索字段的是数据库编辑的元数据。根据 3 个检索要素确定检索式：organic electroluminescen * AND electron transport * AND metal complex，检索得到 6 条结果（如图 9-4-1）。可以选择按专利引用量最多的进行排序，在检索结果较多时还可以借助左侧的筛选框对结果进行分类浏览。在浏览 6 篇文献后，没有发现特别相关的，主要使用金属螯合物用作发光材料。

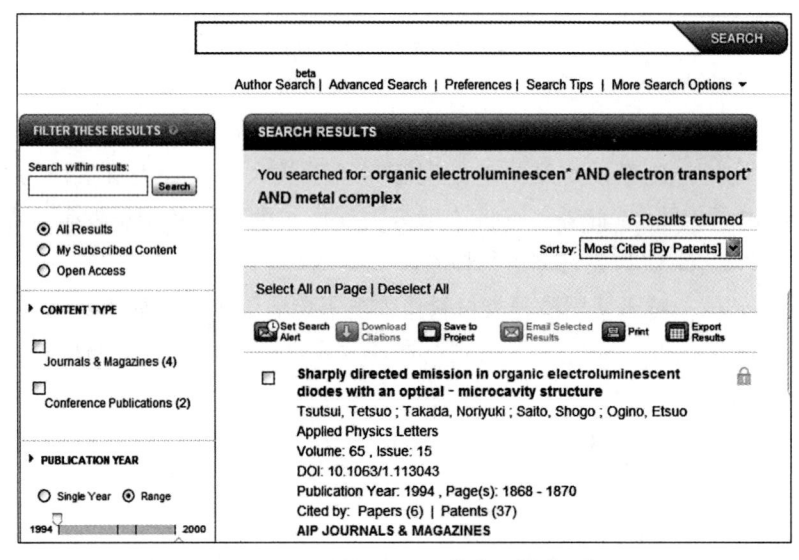

图 9-4-1　IEEE Xplore 的普通检索示例

接下来可以使用酞菁类化合物的表述"phthalocyanine"替代金属螯合物"metal complex"作为检索要素。此处，虽然酞菁类化合物是比金属螯合物更具体、范围更窄的化合物，但考虑到普通检索的检索字段是数据库编辑的元数据，因而存在一种可能性——即编辑的时候，有可能不会同时将"酞菁"和"金属螯合物"同时编辑，因此，在检索结果不理想的情况下，可以多做调整尝试。

在检索栏输入 organic electroluminescen * AND electron transport * AND phthalocyanine 进行检索，得到 10 条结果（如图 9-4-2）。在浏览 10 篇文献后，没有发现特别相关的文献，虽然在结果中出现了 phthalocyanine copper，但其与之前分析的情况相同，

主要用于注入层和缓冲层。

图 9-4-2 IEEE Xplore 的普通检索示例

进一步用更具体的材料来检索，输入 organic electroluminescen * AND electron transport * AND cupc，检索得到 5 篇结果（如图 9-4-3），其中有一篇题目为 "The study of blue organic light emitting diodes with a CuPc electron transporting layer" 的文献，即明显公开了该申请的整个发明构思。

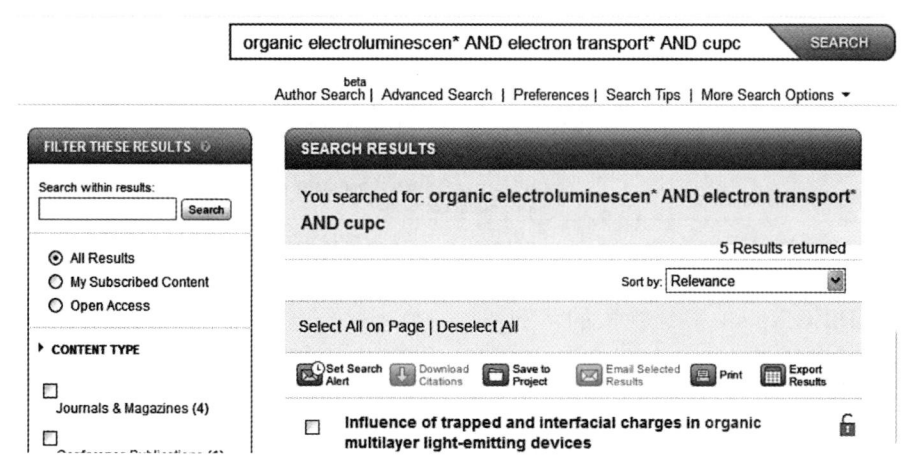

图 9-4-3 IEEE Xplore 的普通检索示例

可以看出，该篇文献从标题中即可看到其公开了该申请的发明点，其明确记载的酞菁铜这种材料用作电子传输层，由于其材料和发明实际选用的材料相同，那么在从属权利要求中的技术特征"所述有机金属螯合物的最低未占轨道 LUMO 能级为-4.2eV~-3.0eV，最高已占轨道 HOMO 能级为大于等于-6.0eV"、"所述有机金属螯合物 LUMO 能级为-4.2eV~-3.0eV，HOMO 能级为小于-6.0eV" 显然也被该篇文献公开。那么即找到了针对本发明发明点且可以评述所有权利要求新颖性、创造性的对比文件。另外一篇给出了关于 CuPc 的电子传输特性的研究。同样，可以通过选择被专利引用次数的排序一样，可了解在专利方面哪个领域发展得最全。

而值得注意的是，在 IEEE Xplore 默认的相关度排序中，该篇被排到了最后，可见，该相关度的排序并不以各检索词出现的远近作为标准，而倾向认为3个检索词的关系相对独立的内容作为优先相关。而从待检索技术方案的分析可以看出，CuPc 这种材料是直接用作电子传输层的材料，在具体的方案中，两者更近似为等价的，那么两者关系应当密切，在文中出现的距离也应该更密切。因此，在之后的命令式检索中，可以尝试用位置算符来连接检索词。

在上述检索步骤中，将第三个检索要素分别用不同的表达进行了3次检索。当然也可以使用一个检索式，将3个不同表达进行"或"运算之后再与另两个检索要素相"与"。得到的结果为17篇（如图9-4-4），小于3次分别检索的结果数之和21。这样的好处是可以避免浏览重复的内容，但对每一个不同表达的针对性和相关性的判断并不明显。

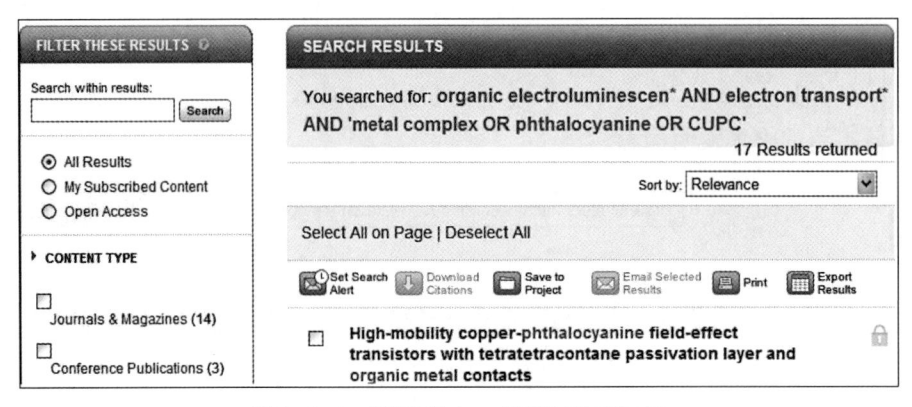

图 9-4-4　IEEE Xplore 的普通检索示例

二、IEEE Xplore 高级检索的示例

在高级检索栏里，可以在不同的检索框中输入检索词（如图9-4-5）。可以选择在"Full Text & Metadata"的内容下进行检索。检索得到的结果为218条（如图9-4-5），远大于普通检索的 Metadata 字段下的10条检索结果（如图9-4-1）。

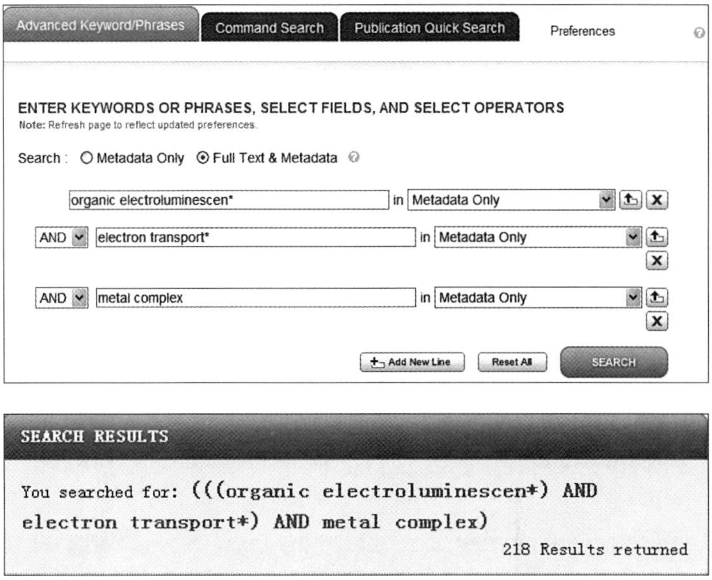
Advanced Keyword/Phrases
Command Search
Publication Quick Search
Preferences
ENTER KEYWORDS OR PHRASES, SELECT FIELDS, AND SELECT OPERATORS
Note: Refresh page to reflect updated preferences.
Search : Metadata Only Full Text & Metadata
organic electroluminescen* in Metadata Only
AND electron transport* in Metadata Only
AND metal complex in Metadata Only
Add New Line
Reset All
SEARCH
SEARCH RESULTS
You searched for: (((organic electroluminescen*) AND electron transport*) AND metal complex)
218 Results returned

图 9-4-5 IEEE Xplore 的高级检索示例

在检索结果的上方，系统提示了在不同检索框输入后等价的检索式(((organic electroluminescen ∗) AND electron transport ∗) AND metal complex)。这个检索式和后面的命令式检索里使用(organic electroluminescen ∗) AND (electron transport ∗) AND (metal complex)、'organic electroluminescen ∗ 'AND 'electron transport ∗ ' AND'metal complex' 以及 organic electroluminescen ∗ AND electron transport ∗ AND metal complex 进行检索得到的结果是一致的，都为 218 篇。可见以上几种表达是等价的。

在高级检索方式中，将 complex 检索词换成 phthalocyanine、cupc 依次检索。其检索结果分布是 83 条、93 条（如图 9-4-6）。

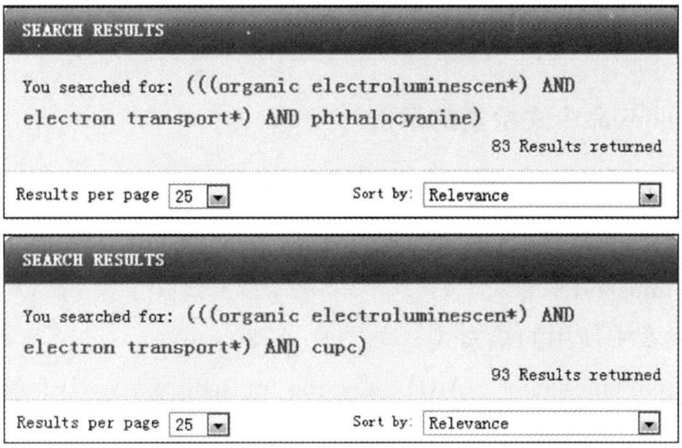
SEARCH RESULTS
You searched for: (((organic electroluminescen*) AND electron transport*) AND phthalocyanine)
83 Results returned
Results per page 25
Sort by: Relevance
SEARCH RESULTS
You searched for: (((organic electroluminescen*) AND electron transport*) AND cupc)
93 Results returned
Results per page 25
Sort by: Relevance

图 9-4-6 IEEE Xplore 的高级检索示例

根据图 9-4-5 示出的检索式提示，可以看出，如果将检索词 metal complex、

phthalocyanine、cupc 作为同一个检索要素表达，先进行"或"的逻辑运算再与另两个检索要素相"与"，需要将同一检索要素下的多个检索词在前 3 个检索栏中选择"OR"运算，再与另两个检索要素进行"AND"运算。这样得到的检索结果为 311 篇（如图 9-4-7），可以看出，这种检索方法得到的结果数量过多。因此可以考虑在命令式检索中进行检索。

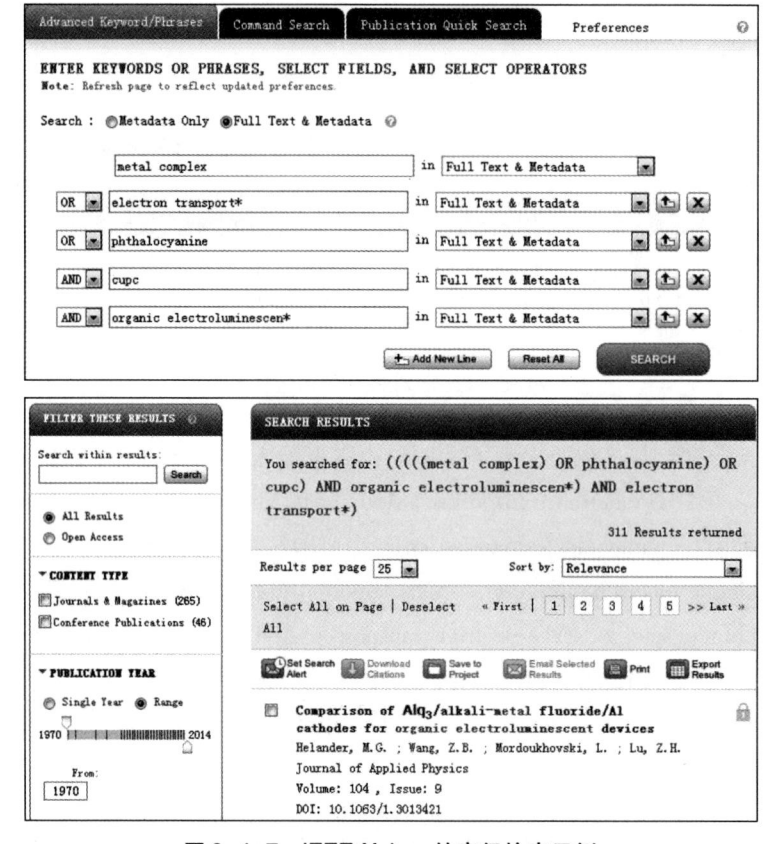

图 9-4-7　IEEE Xplore 的高级检索示例

三、IEEE Xplore 命令式检索的示例

在图 9-4-7 示出的高级检索结果中，提示的检索式为：

（（（（metal complex）OR phthalocyanine）OR cupc）AND organic electroluminescen*）AND electron transport*）

这与命令式检索中使用的检索式（如图 9-4-8）：

（organic electroluminescen*）AND（electron transport*）AND（（metal complex）OR phthalocyanine OR cupc）、

organic electroluminescen* AND electron transport* AND（（metal complex）OR phthalocyanine OR cupc）、 organic electroluminescen * AND electron transport * AND (metal complex OR phthalocyanine OR cupc) 的检索结果（如图 9-4-7）一样，都是 311 篇。由此可见，在逻辑关系运算的优先级上，检索词之间的空格表示的"与">AND>OR，因此，以上各式中的括号只有（metal complex OR phthalocyanine OR cupc）不能省略。

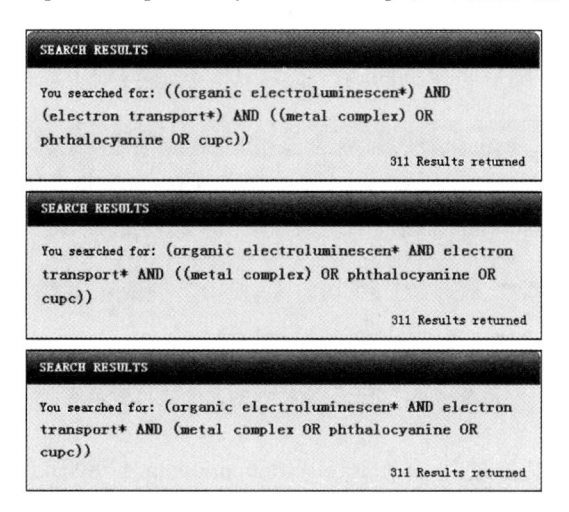

图 9-4-8　IEEE Xplore 的命令式检索示例

通过前面高级检索和命令式检索的等价表述，已将命令式检索中相关的检索步骤做了介绍，根据前面显示的检索结果可见，只用"AND"、"OR"这样的逻辑运算符，得到的检索结果过多，并且根据在普通检索部分的分析可知，可以使用位置算符来进一步限定。

如第八章第五节的介绍，由于位置算符两侧不能使用通配符、位置算符两侧不能出现含有逻辑运算关系的检索词，并且位置算符对两侧为邻近算符的词组进行位置运算时必须用英文半角的双引号括起进行精确检索，因此，需考虑通配符涵盖的所有情况，分别列出作为检索词进行检索。此处，将 electron transport * 拆分为"electron transport"、"electron transporting"的检索词组分别进行精确检索。

随后，通过检索式（electron transport * NOT ("electron transport OR electron transporting")）AND organic electroluminescen * 对拆分表述进行测试，该检索结果为 8 个，发现遗漏的表述为 transporter 以及 transportability 等，由于这些表述较少使用，并且结果不多，因此在正式检索时不必再扩展表述。在平时检索时，这种检测一般不必考虑，只需选择本领域技术人员最熟悉的几种表述方式即可，只在最后没有获得理想结果时可进行查漏。

对于位置算符，一般推荐将单词间隔设置为 4 个，即构造为"NEAR/4"，可以涵盖大部分表述又不会引入过多噪声。如果得到的检索结果过少，最后可以适当放宽至 8~10 个单词间隔，但一般而言，单词间隔数的影响不会太大。

如果要对第三检索要素的各个表达的检索情况分别有所了解，可以分开构造检索式。

对于金属螯合物：使用 organic electroluminescen * AND（（"electron transport" NEAR/4 "metal complex"）OR（"electron transporting" NEAR/4 "metal complex"）），得到的结果为1篇（如图9-4-9），且不特别相关。这与高级检索中仅使用逻辑运算符的218篇结果相差很多。随后将单词间隔设置为10，仍然得到1篇结果。

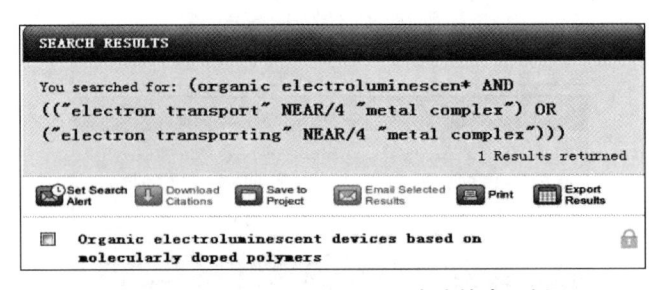

图 9-4-9　IEEE Xplore 的命令式检索示例

对于酞菁类化合物：使用 organic electroluminescen * AND（（"electron transport" NEAR/4 phthalocyanine）OR（"electron transporting" NEAR/4 phthalocyanine）），得到两篇检索结果（如图9-4-10），而对应的在高级检索中仅使用逻辑运算符的检索结果为83篇。随后将单词间隔设置为10，得到6篇结果。

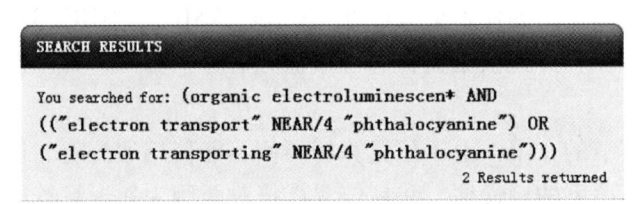

图 9-4-10　IEEE Xplore 的命令式检索示例

对于 CuPc：使用 organic electroluminescen * AND（（"electron transport" NEAR/4 cupc）OR（"electron transporting" NEAR/4 cupc）），得到6篇检索结果（如图9-4-11），其中有之前检索到的"The study of blue organic light emitting diodes with a CuPc electron transporting layer"。

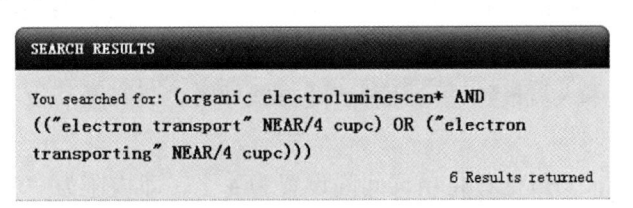

图 9-4-11　IEEE Xplore 的命令式检索示例

如果只希望一次获得检索结果并避免重复浏览，可以设置整体一个检索式：organic

electroluminescen * AND (("electron transport" NEAR/4 "metal complex") OR ("electron transporting" NEAR/4 " metal complex") OR (" electron transport" NEAR/4 phthalocyanine) OR ("electron transporting" NEAR/4 phthalocyanine) OR ("electron transport" NEAR/4 cupc) OR ("electron transporting" NEAR/4 cupc))，检索得到 7 篇结果（如图 9-4-12），小于 3 种分别检索的结果之和。

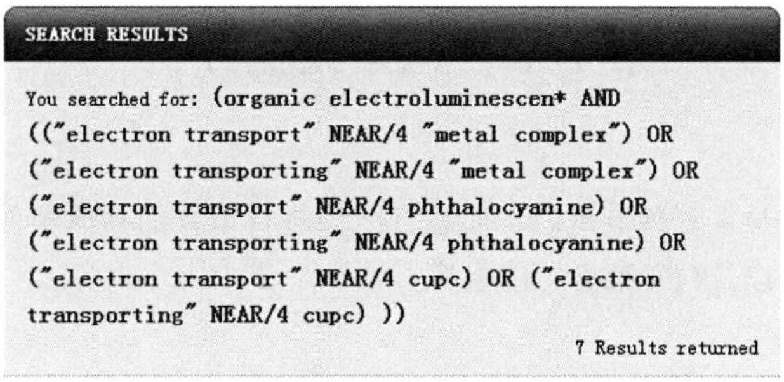
SEARCH RESULTS

You searched for: (organic electroluminescen* AND
(("electron transport" NEAR/4 "metal complex") OR
("electron transporting" NEAR/4 "metal complex") OR
("electron transport" NEAR/4 phthalocyanine) OR
("electron transporting" NEAR/4 phthalocyanine) OR
("electron transport" NEAR/4 cupc) OR ("electron
transporting" NEAR/4 cupc)))

7 Results returned

图 9-4-12　IEEE Xplore 的命令式检索示例

此外，对于另一种材料 ZnPc 也可以按前述方法，在普通检索、高级检索和命令式检索的情况下进行检索。浏览相关检索结果可以看出，记载的主要是用于太阳能电池领域的异质结等，并且并非用作电子传输层。因此，可以终止检索。

根据第八章对 IEEE Xplore 基本使用情况的介绍，以及本章结合案例进行的检索尝试，作出如下总结。一般来说，对于权利要求的检索主要是在专利数据库中进行，其中各领域专利文献体现的技术脉络是更容易被发现成体系的。而在非专利数据库中，其涉及的领域更多，技术交叉的可能性更大，同一关键词在不同领域中的运用更繁杂，而且非专利数据库的很多检索命令式和运算都相对简单，不适合在结果中一步步地限定来缩小结果的范围，而使用过多扩展的情况下会增加检索式的复杂程度。

但非专利数据库对全文中的词语标引是很少遗漏的，因此作为配合专利数据库检索之外的非专利数据库检索，更适宜有针对性地、去除权利要求过大概括出来的上位概念，针对发明的实际内容进行检索可以更有效率。在对全文的检索过程中，有针对性地选取具体的、下位的技术内容作为检索词，并运用位置算符，有利于快速准确地检索到合适的相关文献。

第三部分
检索案例分析及文献的识别

第十章　检索案例分析

本章通过审查员在专利申请的实质审查阶段进行审查的具体实例,具体分析前述相关数据库的使用以及检索策略的运用等。

第一节　利用分类号进行准确检索

案例1：冷阴极放电管的制造方法

(一) 相关案情

1. 本案的背景技术情况

在液晶显示装置中,使用冷阴极放电管作为背光源用于照明(日本特开2007-188649号公报)。为了增大照明面积,一般考虑把冷阴极放电管弯曲来使用。如果把直管的冷阴极放电管,制造成弯曲形状的冷阴极放电管,则存在需要有与原来的直管的冷阴极放电管长度对应的生产线问题。因此,本申请提出一种能够节省空间的制造弯曲形状的冷阴极放电管的技术方案。

2. 本案要解决的技术问题

本申请的目的在于提供一种能够节省空间的制造弯曲形状的冷阴极放电管的制造方法,通过把多个玻璃管接合而形成弯曲玻璃管。

3. 本案采用的技术手段

在冷阴极放电管1的制造方法中,准备在内表面上形成有荧光体层20的多个玻璃管16(如图10-1-1和图10-1-2所示,包括两个玻璃管)。玻璃管16具有用于接合的端部30。作为成品的弯曲玻璃管12的曲管部分10的一半,即半曲管部分32与端部30邻接。在与端部30相反的一侧,直管部分14与半曲管部分32邻接。在玻璃管16中避开被接合的端部30而形成荧光体层20。

把玻璃管16、16的端部30、30相接合,形成包含曲管部分10的弯曲玻璃管12。

以多个直管部分14被平行配置的方式进行接合。把半曲管部分32连接，形成连接一对直管部分14的曲管部分10。这样，形成弯曲玻璃管12。弯曲玻璃管12包含相互平行配置的多个直管部分14。曲管部分10以将一对直管部分14连接的方式形成。

在成为弯曲玻璃管12的两端部的部分安装电极22。也可以在玻璃管16的与用来接合的端部30相反侧的端部30上安装电极22，然后把玻璃管16相互接合而形成弯曲玻璃管12。或者，也可以在形成弯曲玻璃管12后，在弯曲玻璃管12的端部30上安装电极22。不管在哪种情况下，都是至少在一个安装电极22的端部30上形成通气孔以随后进行抽真空和气体封入。然后，在弯曲玻璃管12的内部封入气体。

图10-1-1是根据本案实施方式的冷阴极放电管的剖面图；

图10-1-2是根据本案实施方式的冷阴极放电管的制造方法的剖面图。

图10-1-1　冷阴极放电管剖面图　　　图10-1-2　制造方法剖面图

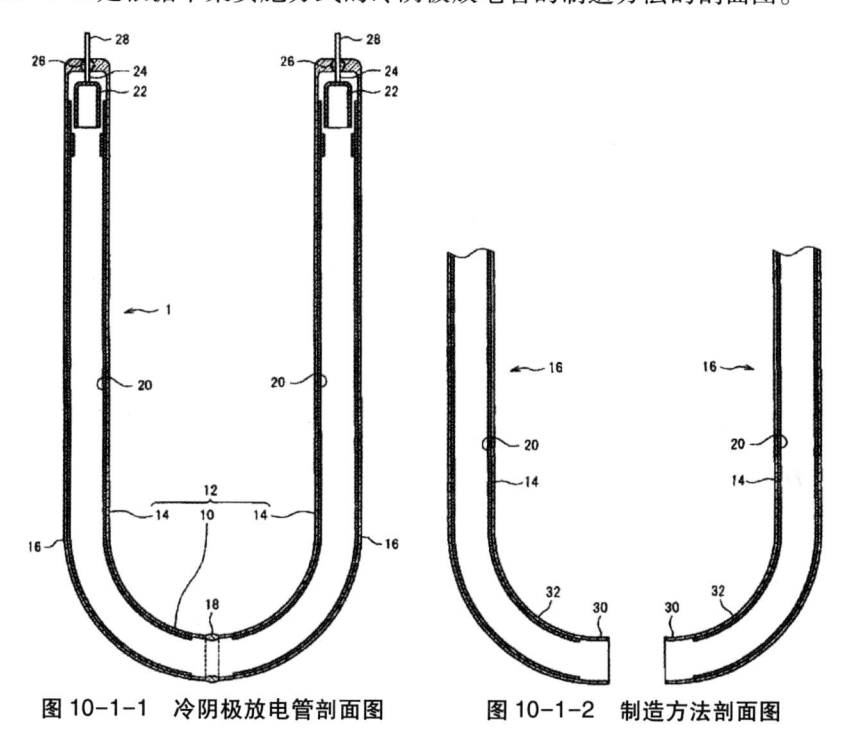

图10-1-3和图10-1-4是根据本案实施方式的变形例。弯曲玻璃管112包含相互平行配置的多个第一直管部分114。弯曲玻璃管112包含在一对第一直管部分114之间以成直角地延伸的方式配置的第二直管部分134。曲管部分110以将一对第一直管部分114分别与第二直管部分134连接的方式形成，即曲管部分110位于第二直管部分134的两端。一对玻璃管116的接合部118位于第二直管部分134上。避开接合部118形成荧光体层120。

在变形例中准备的玻璃管116在用于接合的端部130与第二直管部分134的一半，即半直管部分132邻接。与用于接合的端部130相反的一侧，曲管部分110与半直管部分132邻接。在与半直管部分132相反的一侧,一个第一直管部分114与曲管部分110邻接。

图10-1-3是根据本案实施方式的变形例的冷阴极放电管的剖面图;

图10-1-4是根据本案实施方式的变形例的冷阴极放电管的制造方法的剖面图。

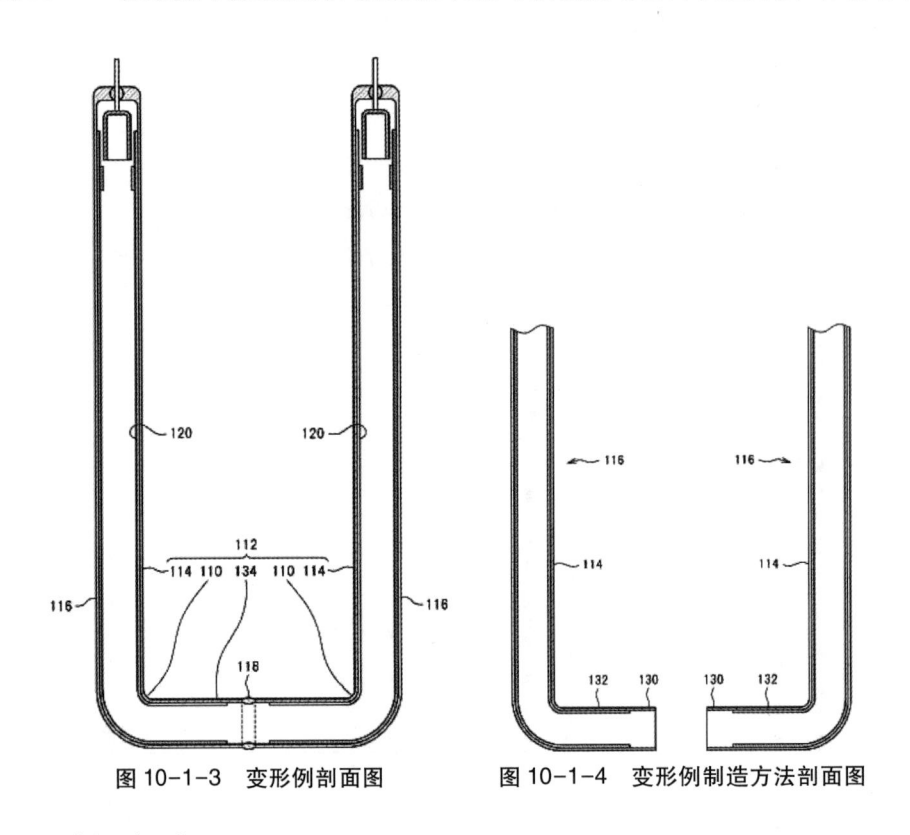

图10-1-3 变形例剖面图　　图10-1-4 变形例制造方法剖面图

4. 相关权利要求

权利要求1:一种冷阴极放电管的制造方法,其特征在于包含:准备在内表面上形成有荧光体层的多个玻璃管,把各个上述玻璃管的端部接合,形成包含曲管部分的弯曲玻璃管的工序;在成为上述弯曲玻璃管的两端部的部分安装电极的工序;以及向上述弯曲玻璃管的内部封入气体的工序。

权利要求2:根据权利要求1所述的冷阴极放电管的制造方法,其特征在于:

上述弯曲玻璃管包含相互平行地配置的多个第一直管部分、和在一对上述第一直管部分之间以成直角地延伸的方式配置的第二直管部分,上述曲管部分以将一对上述第一直管部分分别与上述第二直管部分连接的方式形成。

权利要求3:根据权利要求2所述的冷阴极放电管的制造方法,其特征在于:

以上述第二直管部分的一半与上述端部邻接、上述曲管部分与上述第二直管部分的上述一半邻接、一个上述第一直管部分与上述曲管部分邻接的状态,准备各个上述玻璃管。

(二) 检索思路及检索过程

1. 检索方式1

首先,在 CPRS 数据库中采用常规分类号和关键词进行检索,检索式如下:

编号	索引	检索式	命中记录数
(001)	F	IC H01J	<hits:28718>
(002)	F	KW 弯+曲	<hits:393998>
(003)	F	KW 管	<hits:1644073>
(004)	F	KW 冷阴极	<hits:1852>
(005)	J	1*2*3*4	<hits:64>

从中检到一篇 X 类对比文件 CN1855344 A(公开日 2006 年 11 月 1 日),可以用来评述本案的权利要求,参见图 10-1-5。

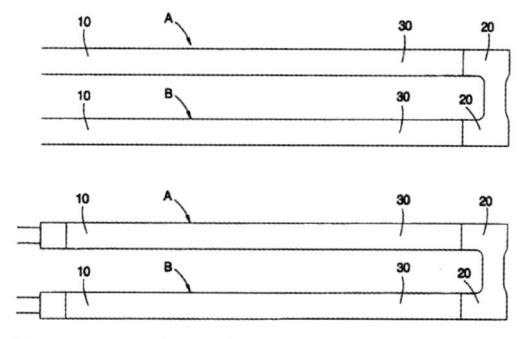

图 10-1-5 对比文件 CN1855344 A 的结构示意

2. 检索方式2

由于本申请的发明点涉及放电管形状的改进,而 FT 分类号中有针对灯管形状的具体细分,因此通过查阅 FT 分类号,选择其中非常相关的几个 FT 分类号:

5C012　EE00　弯曲形灯管容器形成
　　　　．EE08　需要的接合
5C043　CD00　放电灯的形状
　　　　．CD10　弯曲型(例如,环型、U 型、W 型)
　　　　DD00　放电灯结构的改善点
　　　　．DD01　真空管
　　　　．．DD03　发光管(例如,内管)
　　　　．．DD04　弯曲部(例如,连接部)

在 EPODOC 数据库中使用的检索式为:

编号	命中记录数	检索式
1	132	5C012/EE08/FT
2	1789	5C043/CD10/FT
3	199	5C043/DD04/FT
4	2590	5C043/DD03/FT
5	719416	BENT OR BEND+ OR CURVATURE OR CURVE+
6	581997	STRAIGHT OR LINEAR
7	92	2 AND 5 AND 6
8	30	3 AND 5 AND 6
9	41	4 AND 5 AND 6

通过快速浏览附图，可以得到披露本申请发明点的X类对比文件JP2004-146385 A（公开日2004年5月20日），参见图10-1-6。

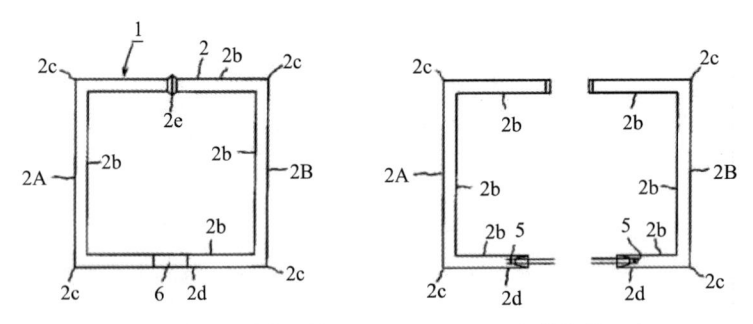

图10-1-6 对比文件JP2004-146385 A的结构示意

（三）检索策略分析

本申请发明点涉及弯曲的放电管的制造方法，具体的检索关键词不是很容易确定，如果仅仅利用"tube"、"pipe"、"bend"、"curve"、"straight"这些词汇进行检索，检索到的文献量非常大，如果采用"cold electrode"进行限定后结果变得很少，没有得到相关的对比文献。并且本申请虽然权利要求中限定了是冷阴极放电管，但实际上对于一般放电管也是普遍适用的。采用FT分类号结合关键词进行检索，针对放电管的具体形状，可以比较容易地检索到相关文献。

案例2：快启动带罩型节能荧光灯

（一）相关案情

1. 本案的背景技术情况

目前所使用的带罩节能荧光灯存在一个普遍的问题：爬升慢，即在灯点燃后需要较长时间才能达到额定的亮度。这种"爬升慢"的现象是由带罩节能荧光灯的内在特点所决定的。因为在灯管外增加了一个玻璃外罩,所以散热受到显著影响,灯管的温度比不带罩时高出很多。

为了获得高光效,灯管内的汞蒸气压必须维持在一个合理的数值上。开灯初始时由于灯管内温度较低,因此高温汞合金能够提供的汞蒸气压也很低,灯的亮度也因此很低。只有随着灯管的温度逐步升高,灯管内汞蒸气压以及灯管的发光强度才能逐步提高。通常,带罩型节能荧光灯通电后的爬升过程可持续30秒至2分钟,不能像白炽灯那样"即开即亮"。拥有较低的冷端温度对带罩节能灯实现快速点亮有着非常重要的意义。因为灯管的亮度是受其内部汞蒸气压影响的,而汞蒸气压又受灯管冷端温度的控制,所以冷端温度会最终影响灯管的亮度。

2. 本案要解决的技术问题

本发明所要解决的技术问题是提供一种冷端温度环境足够低,能够使用低温汞齐,从而达到更快亮起来的快启动带罩型节能荧光灯。

3. 本案采用的技术手段

一种快启动带罩型节能荧光灯,包括灯头组件、灯管和玻璃罩壳,特点是灯管的前端设置有一个突起的冷端,冷端与玻璃罩壳接触,冷端外部的周围设置有隔热胶,冷端内设置有汞蒸气源,优点在于在灯管的前端人为设置一个突起的冷端,使冷端与玻璃罩壳接触,并在冷端外部的周围设置隔热胶,将汞蒸气源设置在冷端内,使灯管虽工作在高温环境,但却可使用低温汞蒸气源,而又确保荧光灯的光效不受影响,它从根本上解决了带罩型节能荧光灯爬升较慢的缺点,能使带罩型节能荧光灯实现快速点亮。

具体实施方式如下:如图10-1-7所示,一种快启动带罩型节能荧光灯,包括灯头组件1、灯管2和玻璃罩壳3,灯管2的前端设置有一个突起的冷端4,冷端4包括一个突泡41,突泡41上设置有穿过突泡壁42的第三电极5,第三电极5为两根杜美丝,第三电极5内端伸入灯管2内,第三电极5的外端与玻璃罩壳3贴合接触,固体汞齐6黏附在第三电极5上,冷端4外部的周围设置有隔热胶7。

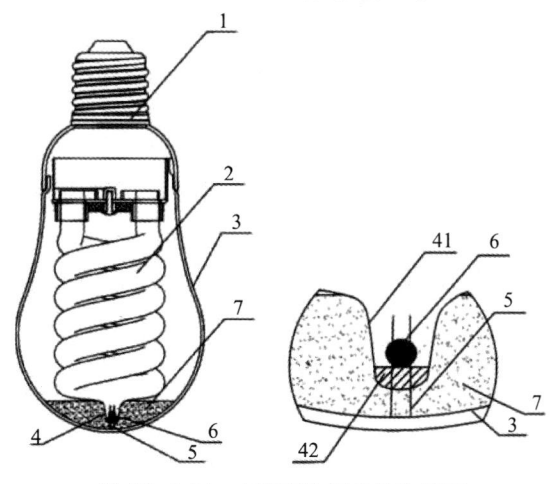

图10-1-7 本案实施例的结构示意

4. 相关权利要求

权利要求 1：一种快启动带罩型节能荧光灯，包括灯头组件、灯管和玻璃罩壳，其特征在于所述的灯管的前端设置有一个突起的冷端，所述的冷端与所述的玻璃罩壳接触，所述的冷端外部的周围设置有隔热胶，所述的冷端内设置有汞蒸气源。

权利要求 5：如权利要求 1 所述的一种快启动带罩型节能荧光灯，其特征在于所述的冷端包括一个突泡，所述的突泡的外部与所述的玻璃罩壳直接接触，所述的汞蒸气源为固体汞齐，所述的固体汞齐设置在所述的突泡内，所述的突泡的后部设置有限位结构。

（二）检索思路及检索过程

本案的发明点在于冷端周围设置有隔热胶，针对这个技术细节扩展了发明点的关键词表达方式，并在全文库中检索以及使用 FT 分类号进行检索。使用了 S 系统中的 CPRSABS、CNTXT、VEN 等数据库，并使用了同在算符等检索手段。具体检索式如下：

数据库	命中记录数	检索式
1	377	5C015/UU00/FT OR 5C015/UU04/FT OR 5C015/UU05/FT OR 5C015/UU06/FT
2	48312	DISCHARGE 3D LAMP
3	8177	(COLD OR (LOW W TEMPERATURE)) 3D (OR END, POINT, SPOT)
4	63717	MERCURY OR AMALGAM OR HG
5	1	1 AND 2 AND 3 AND 4
6	3807075	HEAT+ OR THERMAL+
7	6170	2 AND 6
8	1105	7 AND 4
9	40	8 AND 1
10	518737	(HEAT+ OR THERMAL+) 3D (OR CONDUCT+, INSULAT+, ISOLAT+, DISSIPAT+)
11	18	1 AND 10

从中得到一篇 X 类对比文件 JP6-7473 B2，可以用来评述本案的权利要求，如图 10-1-8 所示。

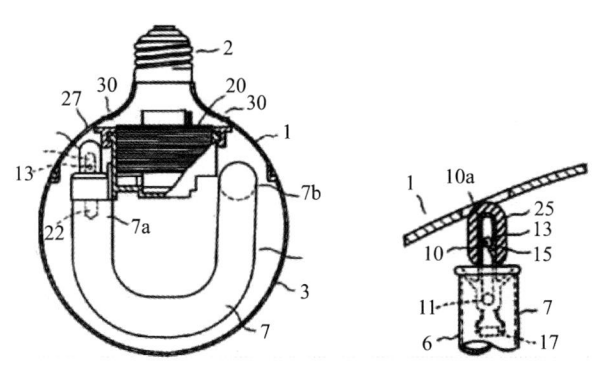

图 10-1-8 对比文件 JP6-7473 B2 的结构示意

（三）检索策略分析

现有技术中的大部分文献是使用导热胶将冷端的热量传导出去，进而保持冷端的低温，而本案是使用隔热胶保持冷端的低温，属于技术细节，并且隔热胶的中英文关键词表达方式较多，确定涵盖隔热胶含义的全部关键词比较困难，使用常用关键词和分类号的检索结果文献量大，难以找到比较合适的对比文件。尝试使用了大量的检索词，如：

灯，荧光灯，萤光灯，莹光灯，放电灯，节能灯；

冷端，冷点，凉点，凸，突，汞，汞齐，汞剂，排气管，Hg；

隔热，绝热，热屏蔽，遮热，散热，导热，热导，挡热，阻热；

快 4D 启动，快 4D 爬升，快 4D 升温，汞合金丸，汞丸，固体汞；

以及它们对应的英文检索词，由于文献量太大，不容易检索到合适的对比文件。后采用 FT 进行限定，很快得到一篇公开了本案发明点的对比文件。

针对本案的发明点为技术细节的特点，准确确定发明点"隔热胶"的具体含义，并根据发明点"隔热胶"的中英文关键词难以全部列举的难点，使用全文数据库和 FT 分类号进行检索，并详细阅读了检索结果中的大量对比文件，最终确定了一篇公开了本案发明点的对比文件。

案例3：微机电系统压电双晶片的制造方法

（一）相关案情

1. 本案的背景技术情况

目前，常用的压电双晶片结构是将两片压电片直接通过粘贴的方法粘在金属层的上下两表面，这种方法制备的压电双晶片，其厚度较厚，不适合应用于受器件厚度限制的 MEMS 器件中，如采集低频环境振动的 MEMS 压电能量采集器。

经对现有技术文献的检索发现，杜立群、吕岩等在《压电与声光》2007（29）：

331-334撰文"水热法制备压电双晶片的研究"。该文中提及采用水热合成法在金属基板上制备压电双晶片，该方法制备的压电双晶片厚度可以控制在MEMS器件所要求的厚度范围内。但使用该方法制备压电双晶片，需要高温高压的反应釜设备，且制备过程要经过多次结晶过程，制备的压电双晶片性能稳定性差。

2. 本案要解决的技术问题

本发明针对现有技术存在的上述不足，提供一种微机电系统压电双晶片的制备方法，能够根据需要集成MEMS工艺，制备不同形状的MEMS压电双晶片。

3. 本案采用的技术手段

本案是由多个压电双晶片组成的悬臂梁阵列，每个压电双晶片包括压电薄膜1和3、金属基片2，其中：金属基片2上下表面包覆压电薄膜1和3。

所述的金属基片为铜片，厚度为10μm；所述的压电薄膜1和3为PZT薄膜，厚度均为10μm；所述的金属基片为多个T字型形状，压电薄膜形状为矩形，如图10-1-9所示。

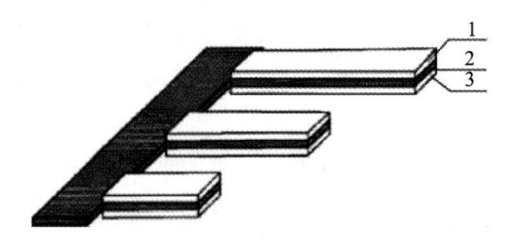

图10-1-9 本案实施例的结构示意

本案具体实施例通过以下步骤进行制备。

第一步：清洗硅片衬底，并在衬底表面溅射一层Cr/Cu金属层作为电镀种子层，厚度约为0.15μm。

第二步：在金属种子层表面以2000转/分钟的速度AZ4903光刻胶30秒，然后进行曝光，并采用AZ-400K显影液显影180秒去除曝光区域光刻胶，得到多个T字型形状的空腔。

所述曝光掩膜板为多个T字型形状结构。

第三步：对曝光后形成的多个T字型形状的空腔电镀Cu，厚度为10μm。

第四步：用去Cr刻蚀液并将多个T字型形状的铜片基片从硅片衬底上剥离出来。

第五步：在已制备的基片上不同长度的悬臂梁阵列上下表面，使用提拉法制备PZT薄膜。

所述提拉法制备PZT薄膜，其提拉速度为5mm/min，提一次膜后立即在100℃温度大气环境下烘15min，再空冷至室温，接着进行下一次提拉，共7次，最后在600℃退火2h，制备的PZT薄膜厚度为10μm。

第六步：使用激光修整压电双晶片。

所述激光修整压电双晶片，是指将基片上侧面边沿部分生成的PZT薄膜去除。

第七步：在已制备的压电双晶片悬臂梁阵列的上下两面镀上银电极，沿压电薄膜厚度方向极化，且上下两层压电薄膜极化方向相反。

4. 相关权利要求

权利要求1：一种微机电系统压电双晶片的制备方法，其特征在于，包括步骤如下。

第一步：使用微加工工艺制备压电双晶片基片；

第二步：在已制备的基片上、下表面，使用提拉法制备PZT薄膜；

第三步：在已制备的压电双晶片上下两面镀金或银电极；

第四步：使用激光修整压电双晶片；

第五步：极化上下两层压电薄膜。

(二) 检索思路及检索过程

权利要求请求保护一种制备方法，在形成步骤中：第二步在已制备的基片上表面和下表面，使用提拉法制备PZT薄膜。在现有技术中没有关于用提拉法制备压电PZT薄膜的技术，无法检索到相关对比文件。

在中文和英文数据库中初步检索，发现没有用直拉法制备PZT薄膜的文献。结合现有技术和相关背景技术，研究了压电晶体生长方法和提拉法的技术基础。PZT即钛锆酸铅，通常采用金属有机物化学气相沉积法、溶胶-凝胶法、水热法、脉冲激光法和溅射法等方法，目前没有用直拉法的报道。在常用方法中，溶胶-凝胶法中常用方法有浸渍提拉法、旋涂法、喷涂法等方法。本案中有关晶体形成的方法均指出是提拉法。在晶体生长领域，提拉法通常是在熔融材料中形成晶体，也称为直拉法、切克劳斯基法、czochralski法、cz法。由于不能在现有技术中检索到用直拉法形成PZT薄膜的文献，结合以上背景技术和初步检索结果分析，确定本申请中的提拉法应该是溶胶凝胶法(sol-gel)中的浸渍提拉方法。因此以"dip coating"为重点检索要素。

具体使用的检索式如下：

编号	所属数据库	命中记录数	检索式
1	CNTXT	4875	pzt s 压电
2	CNTXT	15	1 and 提拉
3	CNTXT	9528	提拉
4	CNTXT	7608	PZT
5	CNTXT	30	3 AND 4
6	CNTXT	195	压电 AND 双晶片
7	CNTXT	7608	pzt
8	CNTXT	248	dip coating
9	CNTXT	8	7 AND 8

继续在 VEN 数据库中进行检索：

编号	所属数据库	命中记录数	检索式
1	VEN	20	c30b/ic and c04b35/491/ic
2	VEN	4598	czochralski
3	VEN	0	2 4d pzt
4	VEN	0	2 s pzt
5	VEN	0	2 and pzt
6	VEN	142	dip？coating
7	VEN	5536	dip coating
8	VEN	1395	dip-coating
9	VEN	6680	6 or 7 or 8
10	VEN	4	pzt s 9
11	VEN	55	pzt and bimorph？
12	VEN	3691	sol gel
13	VEN	10264	sol-gel
14	VEN	11282	12 or 13
15	VEN	90	14 s pzt
17	VEN	2397	mm/min
18	VEN	3	14 and 17
19	VEN	3385	/ft 4g030/aa40
20	VEN	918	/ft 4g030/ba10
21	VEN	33	19 and pzt
22	VEN	31	20 and pzt

在 CNKI 中，利用关键词：提拉，压电，pzt，溶胶，凝胶，双晶片，进行检索。

最终，检索到多篇 Y 类对比文件，如表 10-1-1 所示，可以结合使用评述本案的创造性。

表 10-1-1 检索到的相关文献

文献类型	文　献　号	公开日
Y	JP2007-273799A	20071018
Y	JP2006-49806A	20060216
Y	JP平11-1387A	19990106
Y	JP平1-235648A	19890920
Y	Pb volatilization and annealing conditions rearch of pzt thin film grow by reverse dip-coating method（Chen zhu et al，功能材料，2006 年第 6 期）	20060630

续表

文献类型	文 献 号	公开日
Y	PZT 纳米晶薄膜的 sol-gel 法制备及铁电性质（材料研究学报，第 11 卷第 4 期，宋世庚等）	20040430
Y	压电双晶片两种电气连接方式实验研究（压电与声光，第 31 卷第 5 期，张晓丽等）	20091031

（三）检索策略分析

充分发挥各分类的特点，有针对性地检索关键技术，本案例中采用 FT 分类。在 S 系统检索中，充分发挥同在字符的优势，有效检索高度相关的对比文件。

首先需要对技术方案理解准确，然后充分确定检索要素。利用 S 系统进行检索时，选择合适的数据库，在检索的过程中要循序渐进，采用多种检索手段，如果采用一种检索策略检索不到合适的对比文件，要及时调整检索策略，更换关键词。

案例 4：有机发光二极管显示装置的制造方法

（一）相关案情

1. 本案的背景技术情况

传统的有机发光二极管显示装置的封装制程中，盖板上的玻璃浆料需要在 500℃ 以上的高温下进行烧结，以对该盖板和显示基板进行封装。受限于上述需要在 500℃ 以上高温下对玻璃浆料进行烧结的制程的限制，传统的有机发光二极管显示装置的盖板上无法进行其他显示辅助部件的制程，如彩色滤光部件制程或者触摸感应部件制程，原因是高温会损坏上述显示辅助部件，从而导致显示装置成品不良。

2. 本案要解决的技术问题

本发明的目的在于提供一种显示装置的制造方法，其能防止在显示装置的封装制程中盖板的显示辅助部件受损。

3. 本案采用的技术手段

如图 10-1-10 所示，显示装置 100 包括显示基板 101 和盖板 102。其中，所述显示基板 101 用于生成显示图像，盖板 102 与所述显示基板 101 叠合在一起，所述显示基板 101 与所述盖板 102 通过封装工艺组合为一体。

所述盖板 102 包括盖板主体 1021、烧结块 1023 以及显示辅助部件 1024，其中，所述盖板主体 1021 上面向于所述显示基板 1024 的表面的边缘处设置有凹陷部 1022，凹陷部 1022 是通过蚀刻形成的。

所述烧结块 1023 设置于所述凹陷部 1022 的局部区域或全部区域，用于在经过激光照射后接合所述显示基板 101 与所述盖板 102。所述烧结块 1023 是通过在所述凹陷部 1022 的局部区域或全部区域涂布玻璃浆料并对所述玻璃浆料进行预先烧结形成的。所述显示辅助部件 1024 设置于所述盖板主体 1021 上，并且位于经过预先烧结所形成的至少两个所述烧结块 1023 之间。所述显示辅助部件 1024 用于辅助所述显示基板 101 提供显示图像，例如，所述显示辅助部件 101 可以是诸如彩色滤光部件或者触摸感应部件等。

由于在所述盖板主体 1021 上设置所述凹陷部 1022，涂布于其上的玻璃浆料可以藏于所述凹陷部 1022 中，当所述显示基板 101 与所述盖板 102 封装时，经过激光照射的烧结块 1023 便可以使得所述盖板 102 和所述显示基板 101 紧贴于一起，并且该玻璃浆料不会将所述显示基板 101 和所述盖板 102 隔开。

凹陷部 1022 可以有效地控制涂布于其上的玻璃浆料的分布位置（玻璃浆料不会随意移动），并且可以精确地和标准化地控制涂布于其上的玻璃浆料的量，而不会使得位于所述盖板主体 1021 上的玻璃浆料局部过多或过少，从而防止显示基板 101 和盖板 102 无法平整地封装（平整、平行地结合）。

由于在将所述显示辅助部件 1024 设置于所述盖板 102 之前预先在所述盖板 102 上形成所述烧结块 1023，而不是在形成所述显示辅助部件 1024 之后再形成所述烧结块 1023，因此，在高温烧结所述玻璃浆料的过程中所述显示辅助部件 1024 不会因为高温而损坏。凹陷部 1022 的平均深度小于所述烧结块 1023 的高度，这样有利于确保所述盖板 102 上的所述烧结块 1023 在经过激光照射后能够与所述显示基板 101 接合为一体。

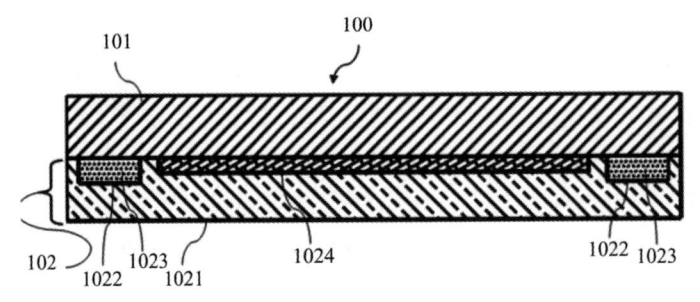

图 10-1-10　本案实施例的结构示意

4. 相关权利要求

权利要求 1：一种显示装置的制造方法，其中所述显示装置包括一显示基板（101）以及一盖板（102），所述盖板包括一盖板主体（1021）、一烧结块（1023）和一显示辅助部件（1024），所述方法包括以下步骤：

在所述盖板主体上面向所述显示基板的表面的边缘处设置凹陷部（1022）；

在所述凹陷部的局部区域或全部区域涂布玻璃浆料；

对所述玻璃浆料进行烧结以形成所述烧结块；

在已形成有所述烧结块的所述盖板主体上设置所述显示辅助部件（1024）；以及

通过激光照射所述烧结块，使得所述烧结块接合所述盖板和所述显示基板；

所述凹陷部是通过蚀刻形成的,以及

所述凹陷部的平均深度小于所述烧结块的高度。

(二) 检索思路及检索过程

本案中,先用关键词和分类号分别确定检索领域,二者相"或",划定检索的范围,随后,采用以下检索要素分别进行限定:

封装,封接,密封,密闭,seal+, encapsul+

凹槽,沟,槽,渠,groove, recess, concave, slot, notch, dent, hollow

玻璃料,浆料,frit, paste, slurry

激光,laser

上述各个检索要素之间进行组合检索。

在 EPODOC 数据库中具体使用的检索式如下:

编号	命中记录数	检索式
1	365373	(ORGANIC OR POLYMER) AND (LIGHT+ OR DISPLAY)
2	185353	ELECTROLUMINESCEN+ OR EL OR OLED OR PLED OR (ELECTRO W LUMINESCEN+)
3	157998	H01L51/5+/IC OR H01L51/5+/EC OR H01L27/32/IC OR H01L27/32+/EC
4	507325	OR 1, 2, 3
5	507325	.. LIM 4
6	132756	H05B33/IC OR H05B33/EC
7	159542	H01L51/IC OR H01L51/EC
8	40680	H01L27/32/IC OR H01L27/32+/EC
9	43309	G09F/IC OR G09F/EC
10	211220	OR 6, 7, 8, 9
11	211220	.. LIM 10
12	1066	H01L51/52C2C/EC
13	16317	SEAL+ OR ENCAPS+
14	2087	FRIT OR PASTE OR SLURRY
15	6193	SINTER+ OR LASER
16	273	AND 13, 14, 15
17	3754	GROOVE+ OR RECESS+ OR SLOT+
18	30	AND 13, 17, 14
19	21	AND 13, 17, 15

最终得到如下3篇相关的对比文件，可以用来评述本申请的权利要求。

CN 1951154 A，公开日为2007年04月18日，如图10-1-11所示。

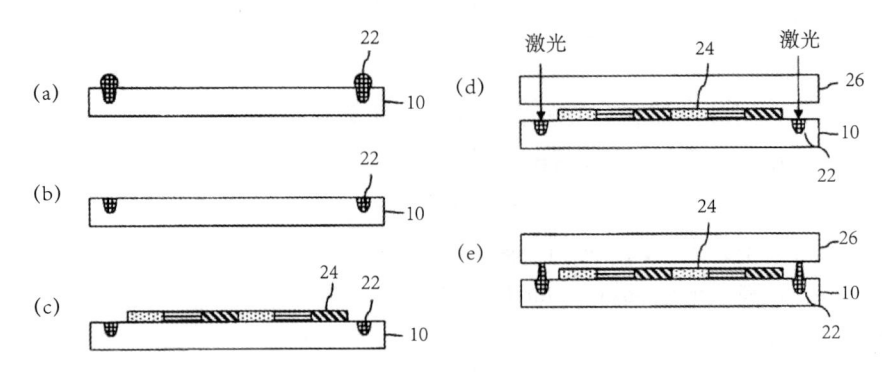

图 10-1-11　对比文件 CN 1951154 A 的结构示意

CN 102255056 A，公开日为2011年11月23日，如图10-1-12所示。

JP 2010228998 A，公开日为2010年10月14日，如图10-1-13所示。

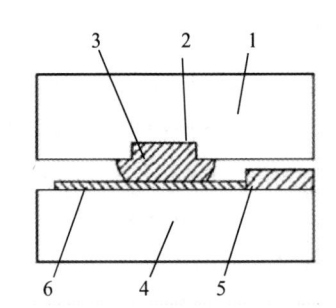

图 10-1-12　对比文件 CN 102255056 A 的结构示意

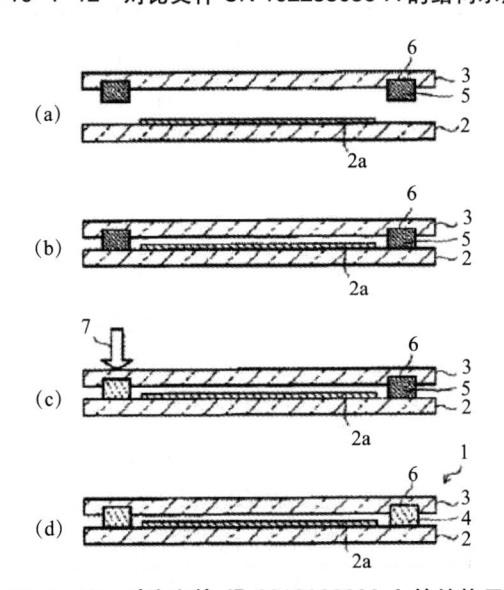

图 10-1-13　对比文件 JP 2010228998 A 的结构示意

（三）检索策略分析

本案权利要求涉及方法权利要求，相对产品权利要求而言，方法权利要求的检索有一定难度。本案中，先用关键词和分类号分别确定检索领域，二者相"或"，划定检索的范围，随后，采用各个检索要素分别进行限定，每个检索要素中分别确定相关的关键词，各关键词之间相"或"，然后在各个检索要素之间进行相"与"的组合检索，最终检到相关的对比文件。

案例5：交流等离子显示屏及其不均匀介质层的制作方法

（一）相关案情

1. 本案的背景技术情况

现有三电极表面放电结构的等离子显示屏（PDP）的放电电极单元结构如下：形成于前基板10上的扫描电极11以及维持电极12通常由透明电极11a、12a和金属电极11b、12b两部分组成。扫描电极11和维持电极12平行的形成在前基板上，并在其上面覆盖一层前介质层13。介质层保证扫描电极11与维持电极12之间的电阻率。同时，在等离子放电时在前介质上能蓄积一定的壁电荷。在前介质层13的上表面沉淀一层保护膜14。保护膜14可以防止等离子放电对前介质产生破坏，还能提高二次放电系数。

交流气体放电等离子显示屏的未来发展趋势是要降低功耗，提高发光效率，降低着火电压。其中，着火电压与介质层的厚度有关，该介质层一方面使电极绝缘，另一方面保护放电不被击穿。而介质层越厚，着火电压越高，功耗越大。因而，降低功耗可以由降低介质层的厚度来实现，然而，介质层厚度过薄又容易被击穿，这给降低介质层的厚度带来挑战。

2. 本案要解决的技术问题

本发明的目的在于提供一种交流等离子显示屏及其不均匀介质层的制作方法，通过降低交流等离子显示屏的前基板的介质层厚度，以降低着火电压，进而降低交流等离子显示屏的功耗。

为达此目的，本发明的交流等离子显示屏，包括前基板和与之封接的后基板，前基板的放电电极上覆盖有介质层，其中介质层为不均匀介质层，介质层在首先放电位置的厚度大于在其他位置的厚度。

3. 本案采用的技术手段

根据本案的交流等离子显示屏前基板的放电电极上的不均匀介质层，如图10-1-14所示，前基板10的放电电极11a、11b、12a、12b上的介质层13是不均匀的，在电极首先放电位置13R厚一些，在其余的地方薄一些。介质层13在首先放电位置可以形成截面呈梯形的凸台或截面呈半圆形或其他形状的凸台。该电极首先放电位置13R即凸台位置通常位于透明电极 11a 和透明电极 12a 的正中间。

这样，电极在首先放电位置，虽然电压较高，然而由于介质层较厚，不容易击穿介质层；在其余的位置，由于电压相对低一些，因此介质层虽薄也不会击穿介质层，从而降低着火电压，通常可降低 6~8V。如此达到降低功耗、提高亮度的目的。其中，介质层在其他位置的厚度可以为在首先放电位置的厚度的 40%~80%。

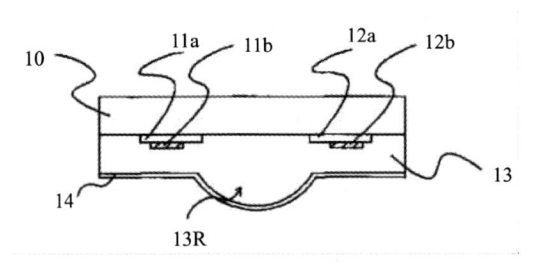

图 10-1-14　本案交流等离子显示屏前基板的放电电极上的不均匀介质层

4. 相关权利要求

申请人于 2012 年 3 月 15 日答复第一次审查意见通知书时，提交的修改后的权利要求 1 如下：

一种交流等离子显示屏，包括前基板和与之封接的后基板，所述前基板的放电电极上覆盖有介质层，其中，所述前基板上的放电电极包括扫描电极和维持电极，所述扫描电极和维持电极分别包括透明电极和位于透明电极上的金属电极，其特征在于：所述介质层为不均匀介质层，所述介质层在首先放电位置的厚度大于在其他位置的厚度，所述首先放电位置位于所述扫描电极的透明电极和维持电极的透明电极的正中间。

（二）检索思路及检索过程

本案"一通"时采用 1 篇 X 类文献（KR20050079428 A，公开日：2005 年 8 月 10 日）评述了权利要求 1 的新颖性以及权利要求 2~4 的创造性，申请人答复"一通"时修改了权利要求 1，原来的对比文件无法继续评述，因此进行补充检索。

由于本案的发明点涉及介质层的改进，在检索过程中，采用 FT 检索，阅读 FT 分类表发现 4 个相关分类：

5C040/FA01　　AC 型气体放电显示面板（根据技术领域选取）
5C040/GA02　　以在前表面（显示表面）侧上的基板为特征
5C040/GB03　　平行设置放电电极
5C040/GD01　　介电层或绝缘层的结构或配置（与发明点最相关的分类位置）

在 EPODOC 中检索过程如下：

? 　（5C040/FA01 and 5C040/GA02 and 5C040/GB03 and 5C040/GD01）/ft
　　＊＊ SS 1：Results 58

在58篇文献中发现1篇X文件JP5234520 A，公开日为1993年9月10日，如图10-1-15所示。

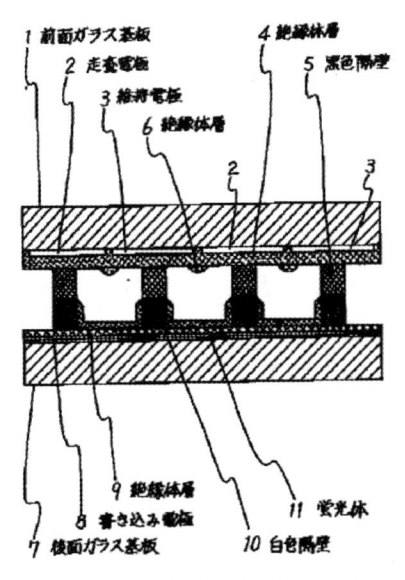

图10-1-15 对比文件JP5234520 A的结构示意

（三）检索策略分析

本案的发明点涉及介质层的改进，如果单纯采用关键词进行检索，如介质层、介电层等，由于这类词语几乎每个PDP申请中都会涉及，检索得到的文献量比较大，难以筛选，而在FT分类号中有专门涉及介电层的分类，因此在FT分类号中选取合适的分类号进行检索。

由于初始权利要求请求保护的范围过宽，审查员检索到相关对比文件，但随着审查进程的继续，申请人逐步完善权利要求的过程也是审查员逐步完善补充检索的过程，如何能够正中其怀而做到节约程序的检索，是检索工作的一个提升阶段。此次通知书之后申请人删除了上述产品权利要求。

案例6：发光结果或显示器件的新结构

（一）相关案情

1. 本案的背景技术情况

CN201010101273.7提供了一种柔性矩阵无机电致发光平板显示器，包括透明塑料基础层、依次布局在透明塑料基础层上堆叠的横向透明导电条纹层、发光层、介质层、纵向布局的背电极条纹层、保护层以及塑料薄膜。显示器上的透电极与导电条纹层连接，背电极与背电极条纹层连接。上述结构的显示器还存在以下问题：

(1) 该专利中的电极、电致发光材料和各种介质层以及辅助层结构都是直接制备在一整张平板基板（玻璃或塑料基板）上，是整体结构，显示器尺寸直接取决于基板尺寸，而大面积的平板基板整体加工对设备、环境和处理工艺的要求都很高，加工工艺也很复杂，因此存在大画面化困难、设备要求高、实现成本高等缺点。

(2) 电极、电致发光材料和各种介质层以及辅助层结构都采用的是在平板基板上的平行堆叠结构，电场集中性差，发光亮度和发光效率较低。

(3) 各色发光点阵结构的制备需要使用掩模蒸镀或沉积，或者掩模印刷、掩模曝光、掩模蚀刻等复杂加工工艺，逐层堆叠制备在平板基板上。其工艺精度要求高、难度大，导致设备和生产环境要求高、投资大，以及良品率低、成本高等缺点。

(4) 使用分散粉体类型电致发光材料的显示器，发光层的制备需要浆料印刷或涂敷以及烧结工艺，受到热加工温度的限制，需要使用耐热的硬性基板（如玻璃），无法实现柔性化，难以大画面化。

(5) 使用薄膜或者厚膜电致发光材料层的显示器，发光层的制备需要使用真空沉积或生长工艺，对工艺环境和设备要求很高，存在投资大、良品率低、成本高等缺点。

(6) 电致发光材料层为薄膜，发光层的制备需要使用真空沉积或生长工艺，另外有机发光材料对水和氧气十分敏感，对基板材料的透气率以及密封技术的要求都很严格，这导致生产工艺环境和处理设备的要求高，存在投资大、良品率低、成本高等缺点。

(7) 使用有机发光材料，当使用柔性塑料基板时，难以保证全面范围内的透气率和封装质量，会导致材料迅速劣化，出现寿命短和良品率低等问题；当使用透气率低和易于密封的玻璃基板时，又难于实现柔性化。

2. 本案要解决的技术问题

本案提供一种发光结构或显示器件的新结构，使用彼此独立的、分离式的发光线单元结构。具有如下优点：

(1) 本案使用相互分离、独立的发光细丝排列或者编织在一起来形成发光细丝阵列进而构成发光点阵，取代了传统的在平板基板上整体加工制备发光点阵的方法，加工处理单元从大面积的平板基板变为细丝结构，大大降低了工艺复杂度和设备复杂度。并且最终发光或显示器件的尺寸取决于发光细丝的排列/编织数量，器件尺寸可以方便地自由扩张、没有限制。

(2) 本案将各材料层制备在具有向心结构的中轴芯电极（图10-1-16所示数据电极）上，薄型支撑基板上的扫描电极呈弧形覆盖在发光细丝表面上，驱动电场集中性好，发光面积覆盖率高，发光亮度和发光效率均优于使用平板基板的平行堆叠层结构。

(3) 为了进一步提高驱动电场集中性和发光面积覆盖率，本案在发光细丝表面上与扫描电极接触的位置处制备有透光或透明的环状电极，并与薄型支撑基板上对应位置的扫描电极相连通，或者使用上下两个支撑组件，使扫描电极呈360度环形包围发光细丝的中轴芯部数据电极。

（4）本案加工单元是细丝结构，各色发光细丝独立分别加工，不需要复杂的掩模加工和蚀刻工艺，工艺处理简单方便，对设备和生产环境要求低，良品率高，生产成本上与传统的平板基板器件加工相比具有较大优势。

（5）本案采用了辅助层，分隔开直接接触的数据电极和发光材料层，避免了电流对发光材料的损伤，有效延长了发光材料层的使用寿命，在使用同样发光材料和相同驱动方法的条件下，可以获得远长于传统电致发光线结构的使用寿命。视发光材料和驱动频率不同，发光寿命在数千小时至数万小时以上。

（6）采用本案的电极结构和发光细丝的排列/编织结构，可以方便地形成发光点阵，从而实现矩阵扫描，用于显示各种静止和运动图像。

（7）当使用稳定性高的无机发光材料时，不会发生类似有机发光材料遇水和氧迅速劣化的问题，具有优于现有有机电致发光结构的环境稳定性。

（8）当使用有机发光材料时，可以方便地在具有很小表面积的二维发光细丝的表面覆盖或涂敷保护薄膜或者设置保护壳层等辅助层，避免发光材料遇水和氧劣化，将有机发光材料密封保护起来，可以兼顾柔性、发光寿命和良品率，获得优于现有有机电致发光结构的环境稳定性。

3. 本案采用的技术手段

本案提供的显示器件包括依次连接的数据电路、控制电路、扫描电路以及第一支撑组件，支撑组件包括薄型支撑基板1以及基板功能单元，基板功能单元包括依次制备或涂覆在薄型支撑基板上的至少一层扫描电极2和固定组件，发光细丝单元通过固定组件固定在支撑组件上，发光细丝单元包括细丝阵列和功能层，细丝阵列由一个发光细丝回绕形成或由多个发光细丝排列或编织形成。

数据电路与发光细丝电连接，扫描电路与扫描电极电连接，控制电路控制数据电路和扫描电路产生相应驱动信号来驱动发光细丝的特定区域发光。

薄型支撑基板的材料为薄型玻璃、薄型金属板或者有机材料薄膜，薄膜基板厚度为 $5\mu m \sim 10mm$，扫描电极厚度为 $1nm \sim 200\mu m$。薄型支撑基板包括刚性基板和柔性基板。

固定组件为制备或涂覆在扫描电极上的至少一层黏结材料层3。固定组件为制备或涂覆在扫描电极上的至少一层黏结材料层或低熔点的热封接材料（如低熔点玻璃），或其他可以形成稳固联结的固定结构（如铆接结构、卡扣结构等）。

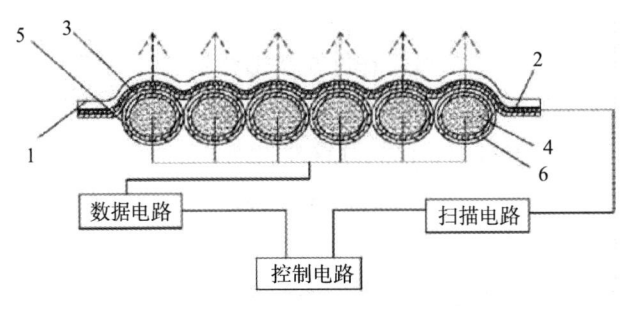

图 10-1-16　本案实施例的结构示意

4. 相关权利要求

权利要求1：

一种基于电致发光原理的发光结构，其特征在于：包括第一支撑组件以及发光细丝单元，所述第一支撑组件包括薄型支撑基板以及基板功能单元，所述基板功能单元包括依次制备或涂覆在薄型支撑基板上的至少一层扫描电极和固定组件；

所述发光细丝单元通过固定组件固定在第一支撑组件上；

所述发光细丝单元包括细丝阵列，所述细丝阵列由至少一个发光细丝回绕或排列或编织形成。

（二）检索思路及检索过程

首先，在WPI数据库中采用常规分类号和关键词进行检索，检索式如下：

编号	命中记录数	检索式
1	1	CN103296048/PN
2	387397	ELECTROLUMINESCEN+ OR LUMINESCEN+ OR (LIGHT W EMI+)
3	74144	FILAMENT
4	1319	2 AND 3
5	353	2 3D 3
6	5332174	SUBSTRATE OR BASE OR SUPPORT+
7	6059962	SUBSTRATE OR BASE OR SUPPORT+ OR BOARD
8	4056085	SUBSTRATE OR BASE OR BOARD
9	79	AND 5，8
10	126352	ELECTROLUMINESCEN+ OR LUMINESCEN+
11	66	10 2D 3
12	81	10 3D 3
13	1928428	FIBER OR FIBRE OR CABLE OR WIRE
14	1071	10 3D 13

15	797	10 2D 13
16	219	8 AND 15
17	113410	YARN
18	12	10 2D 17
19	19	10 3D 17
20	2038366	OR 3, 13, 17
21	5783	2 3D 20
22	3458416	METAL OR CONDUCT+ OR ELECTRODE
23	794	21 AND 22 AND 8
24	5813446	SUBSTRATE OR BASE OR BOARD OR PLATE
25	858	21 AND 22 AND 24
26	1612450	25 AND 26
27	581	25 AND 26

采用关键词检索没有得到合适的对比文件，尝试采用 EC 和 CPC 分类号在 EPODOC 数据库中进行检索。选取的分类号及检索结果如下：

H01L51/52F（126）[N：OLED having a fiber structure]

H01L51/5287 … {OLED having a fiber structure} [2013-01]

编号	命中记录数	检索式
1	126	H01L51/52F/EC
2	128	H01L51/5287/C
3	128	1 OR 2

最终得到两篇 X 类对比文件：

JP2007335358A，公开日为 2007 年 12 月 27 日，其结构如图 10-1-17 所示；

CN1293819A，公开日为 2001 年 05 月 02 日，其结构如图 10-1-18 所示。

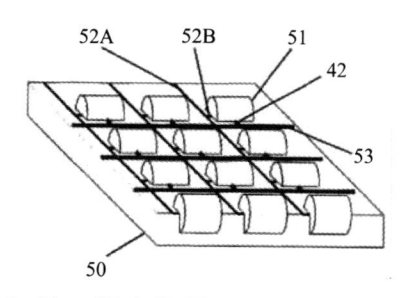

图 10-1-17 对比文件 JP2007335358A 的结构示意

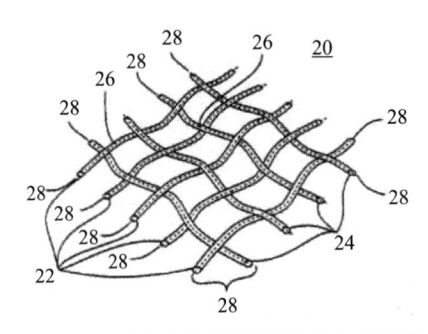

图 10-1-18　对比文件 CN1293819A 的结构示意

(三) 检索策略分析

首先尝试采用大量关键词，例如：发光，丝，线，纤维，有机，电致，电场，电激，场致，基板，衬底，基材，基底，filament，fiber，cable，yarn，electroluminescence，luminescence，light emitting，substrate，base，board，plate 等，在 CNABS、WPI 中结果较多，没有检索到合适的对比文件，并且检索结果以交叉编织电致发光丝得到的产品为主，没有本案的支撑组件。由于在 EC 和 CPC 分类号中针对纤维状的 OLED 有具体的分类号，随后尝试采用 EC 和 CPC 分类号进行检索，通过快速浏览附图，可以得到披露本案发明点的两篇 X 类对比文件。

案例 7：等离子显示板放电电极

(一) 相关案情

1. 本案的背景技术情况

在现有技术中，涉及等离子显示板（PDP）的放电电极的申请很多，例如 CN1630008A（公开日：2005 年 6 月 22 日，如图 10-1-19 所示）。

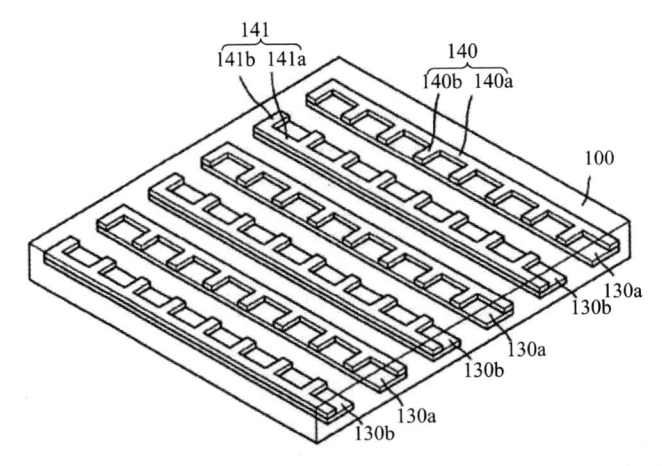

图 10-1-19　现有技术 CN1630008 A 中等离子显示板放电电极的透视图

— 150 —

2. 本案要解决的技术问题

希望提高放电电极的表面积,增大引火面积,同时不影响上基板的表面透光率,提高 PDP 屏的亮度效果。

3. 本案采用的技术手段

放电电极包括透明电极和位于透明电极上的汇流电极,本案的改进点在于在汇流电极末端设置立体放电部。由于该 PDP 放电电极的汇流电极具有延伸至放电空间的立体部,由普通 PDP 屏的屏表面放电,转变为空间放电,提高了放电电极的表面积,增加了放电产生的电子;放电时在空间引火,增大了引火面积,另外虽然引火面积增大,但由于增大的面积是在放电单元中间,不影响上基板的表面透光率,因此可以很好地提高 PDP 屏的亮度效果。

本案实施方式的放电电极的结构如图 10-1-20 所示。

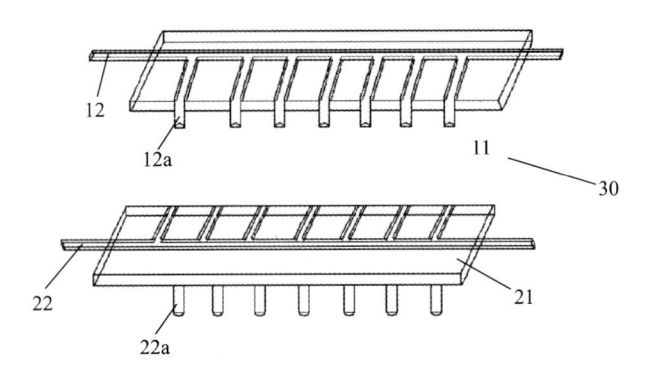

图 10-1-20 本案实施方式的放电电极的结构

4. 相关权利要求

权利要求 1:

一种 PDP 放电电极,包括:

第一透明电极(11),其上设置有第一汇流电极(12);以及

第二透明电极(21),其上设置有第二汇流电极(22)。

所述第一透明电极(11)与所述第二透明电极(21)相对设置,中间形成放电空间(30),其特征在于,所述第一汇流电极(12)设置有延伸至所述放电空间(30)的第一立体部(12a),所述第二汇流电极(22)设置有延伸至所述放电空间(30)的第二立体部(22a)。

(二)检索思路及检索过程

首先,在 CNABS 数据库中采用关键词进行检索,检索式如下:

编号	数据库	命中记录数	检索式
1	CNABS	33175	等离子 or pdp
2	CNABS	166926	电极
3	CNABS	59264	放电
4	CNABS	40866	立体
5	CNABS	27	1 and 2 and 3 and 4

其中检索到一篇文献CN101246805A（公开日：2008年8月20日），其中公开了一种等离子体平板光源，包括第一电极和第二电极，第一电极和第二电极的平面电极上连接有立体电极，立体电极立于平面电极上，这种结构提高了等离子体的放电效率，提高了光源的亮度和发光效率。但是该文献涉及一种光源，与本案的技术领域有一定区别。再尝试利用垂直、正交、开口率、凸、突等关键词进行检索，没有得到更相关的对比文献。

然后在WPI数据库中采用关键词进行检索：

编号	命中记录数	检索式
1	72545	（PLASMA AND（PANEL OR DISPLAY））OR PDP
2	27836	H01J11/IC OR H01J17/IC
3	21232	1 AND 2
4	21232	.. LIM 3
5	11759	ELECTRODE OR ELECTRODES
6	9521	DISCHARGE
7	7233	5 AND 6
8	6	STEREO+ AND 7

没有得到相关的对比文献。

接下来，选择非常相关的3个FT分类号：

5C040/FA01．AC型气体放电显示面板（根据技术领域选取）

5C040/GC02．．以放电电极的形状为特征（根据技术方案的改进点选取）

5C040/MA03．．．增加图像显示光或亮度改进（根据发明目的选取）

在EPODOC数据库中利用FT分类号进行检索：

编号	命中记录数	检索式
1	306	5C040/FA01/FT AND 5C040/GC02/FT AND 5C040/MA03/FT

通过快速浏览附图，可以得到披露本申请发明点的Y类对比文件JP2001-283737 A。

该文件JP2001-283737 A与背景技术文件CN1630008 A相结合可以评述权利要求

的创造性。对比文件 JP2001-283737 A 的结构示意如图 10-1-21 所示。

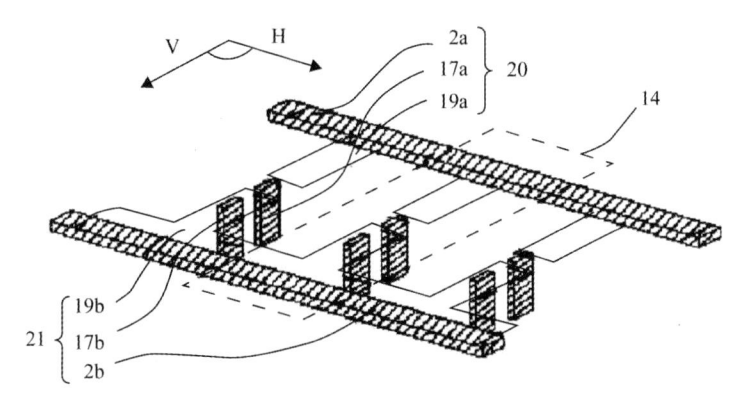

图 10-1-21 对比文件 JP2001-283737 A 的结构示意

(三) 检索策略分析

可以看到，如果仅利用"electrode"、"discharge"这些词汇进行检索，检索到的文献量非常大，但是采用"stereo+"进行限定后结果变得非常少，没有得到相关的对比文献。再利用"vertical"、"perpendicular"、"opening ratio"等关键词进行检索，也没有得到相关的对比文献。由于本案的发明点涉及放电电极的改进，增大其表面积，最终提高PDP屏的亮度，查阅FT分类号，选择其中非常相关的3个FT分类号。本案用关键词的检索结果不理想，通过选取适合的FT分类号，获得了披露本案发明点的Y类对比文件 JP2001-283737 A，将其与背景技术文件 CN1630008 A 相结合可以评述权利要求的创造性。

案例 8：一种白色有机电致发光（EL）器件

(一) 相关案情

1. 本案的背景技术情况

具有单一发光层的白色OLED器件，白平衡的调节较难；具有多个发光层的白色OLED器件，使用低分子材料，难以控制激子的扩散和每个层的厚度。

2. 本案要解决的技术问题

需要一种白色有机EL器件，其包括采用湿法形成的多个聚合物发光层。

3. 本案采用的技术手段

第一聚合物发光层和第二聚合物发光层，这两者都采用湿法在第一电极和第二电极之间形成，其中第一聚合物发光层的最高已占分子轨道（HOMO）能级为 5.0~5.4eV；且第二聚合物发光层的HOMO能级高于第一聚合物发光层的HOMO能级，并且可以为 5.4~5.8eV。可以通过控制发光层的厚度来实现稳定的色纯度与白平衡和色移的容易控制。

4. 相关权利要求

权利要求 1：一种白色有机电致发光（EL）器件，其包含第一聚合物发光层和第二聚合物发光层，这两者采用湿法在第一电极和第二电极之间形成，其中该第一聚合物发光层的最高已占分子轨道（HOMO）能级为 5.0~5.4eV，且该第二聚合物发光层的 HOMO 能级高于该第一聚合物发光层的 HOMO 能级。

（二）检索思路及检索过程

首先，在 EPODOC 数据库中利用 EC 分类号进行检索：

编号	命中记录数	检索式
3	1910	H01L51/50E8/EC

然后将结果转到 WPI 数据库中，在 WPI 数据库中进行检索：

编号	命中记录数	检索式
11	558	＊M1/PN/AL OR ＊M2/PR/AL
12	55	AND 8，11，PD＜2007-01-12

浏览 55 篇结果，找到 X 文件。

最终选取的 X 类对比文件为 US6605904B2。

（三）检索策略分析

分析检索要素的表达：

（1）检索要素 1 是 OLED 的发光层层叠，有准确的 EC 分类号（电致发光层为彩色发光层或由聚合物混合/层叠构成）；

（2）检索要素 2 是聚合物，用关键词表征，并进行一定的扩展。

本案通过选取适合的 EC 分类号，转库检索获得了理想的检索结果。

案例 9：一种环境敏感性装置

（一）相关案情

1. 本案的背景技术情况

在使用不锈钢罐或玻璃罐对环境敏感性元件进行密封的以往型的密封技术中，通过在罐内部的自由空间中封入氧化钙等干燥剂而解决了密封和吸湿两课题。但是，就将玻璃板或气体阻隔薄膜直接贴于装置上的方法、在装置上直接设置气体阻隔性的薄膜的方法来说，在装置上不具有自由空间，因此不能封入干燥剂。

2. 本案要解决的技术问题

在背景技术的情况下，存在因从最初开始在元件内存在的水分、未经由密封材料而浸入的水分导致劣化的问题。因此要解决的技术问题是防止由水蒸气引起的劣化。

3. 本案采用的技术手段

提供一种环境敏感性装置，在基板上依次具有环境敏感性元件与阻隔性层叠体，且该阻隔性层叠体具有至少1层氢化氮化硅层和至少1层其他的无机层。其中氢化氮化硅层实质上起到干燥剂的作用，在装置上进行不具有自由空间的膜密封，可赋予与实质上添加干燥剂相等的能力。

4. 相关权利要求

权利要求1：一种环境敏感性装置，其特征在于，在基板上依次具有环境敏感性元件与阻隔性层叠体，且该阻隔性层叠体具有至少1层氢化氮化硅层和至少1层其他的无机层。

(二) 检索思路及检索过程

在 EPODOC 数据库中采用关键词结合 FT 分类号进行检索，检索式如下：

编号	命中记录数	检索式
1	3	3k007/ab13/ft and hydrogenate？/al and silicon

最终从中选取了一篇披露发明点的 Y 类对比文件 JP2006-278230 A，此外检索过程中发现了本领域基础对比文件 CN1399502 A 作为 Y 类文件与 Y 类文件 JP2006-278230 A 相结合评述权利要求的创造性。

(三) 检索策略分析

(1) 采用比较确切的关键词"氢化氮化氢"且其为本案发明点之一。

(2) 采用 FT 分类号，理由是：本领域日本文献占大多数；FT 分类号中对效果的分类比较全面，具有相应准确的分类号；对于阻隔水、氧的技术效果，其涉及的关键词变型多、形容角度多，容易导致噪声和漏检，采用关键词检索往往造成检索结果繁杂、偏差较大。

(3) 综合以上原因，采用氢化氮化氢+FT 分类号容易得到较准确简明的检索结果，节约检索时间。

(4) 在以上检索结果的基础上，补充本领域基础对比文件即可评价全部权利要求。

第二节 利用关键词进行准确检索

案例 10：一种低压钠灯与 LED 互补照明灯

（一）相关案情

1. 本案的背景技术情况

低压钠灯是利用金属蒸气弧光放电原理制成的灯具，其具有能源效率高、寿命长的特点，工作时，在可见光区发射出两条极强的黄色谱线（又称 D 双线），它们的波长分别为 589.0nm 和 589.6nm，通常取它们的平均值 589.3nm，由于其波长范围很窄，单色性好，其可作为黄光的标准参考波长，许多光学常数以它作为基准。正是由于其单色性好，使其显色效果差，一般不能用于照明。

现有的白光 LED 灯，其工作时发出蓝光和黄光的混合物，在肉眼看来就是白色的，由于低压钠灯发出黄光，该黄光与白光 LED 灯发出的黄光比较接近，可与蓝光形成更好的互补色，使得从灯仓内发出的混合光在肉眼看来呈白色。

2. 本案要解决的技术问题

本申请的目的是提供一种低压钠灯与 LED 互补照明灯，使其可克服上述显示效果差的缺陷，具有良好照明和显色效果。

低压钠灯和 LED 灯均为目前较好的节能灯具，两者结合可以获得良好的节能效果；低压钠灯的光线穿透力强，透雾性能好，但显色效果差，LED 灯穿透力差，但显色效果好，两者相互结合恰好可以弥补相互之间的缺点，本发明可以制成户外照明灯，如路灯、停车场照明灯、隧道照明灯等。

3. 本案采用的技术手段

如图 10-2-1 所示，低压钠灯与 LED 互补照明灯，包括灯罩 1，灯罩 1 内设有灯仓 3，灯仓 3 内设有低压钠灯 2，所述灯仓 3 内还设有白光 LED 灯 4。从实验效果看，26W 低压钠灯配合 14W 的 LED 灯，36W 低压钠灯配合 21W 的 LED 灯，55W 低压钠灯配合 27W 的 LED 灯，其显色效果和色彩互补效果较好，形成的混合光看起来颜色比较白；本发明并不局限于上述功率配比关系，从技术效果看，任意功率配比的低压钠灯和 LED 灯结合在一起，均具有增强显色效果的能力，并使灯光颜色变白，其效果大于单一的低压钠灯和单一的 LED 灯。

4. 相关权利要求

申请人于 2010 年 11 月 16 日答复第一次审查意见通知书时，提交的修改后的权利要求 1 如下：

低压钠灯与 LED 互补照明灯，包括至少一个灯仓，至少一个灯仓内设有低压钠灯，至少一个灯仓内设有白光 LED 灯，其特征在于：所述低压钠灯功率为 26W，LED 灯的功率为 14W；或所述低压钠灯功率为 36W，LED 灯的功率为 21W；或所述低压钠灯功率为 55W，LED 灯的功率为 27W。

（二）检索思路及检索过程

本申请"一通"时采用一篇 E 类文献（CN 201042089Y，公开日：2008 年 3 月 26 日）评述了权利要求 1 的新颖性，申请人答复"一通"时把权利要求 2~4 的附加技术特征补入权利要求 1 中，原来的对比文件无法继续评述，因此进行补充检索。

通过从权利要求提取检索要素，结合说明书和公知常识分析各检索要素，着重分析如何解决参数的检索，并确定检索词。

灯仓：灯仓是容纳灯泡或灯体的壳体，在本领域为公知常识，在检索时可以不使用。

低压钠灯：本领域通常将低压钠灯简称为钠灯，对于高压钠灯，通常使用"高压"以示区别，因而将检索要素"低压钠灯"的检索词确定为"钠灯"及其全称"钠蒸气放电灯"。

白光 LED 灯：非特殊用途的照明以白光为主，使用白光是公知常识，因而将相应的检索词确定为"LED"和"发光二极管"。

功率：根据说明书的记载，首先，两种灯功率的组合不涉及供电，不会带来电路改进等其他方面的效果，则发明的有益效果仅在于发光效果；其次，申请人对特定功率组合的效果的记载仅限于文字上的笼统表述，如"从实验效果看……混合光看起来比较白"，而无具体的实验数据，因而无法证明两种灯功率的组合会产生意想不到的技术效果。此外，在《光源原理与设计》中明确记载了"35W 以上的钠灯用于照明"，因此权利要求分别选用"36W"和"55W"的钠灯的技术方案是公知选择。由此可见，权利要求中两种灯的特定功率组合仅仅是简单组合，而非带来突出的实质性特点的组合，因而在检索时不对功率及其数值作限定。

在 CNTXT 和 VEN 数据库中使用的检索式分别如下：

CNTXT：

编号	命中记录数	检索式
1	1413	钠灯 and（OR LED，发光二极管）
2	63	1 and 互补

VEN：

编号	命中记录数	检索式
1	2035	(SODIUM OR NATRIUM) 2D LAMP
2	244177	LED OR (LIGHT 2D DIODE?)
3	15	AND 1，2，PD < 2007-07-05

检索到一篇 X 类对比文件 JP2004087349A，公开日为 2004 年 3 月 18 日，如图 10-2-2 所示，可以评述本申请的创造性。对比文件 JP2004087349A 公开了一种太阳能路灯，包括钠灯 13 和 LED 灯 8，均容纳在灯具 3 中，进行互补照明，提高显色性。

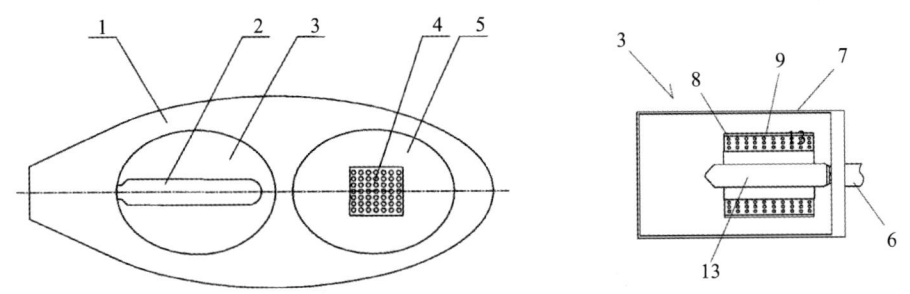

图 10-2-1　本案实施例的结构示意　　图 10-2-2　对比文件 JP2004087349A 的结构示意

（三）检索策略分析

本案技术方案看似简单，孤立地看各个特征都是公知技术，涉及的具体文献量较小，且权利要求中有参数特征进行限定，参数具体到某一数值点，关键词的选取有难度。

检索时通过分析权利要求中各技术特征所起的作用，从发明要解决的技术问题出发，重点选取必要技术特征作为检索要素，排除非必要技术特征，检索时做到有的放矢。基于本领域知识和检索经验，选取恰当的关键词和通配符，关键词选取准确，因而过程精炼，检索效率高。

案例 11：一种冷阴极荧光灯

（一）相关案情

1. 本案的背景技术情况

随着最近的液晶显示设备屏幕尺寸和屏幕亮度的增加，筒状电极更加频繁地被在高于 7 毫安的管电流下使用。如果在高于 7 毫安的管电流下使用冷阴极荧光灯，由镍制成的筒状电极便不能够提供足够的抗溅射性，这样导致筒状电极和水银气体迅速耗尽。因此，如果在高电流下使用冷阴极荧光灯，由镍制成的筒状电极可能不利地导致冷阴极荧光灯使用较短的时间。因此，需要这样高的电流下能够很好地工作的电极。

另外，也可以使用钼（Mo）或铌（Nb）的筒状电极，与镍相比具有更高的熔点并提供更高的抗溅射性。为了将钼材料制成筒状电极，需要通过轧制对粉状的钼材料进行固化和成型而获得的烧结体，然而，钼的晶体结构是体心立方晶格，难以在常温下轧制钼。为了轧制，需要将钼的烧结体加热。但是，在烧结体中的晶体在任何晶体的晶界处都弱耦合，如果在轧制过程中的温度不够高，在轧制或拉伸过程中就会在电极材料的表面上形成微裂纹，水银气体或惰性气体离子在玻璃灯管中，在相当大面积上碰撞在其表面形成有裂纹的筒状电极。轧制或拉伸的过程中在电极材料的表面上形成的微裂纹可以导致冷阴极荧光灯使用较短的时间。

2. 本案要解决的技术问题

本案的目标是提供一种冷阴极荧光灯,即使在高电流下使用,该荧光灯也不大可能被可能的溅射影响。

3. 本案采用的技术手段

如图 10-2-3 所示,冷阴极荧光灯 1 包括密封的玻璃灯管 2,封闭该玻璃灯管 2 的相对端部的玻璃珠 3,引起玻璃灯管 2 中放电的成对的电极单元 6。在玻璃灯管 2 的相对的端部提供成对的电极单元 6。每个电极单元 6 包括筒状电极 7 和接合到筒状电极 7 底面部 8 的引线 9。

筒状电极 7 包括筒状部 11,其具有被打开作为开口 10 的纵向第一端部和被底面部 8 封闭的纵向第二端部。引线 9 包括焊接到筒状电极 7 的底面部 8 的外表面的端部表面 12。

筒状电极 7 被形成为使得底面部 8 的壁构件的厚度 B 是 0.30 毫米,并且筒状部 11 的壁构件的厚度 A、外直径 C 和纵向长度 D 分别是 0.28 毫米、2.1 毫米和 50 毫米。而传统的冷阴极荧光灯的筒状电极的壁构件的厚度通常最多为 0.2 毫米,冷阴极荧光灯 1 的筒状电极 7 的壁构件被形成为比传统冷阴极荧光灯的筒状电极的壁构件厚。这是为了降低在轧制和拉伸过程中施加在钼烧结体晶体晶界上的可能的负荷。

筒状电极的壁构件厚度的增加更有效地防止在筒状电极生产中的轧制和拉伸过程中,在电极材料表面可能的微裂纹的产生。然而,厚度的过度增加降低了与筒状电极的生产相关的拉伸性能,并且因此降低了筒状电极的批量产量。因此增加了筒状电极的制造成本。

具体地,当筒状电极的壁构件的厚度最多是 0.36 毫米时,筒状电极只轻微地影响批量产量。然而,当厚度超过 0.36 毫米时,与筒状电极生产相关联的拉伸性将迅速降低,因此极大地降低了筒状电极的批量产量。因此,通过将筒状电极的壁构件的厚度设置为最大 0.36 毫米,能够防止筒状电极生产成本的增加。

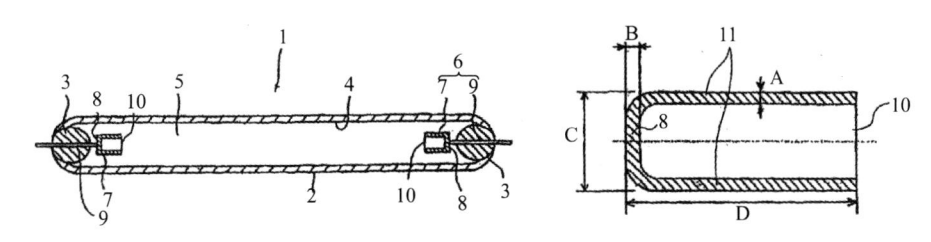

图 10-2-3 本案实施例的结构示意

4. 相关权利要求

权利要求 1:

一个冷阴极荧光灯包括:

玻璃灯管，其中在密封的内部空间中至少填充有惰性气体和水银气体，并且其中在内壁表面上形成荧光体层；

一对筒状电极，每个筒状电极包括在第一端部处形成的底面部以及在第二端部处形成的开口，所述电极被安排为使得其所述开口彼此相对；以及

引线，其包括与所述底面部的外表面接合的第一端部以及引出所述玻璃灯管的第二端部。

其中，钼或钼合金被用作每个筒状电极的基本材料，并且形成所述筒状电极的壁构件的厚度至少为0.23毫米，最大为0.36毫米。

权利要求2：

根据权利要求1所述的冷阴极荧光灯，其中，所述筒状电极的纵向长度至少为3.8毫米并且最多为11.2毫米，并且

在所述筒状电极的从所述底面部的外表面沿所述筒状电极的纵向方向延伸到距所述外表面2.8毫米的位置处的部分中，所述壁构件的厚度至少为0.28毫米，最大为0.36毫米。

（二）检索思路及检索过程

本案的发明点就在于数值的选择。涉及数值的检索历来是专利申请检索的难点问题，平常做检索主要基于摘要进行检索，但是由于数值更多体现在权利要求、说明书全文等细节中，而 S 系统中提供了丰富的检索资源和手段，对数值进行了全面标引，大大方便了数值的检索。因此，主要采用 CNTXT 和 USTXT 两个全文数据库进行检索。检索过程如下：

CNTXT？..hi（直接使用中文全文数据库）

编号	所属数据库	命中记录数	检索式
1	CNTXT	0	0.2#? mm（mm 与截词符紧邻结果为0）
2	CNTXT	4389	0.2#? 毫米（毫米与截词符紧邻有结果）
3	CNTXT	15106	0.2#? s（mm or 毫米）（使用同在算符 s 扩大检索范围）
4	CNTXT	0	0.3?? mm（mm 与截词符紧邻结果为0）
5	CNTXT	8230	0.3?? 毫米（毫米与截词符紧邻有结果）
6	CNTXT	24133	0.3?? s（mm or 毫米）（使用同在算符 s 扩大检索范围）
7	CNTXT	6731	/ic h01j61/+（领域限定）
8	CNTXT	26114	（空心 or 筒 or 杯 or 中空）s（电极 or 阴极）
9	CNTXT	8	7 and 8 and（厚 s（2 or 3 or 5 or 6））and（pd<20071030）

USTXT？　..hi（美国全文数据库检索）

编号	所属数据库	命中记录数	检索式
1	USTXT	0	0.2#? mm or 0.3?? mm（mm 与数值紧邻仍然没有结果）
2	USTXT	243728	(0.2#? s mm) or (0.3?? s mm)（数值与单位同在）
3	USTXT	1504	electrode s thickness s 2（使用 s 以减小范围）
4	USTXT	36099	fluorescent s lamp（用关键词限定领域）
5	USTXT	10	3 and 4

从中得到了两篇 X 类对比文件：CN1921064A，公开日为 2007 年 2 月 28 日；CN1842888A，公开日为 2006 年 10 月 4 日。

（三）检索策略分析

权利要求中涉及参数限定，数值范围相对较小，而且数值为带有小数点和单位的复杂形式，给检索带来困难。对于复杂形式的数值采用截词符和单位共同组成检索式的方式，可以很快检索到 X 文件，提高了检索效率。

案例 12：一种脉冲电源驱动的白光 LED 照明装置

（一）相关案情

1. 本案的背景技术情况

LED 广泛应用于照明、显示和背光源等领域，现有 LED 大部分采用大小及方向恒定的直流电作为芯片的驱动装置。在这种方式下，对 LED 的散热设计要求很高，如果不能及时将多余的热量散去，LED 芯片会因结温过高而烧毁。

2. 本案要解决的技术问题

本案所要解决的技术问题是克服温度淬灭效应和电流变化给白光 LED 照明装置带来的影响，为白光 LED 照明领域提供更多选择。由于采用具有余辉特性的发光材料，在激发光源消失时能维持发光，克服了由于电流变化导致的 LED 光输出波动对照明的影响；同时，采用脉冲电流使 LED 芯片处于间歇工作状态，克服芯片发热的难题。

3. 本案采用的技术手段

本案提供一种脉冲电流驱动的白光 LED 照明装置，采用脉冲电流驱动方式和发光粉的余辉特性来弥补光输出波动。采用具有余辉特性的发光材料，在激发光源消失时能维持发光，这样，在基于本发明方案的脉冲电流驱动的白光 LED 照明装置中，当电流周期性变化到小电流阶段时，蓝色余辉材料会发射蓝色余辉，起到了弥补蓝光和激发黄色发光粉的作用，从而克服了由于脉冲电流波动导致的 LED 芯片的发光频闪的影响，使器件在脉冲周期的光输出保持稳定。另外，由于在脉冲电流周期内 LED 芯片有一段时间不工作，使得其热效应下降，这样有助于克服现有 LED 白光照明装置使用中碰到的芯片发热带来的系列难题。而且，本发明脉冲电流驱动的白光 LED 照明装置具有散热性能好、使用寿命长的特点，且不需要使用复杂的电路转换装置，显著降低了成本。

具体实施方式如下：一种白光 LED 照明装置，它是由蓝光 LED 芯片+蓝色余辉发光材料 A+黄色发光材料 B 组成。其中，蓝色余辉发光材料 A 与黄色发光材料 B 的重量配比为 10～70wt%：30～90wt%。优选的是：20～50wt%：50～80wt%。所述的白光 LED 照明装置使用脉冲电流驱动 LED 芯片，脉冲电流的频率不小于 50 赫兹。

4. 相关权利要求

权利要求 1：

脉冲电流驱动的白光 LED 照明装置，其特征在于：所述白光 LED 照明装置内部封装的芯片为蓝光、紫光或紫外 LED 芯片，其发光涂层采用的发光材料为蓝色余辉发光材料 A 与黄色发光材料 B 的组合，其中，蓝色余辉发光材料 A 与黄色发光材料 B 的重量配比为 10～70wt%：30～90wt%；所述的白光 LED 照明装置使用频率不小于 50 赫兹的脉冲电流驱动 LED 芯片。

(二) 检索思路及检索过程

1. 检索方式 1

本案权利要求涉及器件及其驱动方式，通过具体材料的配合发出白光。对于材料和驱动涉及数值范围。

首先，在 CPRS 数据库中进行检索，检索式如下：

编号	索引	检索式	命中记录数
(001)	F	IC H01L033	<hits：9385>
(002)	F	IC C09K	<hits：16467>
(003)	J	1＊2	<hits：516>
(004)	F	KW 发光二极管+发光二极体	<hits：25362>
(005)	F	KW 黄＊蓝	<hits：3358>
(006)	J	4＊5	<hits：191>
(007)	J	3＊6	<hits：23>
(008)	F	KW 余辉	<hits：634>
(009)	J	1＊2＊8	<hits：5>
(010)	J	1＊8	<hits：8>
(011)	F	KW 驱动＊脉冲	<hits：9657>
(012)	J	4＊11	<hits：306>
(013)	J	1＊12	<hits：10>
(014)	F	KW HZ	<hits：10704>

(015)	J	4 * 11 * 14	<hits: 14>
(016)	F	KW LED	<hits: 36492>
(017)	J	11 * 14 * 15	<hits: 14>
(018)	F	KW 频率	<hits: 56548>
(019)	J	11 * 18 * 16	<hits: 66>
(020)	F	TI 驱动	<hits: 33521>
(021)	J	19 * 20	<hits: 14>

在 S 系统中使用 VEN 数据库进行检索，检索式如下：

编号	所属数据库	命中记录数	检索式
1	VEN	1971	white LED
2	VEN	19205	BLUE AND YELLOW
3	VEN	214	1 AND 2
4	VEN	2219	afterglow
5	VEN	37	blue 3d afterglow
6	VEN	9	5 and white
7	VEN	264802	LED
8	VEN	61575	LIGHT EMITTING DIODE
9	VEN	293530	7 OR 8
10	VEN	217770	WHITE
11	VEN	0	5 AND 9 AND 10
12	VEN	0	5 AND 9
13	VEN	9	5 AND 10
14	VEN	47845	PHOSPHOR
15	VEN	172872	FLUORESCEN+
16	VEN	26522	LUMINESCENCE
17	VEN	222961	14 OR 15 OR 16
18	VEN	9423	9 AND 10
19	VEN	2963	17 AND 18
20	VEN	2172656	%
21	VEN	93219	WT%
22	VEN	476	19 AND 20
23	VEN	21	21 AND 19
24	VEN	16105	drive 3d pulse
25	VEN	554	9 and 24
26	VEN	276	9 s 24

27	VEN	9717222	h/ic
28	VEN	185	26 and 27
29	VEN	27182	hz
30	VEN	3	28 and 29

在 CNKI 中检索的关键词如下：发光二极管，白光，芯片，蓝，紫外，黄，荧光，余辉。

在 ISI Web of Knowledge 中检索的关键词如下：LED，light emitting diode，white，blue，yellow，ultraviolet，UV，phosphor，fluorescen+，afterglow，luminescence，photoluminescence。

检索到的对比文件如表 10-2-1 所示。

表 10-2-1 检索到的对比文件

文献类型	文 献 号	公开日（或申请日）
Y	CN101118935A	2008 年 02 月 06 日
Y	JP2006-60009A	2006 年 03 月 02 日

2. 检索方式 2

需要结合材料特性，利用相关 IC/EC 分类号及关键词组合检索，对检索到的文献有一定的敏感性。这种涉及多种材料及其重量配比的文献，往往仅看摘要是不够的。同时，其对频率范围也有一定的限定。因此，做好对独立权利要求的各个检索要素有侧重的分别进行检索的准备。同时，兼顾从属权利要求中的各个要素，争取用最少的对比文件，评述全部权利要求。

具体检索式如下：

CPRSABS？ 脉冲 and（led or 发光二极管）

＊＊SS 21：Results 1845

下一检索式编号：SS 22

CPRSABS？ 白 or 蓝 or 紫 or 荧光粉 or 黄

＊＊SS 22：Results 259785

下一检索式编号：SS 23

CPRSABS？ 21 and 22

＊＊SS 23：Results 128

从中得到 X 类对比文件 CN1678157A，公开日为 2005 年 10 月 5 日。

继续检索：

CPRSABS？ c09k11/08/ic

＊＊SS 24：Results 465

下一检索式编号：SS 25

CPRSABS？ 24 and 余辉

** SS 25: Results 16

从中得到 X 类对比文件 CN10617022A，公开日为 2009 年 12 月 30 日。

(三) 检索策略分析

本案权利要求虽然看起来不是很长，但是包含的细节很多，包括发光材料的成分组合、发光材料重量的配比以及驱动频率的限定。根据权利要求的特点，将发光和驱动的技术特征分开检索，发光部分又将荧光材料和余辉材料的结合作为重要检索入口。

在检索过程中逐步确定基本检索要素，按照技术方案特点分块检索，有效地结合 S 系统，利用 S 系统的数据库特色进行关键检索要素的组合检索，最终得到合适的检索结果。

案例 13：二极管的制造工艺

(一) 相关案情

1. 本案的背景技术情况

OLED 的基本结构是由一薄而透明具半导体特性的铟锡氧化物（ITO），与电力的正极相连，再加上另一个金属阴极，包成如三明治式的结构。整个结构层中可能包括：空穴传输层（HTL）、发光层（EL）和电子传输层（ETL）。当电力供应至适当电压时，正极空穴与阴极电荷就会在发光层中结合，产生光亮，依其配方不同产生红、绿和蓝三原色，构成基本色彩。为了提升其发光效率以及降低驱动电压，在发光层与电极之间插入电子传输层和电子注入层可以有效地改善有机电致光二极管的效率与电压，然而制作工艺比较复杂，设备支出也较大，同时复杂的工艺也容易导致良率下降。

2. 本案要解决的技术问题

本发明的有益效果是：区别于现有技术的情况，本发明的二极管的电子传输层优选掺杂至少两种作为电子注入层材料的碱金属化合物，通过调配至少两种作为电子注入层材料的碱金属化合物的掺杂配比，相对于电子传输层只掺杂一种碱金属化合物的二极管，具有更低跨度电压和更高的电流效率。采用掺杂碱金属化合物的电子传输层代替现有技术中的电子传输层和电子注入层，能在提升发光功率、降低驱动电压的同时，简化二极管的制备工艺和减少制作成本，提高制程中的良率。

3. 本案采用的技术手段

如图 10-2-4 所示，本案二极管包括阴极 11 以及阳极 13，其中，阴极 11 与阳极 13 相对设置；电子传输层 12，设置于阴极 11 与阳极 13 之间，电子传输层 12 掺杂作为电子注入层的碱金属化合物，其中，作为电子注入层的碱金属化合物包括偏硼酸锂（$LiBO_2$）、硅酸钾（K_2SiO_3）、四 (8-羟基喹啉) 硼锂（Liq）、碱金属醋酸盐中的至少一种物质，碱金属醋酸盐可以是醋酸锂（CH_3COOLi）、醋酸钠（CH_3COONa）、醋酸钾

（CH₃COOK）、醋酸铷（CH₃COORb）、醋酸铯（CH₃COOCs）的至少一种物质。比如碱金属化合物为 LiBO₂，或者是 K₂SiO₃ 和 CH₃COOLi，又或者是 Liq、CH₃COONa 和 K₂SiO₃……可以根据实际需要任意组合。

作为电子注入层的碱金属化合物还包括碱金属氧化物、碱金属卤化物的至少一种物质。其中，碱金属氧化物可以是氧化锂（Li₂O）、氧化铯（Cs₂O₃）中的至少一种物质，碱金属卤化物可以是碱金属氟化物，比如氟化锂（LiF）、氟化钠（NaF）、氟化钾（KF）、氟化铷（RbF）、氟化铯（CsF）中的至少一种物质。

图 10-2-4 本案实施例的结构示意图

4. 相关权利要求

（1）一种二极管，其中包括：

阴极、阳极，其中阴极和阳极相对设置；

电子传输层，设置在阴极和阳极之间，所述电子传输层掺杂有碱金属化合物；

所述碱金属化合物包括偏硼酸锂 LiBO₂、硅酸钾 K₂SiO₃、四（8-羟基喹啉）硼锂 Liq 或碱金属醋酸盐；

所述碱金属化合物还同时包括碱金属氧化物或碱金属卤化物。

（2）如权利要求 1 所述的二极管，所述碱金属醋酸盐包括醋酸锂 CH₃COOLi、醋酸钠 CH₃COONa、醋酸钾 CH₃COOK、醋酸铷 CH₃COORb 或醋酸铯 CH₃COOCs。

（3）如权利要求 1 所述的二极管，所述碱金属氧化物是氧化锂 Li₂O、氧化铯 Cs₂O₃；所述碱金属卤化物是 LiF、NaF、KF、RbF、或 CsF。

（二）检索思路及检索过程

1. 检索方式 1

电子传输层采用多种碱金属化合物组合掺杂的方式形成，碱金属化合物作为电子注入材料是现有技术。尽量利用全文库，精确检索，缩小范围，浏览全文。

具体检索式如下：

编号	所属数据库	命中记录数	检索式
1	CNTXT	37	（电子传输 or 电子注入）s（乙酸 or 醋酸）s（锂 or 钠 or 钾 or 铷 or 铯 or 碱金属）
2	CNTXT	5	（ch3cooli or ch3coona or ch3cook or ch3coorb or ch3coocs）s（电子传输 or 电子注入）

编号	所属数据库	命中记录数	检索式
1	VEN	50180	/ic h01l51/5+
2	VEN	16436	electron w (inject+ or trans+)
3	VEN	325554	libo2 or k2sio3 or liq or ch3cooli or chcooli or ch3coona or ch3cook or ch3coorb or ch3 coocs or li2o or cs2o3 or lif or naf or kf or rbf or csf
4	VEN	112	2 s 3
5	VEN	77	1 and 4
6	VEN	0	(ch3cooli or ch3coona or ch3cook or ch3 coorb or ch3coocs) s electron s (transport+ or injection)

编号	所属数据库	命中记录数	检索式
1	USTXT	4	(ch3cooli or ch3coona or ch3cook or ch3coorb or ch3coocs) s electron s (transport+ or injection)

得到的检索结果如下：

对比文件1：US2010187521A1，公开了电子传输层混合掺杂 LiQ、LiF、CsF、Li$_2$O。其中具体公开了：

[0015] According to an embodiment of the present invention, the electron transport layer may be a mixed electron transport layer including an electron transporting material and an electron injection material.

[0016] According to an embodiment of the present invention, the electron injection material is selected from the group consisting of LiQ, LiF, NaCl, CsF, Li$_2$O, BaO, and combinations thereof.

对比文件2：CN1905235A，公开了电子传输层混合掺杂碱金属氟化物氧化物等。

其中具体公开了：

"5. 权利要求1的器件，其中电子传输层的第一层包括至少一种具有电洞阻挡性质的材料和至少一种具有电子传输性质的材料，而电子传输层的第二层包括至少一种具有电子传输性质的材料和至少一种具有利于电子注入性质或利于电子传输性质的材料。"

"15. 权利要求13的器件，其中若具有利于电子注入性质或利于电子传输性质的材料为无机化合物，则该无机化合物为选自 LiF、NaF、KF、RbF、CsF、FrF、MgF$_2$、CaF$_2$、SrF$_2$、BaF$_2$、LiCl、NaCl、KCl、RbCl、CsCl 和 FrCl 的卤化物，和选自 Li$_2$O、Li$_2$O$_2$、Na$_2$O、K$_2$O、Rb$_2$O、Rb$_2$O$_2$、Cs$_2$O、Cs$_2$O$_2$、LiAlO$_2$、LiBO$_2$、LiTaO$_3$、LiNbO$_3$、LiWO$_4$、Li$_2$CO、NaWO$_4$、KAlO$_2$、K$_2$SiO$_3$、B$_2$O$_5$、Al$_2$O$_3$ 和 SiO$_2$ 的氧化物。"

对比文件 3：CN101055924A，公开了电子传输层可混合掺杂碱金属醋酸盐和卤化物。

其中具体公开了：

[0224][4] 接着，在有机发光层 5 上形成电子输送层 6。

[0225]（a）第一工序。

[0226] 首先，配制含有如上所述的通式（1）表示的化合物和金属离子的有机无机复合半导体的液态材料（液态材料）。

[0227] 这可以通过如下所述配制，即：混合通式（1）表示的化合物、包含碱金属、碱土类金属或稀土类金属中至少一种的金属化合物和溶剂，使金属离子从金属化合物离解。

[0228] 另外，也可以分别单独配制通式（1）表示的化合物和金属离子的溶液，再混合。即也可以混合含有通式（1）表示的化合物的第一溶液和含有金属化合物的第二溶液来混合。此时，各溶液中使用的溶剂如果不分离、可以混合，也可以为不同溶剂。这样，即使在通式（1）表示的化合物与金属化合物相对单一溶剂的溶解性变化很大，难以以需要的量比混合的情况下，也可以配制溶液。

[0229] 进而，上述任意液态材料的配制方法，上述 B/A 均可以以需要的值，即与在液态材料中说明的值相同的值混合。这样，可以高生产率地制造发光效率及耐久性出色的有机发光元件 1。

[0230] 金属化合物为具有碱金属离子、碱土类金属离子或稀土类金属离子中的至少一种金属离子的化合物。例如，可以举出 Li、Na、K 等碱金属，Mg、Ca、Sr 等碱土类金属或 Yb、Sc、Y 等稀土类金属，碳酸盐、硝酸盐、硫酸盐等无机酸盐、醋酸盐、乙酰乙酸盐等有机酸盐以及氯化物、溴化物之类的卤化物等金属盐，甲醇盐、乙醇盐之类的金属醇盐，乙酰丙酮化物之类的具有易脱离的配位基的金属配位化合物等。

[0231] 更具体而言，可以举出碳酸铯、醋酸铯、氯化铯、乙酰丙酮化铯、碳酸锂、醋酸锂、氯化锂、乙酰丙酮锂、碳酸镱、醋酸镱、氯化镱、乙酰丙酮化镱、碳酸钙、醋酸钙、氯化钙、乙酰丙酮化钙等。

2. 检索方式 2

采用以下基本检索要素：h01l51/ic，h05b33/ic，h01l27/32/ic；电子传输，电子注入，硼酸锂，LiBO2，硅酸钾，K2SiO3，Liq，氧化锂，Li2O，氧化铯，Cs2O3，LiF，NaF，KF，RbF，CsF，碱金属醋酸盐，醋酸锂，CH3COOLi，醋酸钠，CH3COONa，醋酸钾，CH3COOK，醋酸铷，CH3COORb，醋酸铯，CH3COOCs。

具体检索式如下：

编号	所属数据库	命中记录数	检索式
1	CNTXT	23135	h01l51/ic or h05b33/ic or h01l27/32/ic
2	CNTXT	18823	or 电子传输，电子输送，电子输运，电子传送

3	CNTXT	12013	or 硼酸锂，LiBO2，硅酸钾，K2SiO3，Liq
4	CNTXT	548	AND 1，2，3
5	CNTXT	28249	OR 醋酸锂，CH3COOLi，醋酸钠，CH3COONa，醋酸钾，CH3COOK，醋酸铷，CH3COORb，醋酸铯，CH3COOCs
6	CNTXT	9	4 and 5
7	CNTXT	35850	or 氧化锂，Li2O，氧化铯，Cs2O3
8	CNTXT	42285	or LiF，NaF，KF，RbF，CsF
9	CNTXT	468	4 and（or 7，8）
10	CNTXT	9	5 and 9
11	CNTXT	363	4 and 7
12	CNTXT	422	4 and 8
13	CNTXT	200	(or 电子传输，电子输送，电子输运，电子传送) s (or 硼酸锂，LiBO2，硅酸钾，K2SiO3，Liq)
14	CNTXT	224	(or 电子传输，电子输送，电子输运，电子传送) s (or 氧化锂，Li2O，氧化铯，Cs2O3)
15	CNTXT	1363	(or 电子传输，电子输送，电子输运，电子传送) s (or LiF，NaF，KF，RbF，CsF)
16	CNTXT	39	13 and（or 14，15）
17	CNTXT	2	(or 电子传输，电子输送，电子输运，电子传送) s (OR 醋酸锂，CH3COOLi，醋酸钠，CH3COONa，醋酸钾，CH3COOK，醋酸铷，CH3COORb，醋酸铯，CH3COOCs)
18	CNTXT	16	电子注入 S (OR 醋酸锂，CH3COOLi，醋酸钠，CH3COONa，醋酸钾，CH3COOK，醋酸铷，CH3COORb，醋酸铯，CH3COOCs)

得到的检索结果如下：

对比文件1：CN102790185A，评述权利要求1和3。

电子传输层120b中的掺质例如为氟化铯（CsF）、氟化锂（LiF）、喹啉锂（Liq）、叠氮化铯（CsN$_3$）、氮化锂（Li$_3$N）或其组合。

对比文件2：CN1905236 A，评述权利要求1和3。

电子传输层可包括至少两种材料的混合物，该混合物可以是选自有机化合物、金属化合物和无机化合物的至少两种材料的混合物；无机化合物可选自，例如碱金属化合物、碱土金属化合物、土金属化合物和镧系化合物的化合物。更具体地，无机化合物可选自卤化物，例如 LiF，NaF，KF，RbF，CsF，FrF，MgF$_2$，CaF$_2$，SrF$_2$，BaF$_2$，

LiCl、NaCl、KCl、RbCl、CsCl 和 FrCl，以及氧化物，如 Li_2O、Li_2O_2、Na_2O、K_2O、Rb_2O、Rb_2O_2、Cs_2O、Cs_2O_2、$LiAlO_2$、$LiBO_2$、$LiTaO_3$、$LiNbO_3$、$LiWO_4$、Li_2CO、$NaWO_4$、$KAlO_2$、K_2SiO_3、B_2O_5、Al_2O_3 和 SiO_2。

对比文件3：CN101051674A，结合评述权利要求2。

利用金属烷基化物或金属芳基化合物，例如 CH_3COOLi 或 C_6H_5COOLi，来增加电子注入能力的方法，也被业界所提出。

对比文件4：CN102163696 A，结合评述权利要求2。

按照本发明所提供的以量子阱结构作发光层的有机电致发光器件，其特征在于，所述电子注入层材料是碱金属醋酸类（如 CH_3COOLi、CH_3COONa、CH_3COOK、CH_3COORb、CH_3COOCs 等）或碱金属氟化物类（如 LiF、NaF、KF、RbF、CsF 等）中的一种。

（三）检索策略分析

日常专利审查中所涉及的技术领域有时候会存在领域交叉，比如权利要求中既包含电学结构又包含化学材料，那么这种交叉领域的案件，特别是涉及权利要求中包含了化学式的技术方案以及在一项权利要求中包含了多项并列技术方案的权利要求，需要考虑如何做到全面有效的检索，尽量一次检索到位，有利于后续程序的节约。

另外，由于本案权利要求中包含许多具体的化合物，而这些具体化合物一般只出现在对比文件的说明书中，在其摘要以及独立权利要求中涉及较少。因此，主要在全文数据库中进行检索，利用全文数据库进行全面有效的检索，但是由于在全文库中进行检索一般会存在文献量比较大、噪声较多的问题，因此需要在检索过程中合理地使用同在、邻近或其他有效算符为阅读对比文件降噪。

案例14：MISM型内场发射阴极

（一）相关案情

1. 本案的背景技术情况

场致电子发射有3种类型：一是外场致发射，二是内场致发射，三是横向场发射。外场致发射阴极有用金属或半导体椎尖、纳米管、纳米线等制备，其原理是利用外部强电场来压抑表面势垒，使势垒的最高点降低，并使势垒的宽度变窄，当冷阴极表面势垒宽度被电场压缩到可以同电子波长相比拟时，因电子的隧道效应，大量电子穿过表面势垒逸出。横向场发射原理是利用不连续薄膜或者纳米狭缝的传导电流形成电子发射被垂直的电场引出，又称为表面传导阴极。内场致发射的原理是利用内部强场使电子从基底进入介质层，并在介质层中加速而获得足够能量，逸出介质层。由于内场发射阴极的内建电场不受外界气氛影响，因此内场致发射对表面形貌和气体吸附等不敏感。目前内场型发射阴极从结构和原理上又可划分包括3种：第一种是金属-绝缘层-金属（Metal-Insulator-Metal，MIM）型，第二种是金属-多孔硅-金属（Metal-Porous Silicon-Metal，MPM）型，第三种是金属-绝缘层-半导体层-金属（Metal-Insulator-Semiconductor-Metal，MISM）型。

电子在穿越MIM型阴极的绝缘层时，由于散射作用电子会损失大部分动能，导致大部分电子不能从顶金属电极发射出，因而MIM型阴极的发射效率不高。MPM型是1995年日本的Nobuyoshi Koshida等人提出的（Jpn. J. Appl. Phys. Vol. 34, 1995, pp. L705-L707）。多孔硅中有大量纳米硅晶粒，电子在其中穿越时，由于量子隧穿效应，损失的能量比较少。相比MIM型，这种MPM型阴极，栅极工作电压可降低到20V以内，其阴极电子发射效率目前超过了10%，但是发射效率稳定性不佳。MISM型阴极用交流电驱动，其工作原理如下：在交流驱动电压的负半周，下电极电位为正，电子从上电极注入半导体层和绝缘体层的界面上，以界面态电子的形式存在界面上。当电压反向时，界面上的电子重新回到半导体层中，并在其中得到加速，然后进入上电极，部分能量大的电子可以克服上电极的表面势垒发射到真空中。这种阴极的优点是电子发射稳定性好，缺点是发射效率不高。

2. 本案要解决的技术问题

本案要解决的技术问题是现有的MISM型内场发射型阴极发射效率不高、发射电流密度低的缺点。

3. 本案采用的技术手段

本案用多孔硅替换MISM型阴极中的普通半导体层形成一种MIPM型（Metal-Insulator-Porous Silicon-Metal，金属-绝缘层-多孔硅-金属）的内场发射阴极，从下到上包括紧密结合的4个功能薄膜层：底电极层1、绝缘层2、电子储存传输层3和顶电极层4（如图10-2-5），所述的底电极层材料为金属或合金，厚度≥10 nm，所述的顶电极层材料为低电子亲和势能的金属、合金、掺杂的类金刚石或半导体，厚度为5~500 nm，所述的绝缘层材料为金属氧化物、第四族元素氧化物、陶瓷或云母，厚度为100~1 μm，所述的电子储存传输层材料为n型多孔硅，厚度为10~500 μm。

所述的MIPM型内场发射阴极，所述的n型多孔硅的平均电导率为0.005 Ω×cm~3 Ω×cm，平均孔隙率为5%~80%，平均孔径为1 nm~100 μm。

当阴极受交流驱动工作在负半周，即下电极电位为正时，对传统的MISM型内场发射阴极而言，电子从上电极注入半导体层和绝缘体层的界面上，以界面态电子的形式存在界面上；对本发明提供的MIPM型内场发射阴极而言，电子不仅可以存储在半导体层和绝缘体层的界面上而且可以存储在多孔硅层中，从而保证了效率和发射电流的密度。这是因为多孔硅中大量存在的纳米晶的晶界可以捕获大量电子，当工作在交流的负偏压时多孔硅可被"充电"。当工作电压反向时电子被内场驱动即可形成大电流发射。这种工作模式既保证了内场发射阴极的发射效率,也保证了工作的稳定性。这种内场发射阴极不仅能在液体、大气或真空中工作,而且能在高温、高辐射等极端条件下工作。

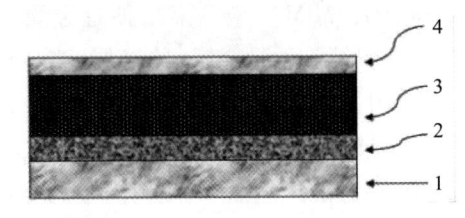

图 10-2-5 本案实施例的结构示意

4. 相关权利要求

权利要求1:一种MIPM型内场发射阴极,其包括依次连接的4个功能薄膜层:底电极层、绝缘层、电子储存传输层和顶电极层,其特征在于,所述的底电极层材料为金属或合金,厚度≥10 nm,所述的顶电极层材料为低电子亲和势能的金属或半导体,所述的低电子亲和势能的金属或半导体为Au、Ag或ZrN,厚度为5~500 nm,所述的绝缘层材料为金属氧化物、第四族元素氧化物、陶瓷或云母,厚度为100 nm~1μm,所述的电子储存传输层材料为n型多孔硅,厚度为10μm~0.5 mm。

(二) 检索思路及检索过程

首先,针对MIPM型阴极进行检索,没有得到相关的对比文件,这是本案申请人自创的用语。通过进一步理解发明,本案的发明点主要是采用多孔硅替换MISM型阴极中的普通半导体层形成一种MIPM型的内场发射阴极,因此,结合领域以及多孔硅进行进一步的检索,具体检索式如下:

编号	所属数据库	命中记录数	检索式
1	VEN	136	(insulat+ 1w layer) s (porous 2w silicon)
2	VEN	22860	field 1w emission
3	VEN	5	1 and 2

从中得到X类对比文件:JP2001210219 A(附图见图10-2-6),公开日为2001年8月3日。

编号	所属数据库	命中记录数	检索式
1	EPTXT	6	metal s insulator s porous s silicon

从中得到X类对比文件:US5990605 A(附图见图10-2-7),公开日为1999年11月23日。

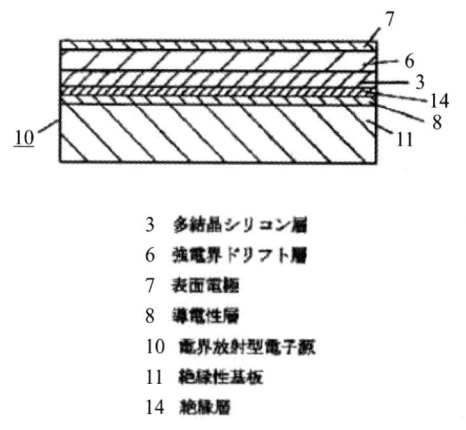

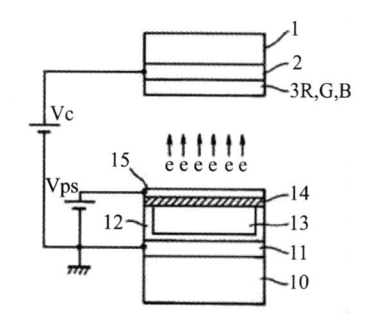

图 10-2-6　对比文件 JP2001210219 A 的结构示意　　图 10-2-7　对比文件 US5990605 A 的结构示意

（三）检索策略分析

本案涉及一种 MIPM 型内场发射阴极，但是在本领域中并不存在 MIPM 的表述，这是本案申请人自创的用语，这样，给我们的检索带来一定难度。因此，需要通读本案说明书，对本案理解透彻，明确发明点，整体上把握权利要求的技术方案，针对权利要求记载的技术方案进行检索。本案的发明点主要是采用多孔硅替换 MISM 型阴极中的普通半导体层形成一种 MIPM 型的内场发射阴极，可见，检索的重点应该放在多孔硅上。针对具体材料、结合领域进行检索，最终检到两篇 Y 类对比文件用来评述本案权利要求的创造性。

案例 15：彩色等离子体显示器

（一）相关案情

1. 本案的背景技术情况

彩色等离子体显示器是由数十万个数百微米的显示单元排列组合而成，其发光原理是施加一个电压来使一电离气体放电以产生紫外线，而当紫外线照射不同荧光体时，便能使各该荧光体分别发出光的三原色：红色、绿色和蓝色。但是，由于利用荧光体所发出的蓝色荧光会有因热而发生颜色劣化的现象。因此目前改善彩色等离子体显示器的发光品质的方法是将蓝色荧光的放电空间加大，以增加其荧光体的覆盖面积藉以调整彩色等离子体显示器所发出的红色、绿色与蓝色荧光的比重，使色温提高。在生产具有不同放电空间（各个阻隔壁具有不同的宽度）的等离子体显示器使得制造工艺很烦琐，并且增加了废品率。

2. 本案要解决的技术问题

在保持等离子体显示器中各个放电单元相同的条件下，提高彩色等离子体显示器的色温。

3. 本案采用的技术手段

将彩色等离子体显示器的各个放电单元设置相同（各个阻隔壁之间的宽度相同），通过在放电空间中沉积的荧光材料的不同厚度以及通过设置不同高度的底部阻隔壁来增加色温。将色温较高的蓝色荧光层的厚度（或底部阻隔壁的厚度）设置得最小，以使得其具有最大的发光表面积；而将色温较低的红色荧光层的厚度（或底部阻隔壁的厚度）设置得最大，以使得其具有相对最小的发光表面积。改变原有三原光的比例以提高该不同颜色光线于合成时所呈现的色温，达到较佳的白平衡，使得彩色等离子体显示器的画面更为鲜明。本案附图如图10-2-8所示。

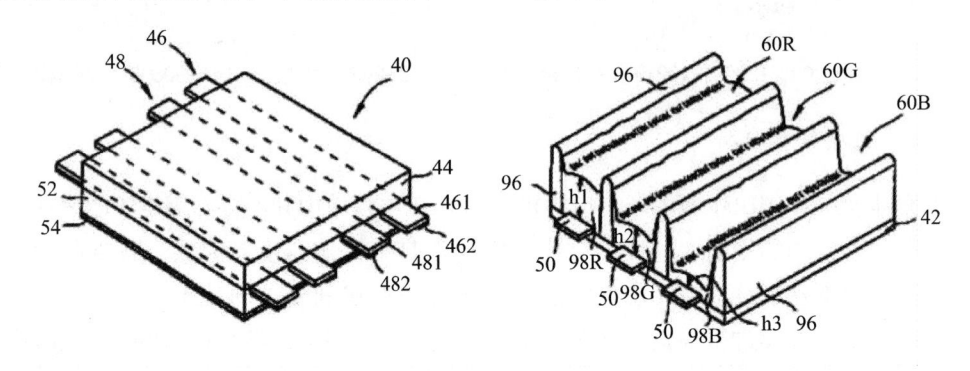

图10-2-8 根据本案实施方式的等离子体显示器的透视图

4. 相关权利要求

权利要求1：一种等离子体显示器，其包含有：

后板；

前板，平行地置于该后板之上；

第一、第二、第三阻隔壁，平行且等间距地设在该后板上，该第一与该第二阻隔壁之间定义为一第一放电空间，该第二与该第三阻隔壁之间定义为一第二放电空间；

第一底部阻隔壁，设置在该第一放电空间所对应的后板表面上，该第一底部阻隔壁具有一第一厚度；

第二底部阻隔壁，设置在该第二放电空间所对应的后板表面上，该第二底部阻隔壁具有一第二厚度；

第一荧光层，涂布在该第一底部阻隔壁表面以及围绕该第一放电空间的阻隔壁侧壁表面；以及

第二荧光层，涂布在该第二底部阻隔壁表面以及围绕该第二放电空间的阻隔壁侧壁表面；

其中，该第一荧光层为一蓝色荧光层，且该第二厚度大于该第一厚度，使涂布在该第一放电空间内阻隔壁侧壁表面上的第一荧光层表面积大于涂布在该第二放电空间

内阻隔壁侧壁表面上的第二荧光层表面积；

其中该后板上还包含：

第四阻隔壁，与该第一、该第二、该第三阻隔壁平行且等间距地置于该后板上，该第四阻隔壁与该第三阻隔壁之间定义一第三放电空间；

第三底部阻隔壁，设置在该第三放电空间所对应的后板表面上，该第三底部阻隔壁具有一第三厚度；以及

第三荧光层，涂布在该第三底部阻隔壁表面及围绕该第三放电空间的阻隔壁侧壁表面；

其中该第三厚度大于该第一厚度，使涂布在该第三放电空间内阻隔壁侧壁表面上的第三荧光层表面积小于涂布在该第一放电空间内阻隔壁侧壁表面上的第一荧光层表面积。

(二) 检索思路及检索过程

根据说明书背景技术部分的描述以及该领域检索者对现有技术的了解，将独立权利要求1分为两部分（以下称为一次转换）：

第一部分：一种等离子体显示器，其包含有：一后板；一前板，平行地设在该后板之上，且该前板与后板之间存在一间隙；多个阻隔壁，平行设置在该间隙内，用来定义多个放电空间组，且每一放电空间组内包含有一第一与一第二放电空间；一第一荧光层，涂布在该第一放电空间所对应的后板表面以及围绕该第一放电空间的阻隔壁侧壁表面，该第一荧光层具有一第一荧光层厚度；以及一第二荧光层，涂布在该第二放电空间所对应的后板表面以及围绕该第二放电空间的阻隔壁侧壁表面，该第二荧光层具有一第二荧光层厚度。

第二部分：①多个阻隔壁等间距地设置；②其中该第二荧光层厚度大于该第一荧光层厚度，使涂布在围绕该第一放电空间的阻隔壁侧壁表面上的第一荧光层表面积大于涂布于围绕该第二放电空间的阻隔壁侧壁表面上的第二荧光层表面积。

其中第一部分为现有技术中等离子体显示器具有的一般结构，因此该部分内容在检索中不必过多地考虑，而第二部分是发明点所在在检索时要集中在该部分。经过一次转换，检索者已经可以确定针对该项独立权利要求所保护的技术方案在检索中所要用的检索词：

首先在WPI数据库中进行检索：

((plasma w display w panel) or PDP) and (barrier or rib? or wall? or partition? or bulkhead?) and (equal+ or same or uniform)，得到一篇Y类对比文件JP2000-57948 A。

((plasma w display w panel) or PDP) and (fluorescen+ or phosphor+) and (diff+ or var+) and thickness，得到JP10-269949 A。

利用发明目的检索：

((plasma w display w panel) or PDP) and improve and (white w light)（本发明的发明目的在于改善彩色等离子显示器的白平衡），得到 JP10-269949 A。

在 EPODOC 数据库中进行检索：

((plasma w display w panel) or PDP) and white and bright+ and chromaticity（本发明的目的在于通过提高色温来改善等离子显示器的白平衡），得到一篇 Y 类对比文件 JP10-469949 A。

在 EPODOC 数据库中进行检索：

先在+CLA 中进入 T01J217/49，发现 T01J217/49A 与之相关，但是未发现该数据库中收录相关申请。

在 CPRS 中的检索式为：

等离子*显示*（荧光层+磷光层）*厚度

等离子*显示*红*绿*蓝*厚度

等离子*显示*（阻隔+壁+阻挡+墙+条+肋）*（相同+等）

未发现相关的对比文件。

最终采纳的对比文件为 JP2000-57948 A（Y 类）和 JP10-469949 A（Y 类）。

(三) 检索策略分析

本案如果用权利要求中的常用关键词或者分类号的检索结果不理想，但通过分析发明目的，选取发明目的相关的关键词，获得了理想的检索结果。

案例 16：一种电子弧炉馈电装置

(一) 相关案情

1. 本案的背景技术情况

目前多是借助逆变器将正弦交流电压施加到电弧炉电极上，由此产生的在电弧电极上的电弧会变得不稳定。

2. 本案要解决的技术问题

提供一种电弧炉馈电装置，利用该电弧炉馈电装置能产生稳定且均匀的电弧。

3. 本案采用的技术手段

电弧炉馈电装置包括整流器，该整流器交流电压侧能与交流电压电网相连。整流器在直流电压侧与直流电压电路相连。此外，电弧炉馈电装置还具有逆变器，该逆变器直流电压侧与直流电压电路相连而交流电压侧与至少一个电弧电极相连。根据本发明，该逆变器构造为将矩形的交流电压施加到电弧电极上的逆变器。电弧电极产生稳定的电弧。本案附图如图 10-2-9 所示。

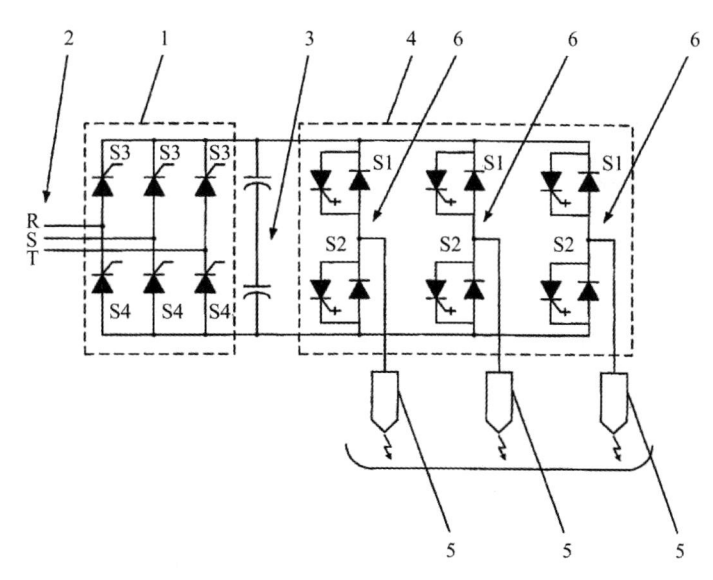

图 10-2-9 根据本案实施方式的电弧炉馈电装置的电路图

4. 相关权利要求

权利要求 1：一种电弧炉馈电装置，其具有整流器（1）和逆变器（4），所述整流器（1）在交流电压侧能与交流电压电网（2）相连而直流电压侧与直流电压电路（3）相连，所述逆变器（4）直流电压侧与直流电压电路（3）相连而交流电压侧与至少一个电弧电极（5）相连，其特征在于，所述逆变器（4）构造为将矩形的交流电压施加到所述电弧电极（5）上的逆变器。

（二）检索思路及检索过程

在 DWPI 数据库中采用关键词进行检索，检索式如下：

编号	所属数据库	命中记录数	检索式
5	DWPI	27898	ARC W（MELTING OR WELDING OR FURNACE）
6	DWPI	119033	INVERTER
7	DWPI	187401	CHOP+/AL OR BREAK
8	DWPI	14	5 and 6 and 7

从 14 篇文献中选取了一篇 X 类对比文件 EP0977347 A2。

（三）检索策略分析

初始检索时利用表达发明点的关键词"矩形波"进行检索，没有检索到有效的对比文件。之后采用 FT 分类号检索，以及在非专利文献库检索，得到两篇可评述创造性的 Y 类对比文件。在阅读该非专利对比文件时受到启发，关键词"矩形波"也可以用

"突变"来表达,因此进入 WPI 专利库中利用关键词"突变"的英文表达"Choke+ or break+"进行补充检索,从而很快检索到一篇 X 类的对比文件。本案用常用关键词的检索结果不理想,通过选取该常用关键词的其他表达方式,获得了理想的检索结果。

案例 17:固体电解质电容器及其制造方法

(一)相关案情

1. 本案的背景技术情况

近年来,伴随着电子设备向高性能化、小型化发展,适应电子元器件高密度安装的树脂成型贴片元器件逐渐成为主流。铝电解电容器也不例外,采用表面贴装技术的铝电解电容器得到了广泛的应用。表面贴装技术是新一代的电子组装技术,它将传统的电子元器件压缩成为体积只有原来的几十分之一,从而实现了电子产品组装的高密度、高可靠性、小型化和低成本,以及生产的自动化。但是,铝电解电容器一般的表面贴装品是竖式的(通称 V 贴片),这样的结构使得铝电解电容器在要求薄型化的电子设备上的使用受到限制。为克服这一缺点,有采用聚苯胺作为电解质层,并通过树脂封装制成贴片式电容器的技术。然而问题在于,将圆柱形的芯包进行封装时,受到芯包直径尺寸的限制,导致封装后的电容器仍然占据较大的厚度空间,无法满足对于电子设备薄型化更高的要求。此外,聚苯胺的固体电解质层制造过程中,采用第一层化学聚合接着第二层电解聚合的方法,并且必须重复多次,导致生产效率较低。

2. 本案要解决的技术问题

提供一种占据较小的厚度空间、能够满足对于电子设备薄型化更高要求的固体电解质电容器及其制造方法。

3. 本案采用的技术手段

本案的固体电解电容器及其制造方法,其芯包为长方体形,通过设定该长方体合适的厚度,相对于现有技术中的圆柱形芯包,在进行树脂封装时,受芯包直径的影响小,可以实现更低高度的贴片式固体电解电容器,占据较小的厚度空间,能够满足对于电子设备薄型化更高的要求。另外,在制作固体电解质层的过程中,形成导电高分子聚合物不必像形成聚苯胺那样重复多次制作步骤,能够提高生产效率。

4. 相关权利要求

权利要求 1:一种固体电解电容器的制造方法,其特征在于:
提供裁断为特定宽度的阳极箔、阴极箔和电解纸;
在所述阳极箔和阴极箔上连接电极引出端子;
由阳极箔、阴极箔以及夹在所述阳极箔和阴极箔之间的电解纸卷绕形成圆柱体形的卷绕素子;
将所述卷绕素子变形为长方体形的芯包;

对所述芯包进行化成处理和热处理；

在所述芯包的阳极箔和阴极箔之间形成固体电解质层；

将所述芯包的电极引出端子与引脚框连接；

对树脂成型对所述连接引脚框后的芯包进行封装。

（二）检索思路及检索过程

在全文数据库 CNTXT 数据库中进行检索，检索式如下：

编号	数据库	命中记录数	检索式
1	CNTXT	1461	ic h01g9/15 or h01g9/155
2	CNTXT	3023198	pd<20090219
3	CNTXT	465	1 and 2
4	CNTXT	169950	化成 and（热处理 or 退火 or 加热）
5	CNTXT	55	3 and 4
6	CNTXT	28465	卷 and（方形 or 矩形 or 块）and 化成
7	CNTXT	12	3 and 6

在 CNABS 数据库中进行检索，检索式如下：

编号	数据库	命中记录数	检索式
1	CNABS	1735	ic h01g9/15 or h01g9/155
2	CNABS	3446618	pd<20090219
3	CNABS	767	1 and 2
4	CNABS	10290	化成 and（热处理 or 退火 or 加热）
5	CNABS	7	3 and 4
6	CNABS	2498	电极 and 化成
7	CNABS	7	6 and 3

在中文库获得了一些相关文献：CN 101106023 A；CN 101183611 A；CN 1815649 A。上述检索结果不够理想，继续在其他数据库进行检索。

在 USTXT、SIPOABS、VEN 数据库中进行检索，检索式如下：

编号	数据库	命中记录数	检索式
2	USTXT	12706	ic h01g+
3	USTXT	5927935	pd<20090219
4	USTXT	9518	2 and 3
5	USTXT	2441843	roll or rolled or enwind+ or wind+ or wound
6	USTXT	4562965	press+ or extrud+ or rack+ or extrusion or deformation or（shape w shang+）
7	USTXT	5164444	rectangular or box or block or cubic or cube or

编号	数据库	命中记录数	检索式
			square or squaring or (four 1w corners)
8	USTXT	63158	5 p 6 p 7
9	USTXT	106	4 and 8

此时获得了一篇披露发明点的 X 类文件 US20040250393 A1。

接着在 SIPOABS 数据库中进行检索,检索式如下:

编号	数据库	命中记录数	检索式
8	SIPOABS	624	cpc h01g9/151
9	SIPOABS	68251639	pd<20090219
10	SIPOABS	328	8 and 9
11	SIPOABS	3074515	rectangular or box or block or cubic or cube or square or squaring or (four 1w corners)
12	SIPOABS	6	10 and 11

未得到合适的对比文件。

继续在 VEN 数据库中进行检索,检索式如下:

编号	数据库	命中记录数	检索式
1	VEN	2329	ic H01G9/15
2	VEN	5178550	rectangular or box or block or cubic or cube or square or squaring or (four 1w corners)
3	VEN	136	1 and 2
4	VEN	51804258	pd<20090219
5	VEN	80	3 and 4

获得了一篇披露发明点的 X 类文件 US20040250393 A1,其公开了通过挤压工艺将卷绕成筒状的芯包变为扁平状以减小体积,最终封装后为长方体形状的电容器。权利要求中涉及的其他常规的工艺步骤特征属于公知常识。上述 X 类文件与公知常识相结合可以评述权利要求的创造性。

(三)检索策略分析

通过在中文库和外文库的大量检索可以发现,检索者首先选取细致的分类号结合少量的关键词在摘要库进行检索,但是没有得到理想的结果。

然后,在全文库 USTXT 中,换了另一种检索方式,选取比较粗的分类号,但是结合了较多的关键词,利用关键词一步一步限定,从而缩小文献量。最终获得了理想的检索结果。

由于权利要求涉及一种制造方法,而方法中的挤压变形等工艺涉及的关键词很难在摘要库中体现,此时在全文库中检索是优先推荐的。

案例 18：一种相变存储器件

(一) 相关案情

1. 本案的背景技术情况

相变随机存取存储器（PRAM）是一种相变存储器件。PRAM 可以包括包含相变层的存储节点。相变层可以从非晶态转换到晶态并且可以恢复回非晶态，或者从晶态转换到非晶态并且可以恢复回晶态。PRAM 可以基于相变层的电阻根据相变层的相而改变的原则记录数据。

2. 本案要解决的技术问题

Ge2Sb2Te5（GST）层可以用作相变层。GST 层可以具有大约 620℃ 的相对高的熔点并且可能需要相对高的复位电流来将 GST 层的温度增加到大约 620℃。开关器件不能允许所需的复位电流将 GST 层的温度增加到大约 620℃。另一个缺点是在两个邻近单元之间会发生单元串扰，这是因为传统 PRAM 中的 GST 层具有大约 620℃ 的相对高的熔点，然而，仅具有大约 160℃ 的相对低的结晶点。

3. 本案采用的技术手段

相变层可以包括包含数量 a 的铟（In）的四元化合物，其中 a 的范围是 15at.%≤a≤20at.%。相变层可以是 $In_aGe_bSb_cTe_d$（IGST），其中锗（Ge）的数量 b 的范围可以是 10at.%≤b≤大约 15at.%，锑（Sb）的数量 c 的范围可以是 20at.%≤c≤25at.%，以及碲（Te）的数量 d 的范围可以是 40at.%≤d≤55at.%。相变存储器件中的存储节点可以包括包含大约 15at.% 到大约 20at.% 的铟（In）的 IGST 层作为相变层。IGST 层形成的相变层可以展示改善的热稳定性和结构稳定性并且与 GST 层相比可以具有高结晶温度和低熔点。

4. 相关权利要求

权利要求 1：一种相变层，其包含包括 In 的数量 a 在大约 15at.%≤a≤大约 20at.% 范围内的四元化合物。

权利要求 2：如权利要求 1 的相变层，其中该四元化合物是 $In_aGe_bSb_cTe_d$，并且其中 Ge 的数量 b 在大约 10at.%≤b≤大约 15at.% 范围内、Sb 的数量 c 在大约 20at.%≤c≤大约 25at.% 范围内以及 Te 的数量 d 在大约 40at.%≤d≤55at.% 范围内。

(二) 检索思路及检索过程

在 VEN 数据库中采用关键词进行检索，检索式如下：

编号	数据库	命中记录数	检索式
1	VEN	18123	phase change
2	VEN	21180718	indium or in

3	VEN	2048		in and ge and sb and te
4	VEN	414		1 and 3
5	VEN	151		4 and %

从中选取了一篇 X 类对比文件 US2002119278 A1。

(三) 检索策略分析

本案的相变材料用在存储元件中，但在权利要求书中也包括相变材料的权利要求。因此检索在半导体器件的相关分类号中不能检索到相关文件。但是在存储介质中的记录介质中同样存在相变材料，因此扩大检索范围，获得相关文件后，通过计算确定可评述新颖性的对比文件。根据权利要求请求保护的范围检索，不局限于说明书中实际应用的领域，本案开拓了检索的领域从而找到了 X 文件。

案例 19：一种光利用率高的投影仪用超高压汞灯

(一) 相关案情

1. 本案的背景技术情况

现有的超高压汞灯，只有电弧中心位于抛物线发射镜或椭圆反射镜的焦点上，其光线能够得到利用，而阴极斑没有位于抛物线发射镜或椭圆反射镜的焦点上，其光线无法得到利用，从而其光利用率低，无法满足投影仪的高亮度点光源的要求。

2. 本案要解决的技术问题

本案的目的在于如何提高超高压汞灯的光利用率。

3. 本案采用的技术手段

一种光利用率高的投影仪用超高压汞灯，含有电弧管和设置在电弧管的放电空间内相对放置的两个电极，其结构特点是，两个电极之间的距离为使放电发光时电弧中心与阴极斑相交或重叠的距离。由于放电发光时的电弧中心与阴极斑相交或重叠，从而电弧中心位于投影仪的抛物线发射镜或椭圆反射镜的焦点上，阴极斑也部分或全部位于投影仪的抛物线发射镜或椭圆反射镜的焦点上，使得不仅电弧中心发出的光线，而且阴极斑发出的光线均能够投射到液晶板上，得到有效的利用。从而大大增加光利用率。

4. 相关权利要求

权利要求 1：一种光利用率高的投影仪用超高压汞灯，含有电弧管（1）和设置在电弧管（1）的放电空间（3）内相对放置的两个电极（2），其特征在于，所述的两个电极（2）之间的距离为使放电发光时电弧中心（5）与阴极斑（4）相交或重叠的距离。

本案附图如 10-2-10 所示。

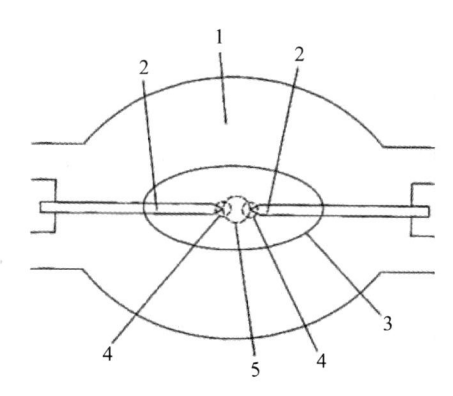

图 10-2-10　根据本案实施方式的交流超高压汞灯的结构示意

（二）检索思路及检索过程

在 CNTCT 数据库中进行检索，检索式如下：

编号	数据库	命中记录数	检索式
1	CNTXT	257	/ic h01j61/073
2	CNTXT	406466	（距离 or 间隔 or 间距）and（利用率 or 效率）
3	CNTXT	107	1 and 2

从中选取了一篇 X 类对比文件 CN1321998 A。

（三）检索策略分析

本案技术方案中技术特征较少，关键词的提取较为困难，其中"电弧中心"、"阴极斑"等都并非本领域常用的表述，从上述关键词入手检索结果很少，而又无法找到很好的扩展表述方式。

而检索者从本案的效果出发，从提高光利用率角度出发，结合灯、距离等要素得到合适的检索范围，并得到一篇新颖性文件。本案利用常用关键词检索困难，利用发明的目的或者效果进行检索，获得良好结果。

案例 20：一种层间介质层、半导体器件及其形成方法

（一）相关案情

1. 本案的背景技术情况

现有技术以磷酸硅玻璃作为层间介质层的材料，由于其致密性差，因此在平坦化工艺后，层间介质层的表面不平整，进而影响半导体器件的性能。

2. 本案要解决的技术问题

提供一种层间介质层、半导体器件及其形成方法，防止层间介质层表面不平整。

3. 本案采用的技术手段

本发明提供一种层间介质层的形成方法，包括：提供半导体衬底；在半导体衬底上形成第一介质层；在第一介质层上形成第二介质层，所述第二介质层的致密性大于第一介质层；平坦化第二介质层。形成介质层表面平整，均匀性好，提高了半导体器件的性能。

4. 相关权利要求

权利要求 1：一种层间介质层的形成方法，包括：提供半导体衬底；在半导体衬底上形成第一介质层；在第一介质层上形成第二介质层，所述第二介质层的致密性大于第一介质层；平坦化第二介质层。

（二）检索思路及检索过程

在 WPI 数据库中执行检索式：
dielectric/BI and H01L21/473 /IC
得到 44 项结果。通过阅读发现其中包含一篇 X 类对比文件 US20070145592 A1。

（三）检索策略分析

本案权利要求中涉及"致密性"，但"致密性"为材料的固有属性，多数文献中不会涉及此特征，所以扩展到针对说明书中所公开的材料进行了检索，包含分类号 H01L21/473 的应用。

案例 21：一种节能灯圆排机

（一）相关案情

1. 本案的背景技术情况

现有技术中，生产节能灯关键工序是排所，而节能灯的生产中不可避免地需要使用汞，解决汞的存在和对环境的污染是非常重要的。在伸长过程中，排气过程需用烘箱加热去气，这样会使节能灯的汞球产生蒸发损耗，影响节能灯的质量且造成环境的污染，因此就必须对汞进行降温保护。现有技术中是通过水冷降温，即采用水套内设置循环水，汞球置于水套的夹缝中，以水套内的温差驱动汞球周围空气的微小对流以及吸收热辐射来实现汞球的降温。

2. 本案要解决的技术问题

本案提出了一种节能灯圆排机，能够有效地为汞球降温，从而防止汞蒸发影响灯管质量以及污染环境、浪费水源的问题。

3. 本案采用的技术手段

一种节能灯圆排机，其特征在于，包括：冷却汞球罩和汞球管，所述汞球管内容置有汞球；所述冷却汞球罩设有冷风进口以将冷风吹入汞球周围。采用低温气流直接送至汞球周围，只需适当调节流量和压力就能够有效阻止紊乱热气流的入侵，还能够将周围各零部件因烘箱辐射传导的热量一并带走。本发明能够确保低压汞蒸气放电灯的工作质量和使用寿命，减少了汞对环境的污染，节约了宝贵的水源。本案附图如图10-2-11所示。

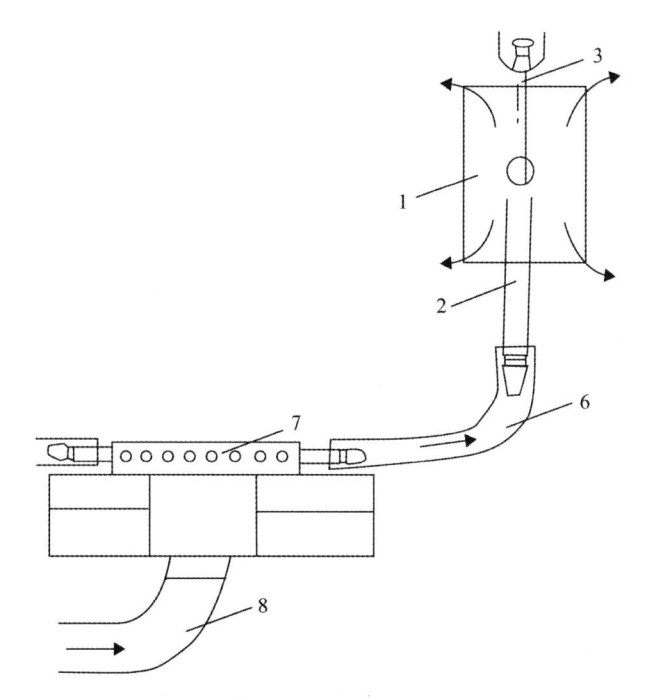

图10-2-11 根据本案实施方式的节能灯圆排机的结构示意

4. 相关权利要求

权利要求1：一种节能灯圆排机，其特征包括：

冷却汞球罩和汞球管，所述汞球管内容置有汞球；所述冷却汞球罩设有冷风进口以将冷风吹入汞球周围。

(二) 检索思路及检索过程

首先，在 CPRS 数据库和 EPOQUE 检索系统中都没有检索到合适的利用风冷的圆排机。

然后，在全文库 CNTXT 中，利用圆排+风进行检索：

编号	所属数据库	命中记录数	检索式
1	CNTXT	50	圆排+风

从得到的 50 篇文献中，发现了两篇 Y 类对比文件分别是 CN1641822 A 和 CN2881946 Y。

（三）检索策略分析

由于圆排和风冷通常不会在摘要中作为发明点进行强调，因此在 CPRS 数据库和 EPOQUE 检索系统的这些摘要库中的检索结果都不够理想。在全文库 CNTXT 中通过全文检索得到了风冷的技术。利用圆排+风检索得到的两篇 Y 类对比文件相结合可以评价权利要求的创造性。

案例 22：一种光效更高的陶瓷金属卤化物灯电弧管

（一）相关案情

1. 本案的背景技术情况

现有的陶瓷金属卤化物灯电弧管均采用两端结构对称的方式。在垂直或按一定角度倾斜燃点的大多数使用场合下，位于上方的一端因对流效应而具有比下端更高的温度，因此由冷端温度决定的金属卤化物气体分子数主要分布在电弧管的下端，扩散到上端电弧中心区域分解而发光的金属原子数相应减少，不利于光效和显色指数的提高。

2. 本案要解决的技术问题

提供一种光效更高的陶瓷金属卤化物灯电弧管，使管壁温度分布合理，发光效率更高，发光更均匀。

3. 本案采用的技术手段

一种光效更高的陶瓷金属卤化物灯电弧管，包括半透明氧化铝陶瓷放电腔及一对电极，所述半透明氧化铝陶瓷放电腔由直管型陶瓷胚体和陶瓷帽组成，所述陶瓷胚体与其尾管之间采用圆弧过渡衔接，所述陶瓷帽包括陶瓷塞及直型尾管，所述的一对电极分别伸入两端的尾管至陶瓷放电腔内，所述的这对电极分别由导电引线引出，并气密封接。将半透明氧化铝陶瓷放电腔的一端设置为圆弧状，另一端设置为直型管状，将本发明具有圆弧状的一端放置在燃点位置的下方，既可起到提高灯的冷端温度的作用，又可明显减少两端管壁的温度差，有利于更多的金属卤化物气体分子向整个电弧对应区域扩散，从而提高了发光效率和显色指数，使整个发光区向外部辐射的光色接近一致，同时减少了发光的分层现象。本案附图如 10-2-12 所示。

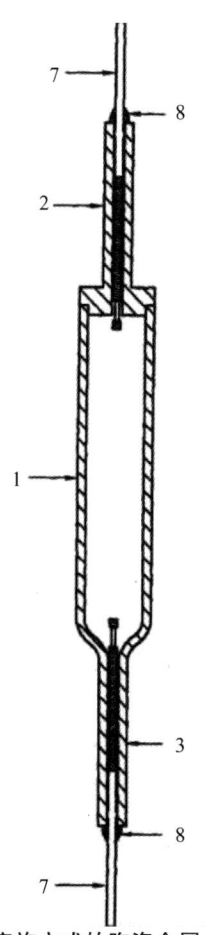

图 10-2-12　根据本案实施方式的陶瓷金属卤化物灯电弧管的结构示意

4. 相关权利要求

权利要求 1：一种光效更高的陶瓷金属卤化物灯电弧管，包括半透明氧化铝陶瓷放电腔及一对电极，其特征在于：所述半透明氧化铝陶瓷放电腔由直管型陶瓷胚体（1）和陶瓷帽（2）组成，所述陶瓷胚体（1）与其尾管（3）之间采用圆弧过渡衔接，所述陶瓷帽（2）包括陶瓷塞（4）及直型尾管（5），所述的一对电极分别伸入两端的尾管至陶瓷放电腔内，所述的这对电极分别由导电引线（6）引出，并气密封接。

（二）检索思路及检索过程

在 CNTXT 中构建检索式：（or 金卤灯，卤化灯，卤化物灯）and（or 管，腔，室）and 陶瓷，检索得到一篇 Y 类文献 CN201038121 A。

在 DWPI 数据库中，构建检索式：（or lamp，bulb）and（or asymmetric+，dissymmetric+），检索得到一篇 Y 类文献 JP2001-68061 A。

最终得到的对比文件 CN201038121 A 和 JP2001-68061 A 相结合可以评价权利要求的创造性。

（三）检索策略分析

（1）由于金卤灯的分类号比较分散，因此全部使用关键词进行检索。

（2）一开始使用了权利要求中的关键词"金卤灯，直管，圆弧，帽，塞"检索，并没有获得反映本发明的发明点的技术方案。

（3）再次阅读本案的技术方案和背景技术，确定本发明的技术方案的独特之处是：电弧管两端使用不对称的封装结构，由此确定新的检索要素"非对称，不对称"。

（4）使用"非对称，不对称"检索，获得一篇反映本发明发明点的对比文件。

本案检索中采用的关键词不是来源于权利要求，而是来源于通过对发明点的分析，进行概括总结出的关键词。

案例23：一种柔性电子器件的制作方法

（一）相关案情

1. 本案背景技术

柔性电子器件是将有机/无机材料电子器件制作在柔性塑料或薄金属基材上的新兴电子技术，以其独特的柔性/延展性以及高效、低成本制造工艺，在信息、能源、医疗、国防等领域具有广泛的应用前景。例如柔性电子显示器、OLED等。

由于柔性基板存在易碎、易起褶皱和变形等问题，在实际制作过程中尤为突出。常见的柔性电子器件的制作方法是利用特定的黏结剂将柔性基材与刚性基材粘附在一起，然后将电子器件制作在柔性基材之背离刚性基材的侧面上，最后通过加热或者激光熔切的方法去除黏结剂，从而将柔性基材从刚性基材上剥离以形成柔性电子器件，该柔性电子器件为设有电子器件的柔性基材。虽然这两种剥离方法通过不断改进工艺条件从一定程度上改善了柔性基材与刚性基材的剥离效果，但是黏结剂无法完全剥离干净与柔性基材存在损伤的问题仍然存在，且剥离工艺条件难以控制，不利于制作高质量的柔性电子器件。

2. 本案要解决的技术问题

本发明的目的在于提供一种柔性电子器件的制作方法及其制作柔性电子器件的基板，旨在解决现有技术中将柔性基材和刚性基材剥离的过程中存在的黏结剂无法完全剥离干净以及造成柔性基材损伤的问题。

3. 本案采用的技术手段

在刚性基材上设置通道，并将化学物质注入所述通道中，利用化学物质与黏结剂进行反应，从而将柔性基材从刚性基材上剥离。本案附图如图10-2-13、图10-2-14所示。

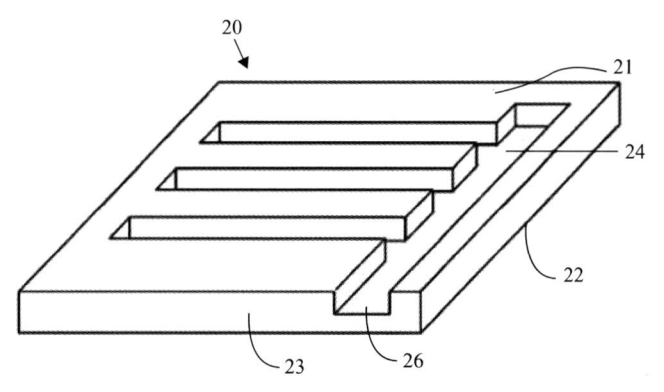

图 10-2-13　本案实施方式的基板顶视图

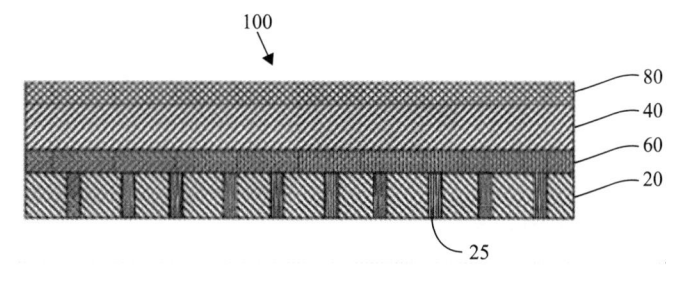

图 10-2-14　本案实施方式的基板截面图

如图 10-2-13 和 10-2-14 所示，在刚性基材 20 上设置通道 24 或 25，利用黏结剂 60 将柔性基材 40 贴合于刚性基材 20 上，柔性基材 40 上制作电子器件 80，将化学物质 200 注入通道 24 或 25 中，化学物质与黏结剂 60 反应，从而将基材 40 从刚性基材 20 上剥离。

4. 相关权利要求

权利要求 1：一种柔性电子器件的制作方法，其特征在于包括：在刚性基材上设置通道；利用黏结剂将柔性基材贴合于所述刚性基材上；在所述柔性基材上制作电子器件；将化学物质注入所述通道中；以及使所述化学物质与所述黏结剂反应，将所述柔性基材从所述刚性基材上剥离。

（二）检索思路及检索过程

在 DWPI 数据库中进行检索，具体检索过程如下：

.. fi dwpi

DWPI?　　substrate

＊＊ SS 3：Results 1299236

DWPI?　　peel+ or separat+ or detach+ or split+

＊＊ SS 4：Results 2306176

DWPI?　　channel? or trench+ or groove+ or hole or holes

＊＊SS 5：Results 3605249

DWPI?　　sacrificial

＊＊SS 6：Results 14835

DWPI?　　and 3, 4, 5, 6

＊＊SS 7：Results 396

DWPI?　　chemical

＊＊SS 8：Results 503240

DWPI?　　and 7, 8

＊＊SS 9：Results 61　　　　　　（检索到文献 CN1427749A）

DWPI?　　FLEX+

＊＊SS 10：Results 896855

DWPI?　　and 3, 4, 5, 10

＊＊SS 11：Results 1173

DWPI?　　/ic h01l

＊＊SS 12：Results 1422822

DWPI?　　and 11, 12

＊＊SS 13：Results 404

DWPI?　　/ic h01l27

＊＊SS 14：Results 247485

DWPI?　　14 and 11

＊＊SS 15：Results 70　　　　　　（检索到文献 US20120300419A1）

（三）检索策略分析

　　本案的发明点没有更好的分类号来限定，所以主要利用关键词进行检索。但是仅利用基板、通道等关键词检索所带来的噪声过大，所以将分离、剥离，以及柔性也作为重要的检索关键词；另外，本案的特点在于利用化学物质反应，所以将"化学"也作为一个关键词。半导体领域中被蚀刻掉或处理的层还有一个特殊的名称，即"牺牲层"，所以可以将"牺牲"用作一个关键词。如此可以在没有更好的分类号限定的情况下，尽量利用关键词来缩小文献数量，由此检索到一篇相关的中文文献 CN1427749A（文献1）。

　　文献1公开了一种柔性显示器件的中间结构300的制造方法，如图10-2-15所示，包括：在刚性基材310上设置通道312；利用黏结剂（蚀刻层320的作用是将刚性衬底与柔性衬底相连接，相当于黏结层）将柔性基材330贴合于所述刚性基材310上；在所述柔性基材330上制作电子器件350；将化学物质（蚀刻剂）与所述黏结剂320反应，将所述柔性基材330从所述刚性基材310上剥离。文献1未公开将化学物质注入所述通道中，用以去除黏着层。

继续检索，考虑到"牺牲"和"化学"两个词在文摘中可能有不同的表述方式，或者不会用"化学"而只是用"去掉"或"剥离"，所以继续限定时没有考虑这两个词。虽然对于发明点没有更好的限定，但是本案属于半导体领域，用相关的分类号进行限定，效果也比较好，由此检索到文献 US20120300419A1（文献2）。

文献2公开了在刚性基片上形成半导体器件，并且将该器件从刚性基片剥离的方法，其中将化学物质从通孔中注入，与牺牲层反应，从而使得器件从刚性基片上剥离。同时在说明书中也公开了，通孔可以设置在刚性基片中，如图10-2-16所示。

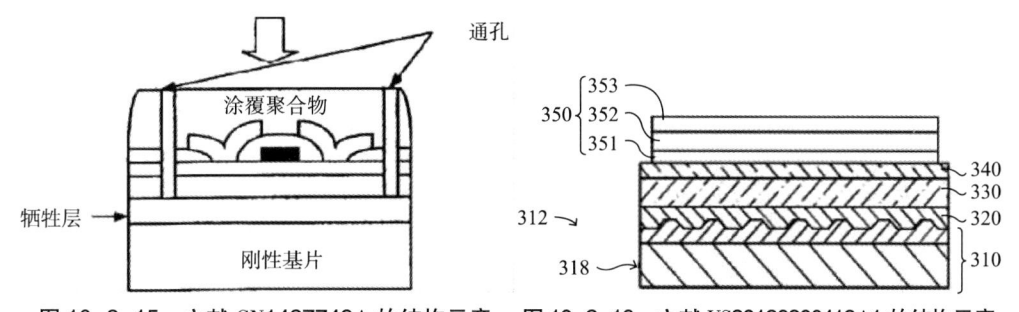

图 10-2-15 文献 CN1427749A 的结构示意   图 10-2-16 文献 US20120300419A1 的结构示意

由此，文献1和文献2结合可以影响权利要求1的创造性。

案例24：一种修补氧化物半导体层缺陷的方法

（一）相关案情

1. 本案的背景技术

目前显示器业界使用的薄膜晶体管可根据使用的半导体层材料来做区分，包括非晶硅薄膜晶体管（amorphous silicon TFT，a-Si TFT）、多晶硅薄膜晶体管（poly silicon TFT）以及氧化物半导体薄膜晶体管（oxide semiconductor TFT）。非晶硅薄膜晶体管受到非晶硅半导体材料本身特性的影响，使其电子迁移率无法大幅且有效地通过制程或元件设计的调整来改善，故无法满足目前可见的未来更高规格显示器的需求。多晶硅薄膜晶体管的制程复杂（相对地成本提升）且于大尺寸面板应用时会有结晶化制程导致结晶程度均匀性不佳的问题存在，故目前多晶硅薄膜晶体管仍以小尺寸面板应用为主。氧化物半导体薄膜晶体管应用则是近年来新崛起的氧化物半导体材料，此类材料一般为非晶相（amorphous）结构，没有应用于大尺寸面板上均匀性不佳的问题。氧化物半导体薄膜晶体管的电子迁移率一般可比非晶硅薄膜晶体管高10倍以上，已可满足目前可见的未来高规格显示器的需求。

一般而言，在氧化物半导体层形成后，会对氧化物半导体层进行至少一次的等离子体制程，以使氧化物半导体层的阻值降低。此外，在后续定义源极与漏极的图案时，亦常使用等离子体制程加以达成。然而，等离子体制程会使得氧化物半导体层产生缺陷，而导致漏极诱导能垒下降（drain induced barrier lowering，DIBL）问题，因此造成氧化物半导体薄膜晶体管的元件特性不稳定，影响了氧化物半导体薄膜晶体管的发展。

2. 本案要解决的技术问题

提供一种修补氧化物半导体层的缺陷的方法，以提升氧化物半导体薄膜晶体管的元件特性的稳定性。

3. 本案采用的技术手段

将其上形成有氧化物半导体层的基板载入反应室内，并于反应室内通入至少一种有机气体，以使反应室内形成有机气体环境。在有机气体环境下对氧化物半导体层进行退火制程，以修补氧化物半导体层的缺陷。

4. 相关权利要求

（1）一种修补氧化物半导体层的缺陷的方法，包括：

提供基板，并于该基板上形成一氧化物半导体层；

将该基板载入反应室内，并于该反应室内通入至少一种有机气体，以使该反应室内形成有机气体环境；以及

在该有机气体环境下对该氧化物半导体层进行退火制程，以修补该氧化物半导体层的缺陷。

（2）如权利要求（1）所述的修补氧化物半导体层的缺陷的方法，其中该退火制程的制程温度大体上为200~400℃。

（3）如权利要求（1）所述的修补氧化物半导体层的缺陷的方法，其中该退火制程在常压下进行。

（4）如权利要求（1）所述的修补氧化物半导体层的缺陷的方法，其中该退火制程的制程时间大体上为1小时至2小时。

（5）如权利要求（1）所述的修补氧化物半导体层的缺陷的方法，其中该有机气体包括丙二醇甲醚的蒸气、丙二醇甲醚醋酸酯的蒸气或N-甲基吡咯烷酮的蒸气。

（6）如权利要求（1）所述的修补氧化物半导体层的缺陷的方法，还包括利用载气将该有机气体通入该反应室内以形成该有机气体环境。

（7）如权利要求（1）所述的修补氧化物半导体层的缺陷的方法，还包括直接于该反应室内通入该有机气体而形成该有机气体环境。

（8）如权利要求（1）所述的修补氧化物半导体层的缺陷的方法，其中该氧化物半导体层包括铟镓锌氧化物（IGZO）半导体层。

(二) 检索思路及检索过程

1. 检索式1

在 CPRS 中的检索过程如下：

(001)	F	IC H01L	<hits：161471>
(002)	F	KW 氧化物*半导体	<hits：6250>
(003)	F	KW IGZO	<hits：40>
(004)	J	2+3	<hits：6278>
(005)	F	KW 缺陷	<hits：75911>
(006)	F	KW 修复+恢复	<hits：65886>
(007)	F	KW 退火+热处理	<hits：45701>
(008)	J	4*5*6*7	<hits：0>
(009)	J	4*7	<hits：493>
(010)	J	5*9	<hits：26>
(011)	J	6*9	<hits：10>
(012)	J	9-10-11	<hits：457>
(013)	F	PA 半导体能源	<hits：3151>
(014)	J	2*13	<hits：375>
(015)	F	KW 有机	<hits：182809>
(016)	F	KW 环境+气氛+氛围	<hits：308495>
(017)	J	15*16	<hits：19904>
(018)	J	7*17	<hits：613>
(019)	J	1*18	<hits：80>

未检索到合适的文献，继续在 CNTXT 中检索，过程如下：

编号	所属数据库	命中记录数	检索式
1	CNTXT	226485	h01l/ic
2	CNTXT	44251	氧化物半导体
3	CNTXT	1352	IGZO
4	CNTXT	44903	2 or 3
5	CNTXT	18365	and 1，4
6	CNTXT	18365	..LIMIT 5
7	CNTXT	5132	缺陷
8	CNTXT	7445	热处理 or 退火
9	CNTXT	2850	and 7，8
10	CNTXT	5248	有机

11	CNTXT	5902	气氛 or 氛围 or 环境
12	CNTXT	2649	and 10，11
13	CNTXT	995	and 9，12
14	CNTXT	2739	TFT or 薄膜晶体管
15	CNTXT	580	and 13，14
16	CNTXT	422	丙二醇 or 吡咯烷酮
17	CNTXT	65	and 15，16

得到文献 CN102598160A（国际申请 WO2011/055856A1，公开日在本申请的优先权日之前）。

2. 检索式 2

在 CNTXT 全文数据库中进行检索，检索式如下：

（半导体氧化物 or 氧化物半导体）and（退火 or 回火 or 热处理）and（有机蒸气 or 有机蒸汽 or 有机气体）

得到 34 篇文献，其中有 CN102598160A（X 类文献）（国际申请 WO2011/055856A1，公开日在本申请的优先权日之前）。

(三) 检索策略分析

在 CPRS 数据库中进行检索时，由于摘要中对于信息的描述只是概括性的，导致检索时使用的关键词未体现在摘要中，因此未检索到相应的文献；而在 CNTXT 中检索时，由于对技术的描述完整，检索时所扩展的关键词也比较准确和全面的情况下，则可以有很好的检索结果。

比较检索式 1 中在 CNTXT 中的检索和检索式 2 同样在 CNTXT 中的检索，两者都检索到了同样的对比文件，但是很明显检索式 2 的检索更简单，原因是将关键词限定得更准确，这样的结果是命中率高。但也有漏检的可能，主要原因是文献中的关键词的表述不完全相同。此类情况建议在利用更下位的关键词检索，而未检索到相关的对比文件后，可将关键词变为更上位的词语进行检索，以减小漏检的可能性。

案例 25：一种太阳能光伏组件支承体连接结构

(一) 相关案情

1. 本案背景技术

太阳能光伏系统是一种暴露在阳光下便会产生直流电的发电装置，光伏板组件可以制成不同的形状，而组件又可以相互连接以产生更多的电力。现有的太阳能光伏系统是通过边框连接光伏板组件，支架固定边框，从而固定太阳能光伏板，安装时支架与边框上需要打许多安装孔，然后通过螺丝锁紧，其生产成本较高，且安装过程较为烦琐，需要几人同时安装，安装效率较低。近年来，随着太阳能光伏系统的规模越来越大，这样的安装方式已不能满足太阳能光伏系统生产和安装的需求。专利号为201120160640.0的发明专利公开了一种生产成本低且易于安装的太阳能光伏系统的连接组件，但是该组件的支承体与滑动轨道采用相互扣合的连接方式，由于滑动轨道横梁长度较长，支承体扣入滑动轨道后其平面度很难保证，甚至会出现扣不到位或扣不进去的状况，安装较为困难，对轨道横梁的加工精度要求较高。目前对支承体进行了改进，在支承体顶部开设安装孔，通过螺丝将支承体安装到轨道横梁上，从而既保证了支承体的平面度，又降低了对轨道横梁的加工精度要求，但是这种方式又存在着新的问题：太阳能光伏组件出货时是轨道横梁单独运输，支承体与太阳能面板安装到位后一起出货，这就要求螺丝必须事先安装好到支承体上一起出货，到现场后再通过螺母与轨道横梁固定组装，由于运输箱体大小受到限制，箱体内装载数量也已确定，因此连接螺丝的长度就受到了限制，而且运输过程中螺丝端部也容易划伤太阳能面板。

2. 本案要解决的技术问题

提供一种太阳能光伏组件支承体连接结构，其安装简单，根据轨道横梁状况可选用不同长度螺丝进行调整，能够有效保证支承体安装后的平面度。

3. 本案采用的技术手段

本案涉及一种太阳能光伏组件支承体连接结构，如图10-2-17所示，发明点在于轨道横梁（1）与支撑体（2）之间通过螺丝（3）连接，螺丝（3）顶部开有凹槽，凹槽内设置有弹性橡胶头。

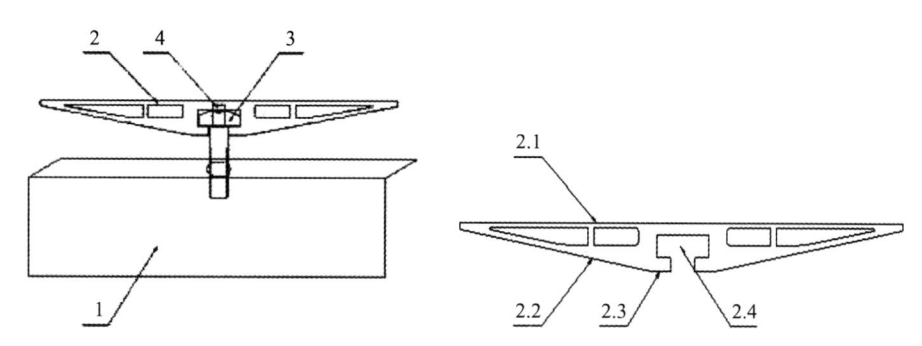

图10-2-17 本案实施方式的光伏组件连接结构及其支撑件

本案的太阳能光伏组件支承体连接结构，其支承体与轨道横梁安装方便，运输时螺丝不用预先安装到支承体上，避免了运输过程中螺丝划伤太阳能面板，而且根据轨道横梁的平整情况可选用不同长度的螺丝进行调整，安装完成后能够有效保证支承体的平面度，降低了轨道横梁的加工精度，降低了生产成本，提高了生产效率。

4. 相关权利要求

一种太阳能光伏组件支承体连接结构，其特征在于：它包括轨道横梁（1）和支承体（2），所述支承体（2）包括顶面（2.1）、侧面（2.2）和支承面（2.3），所述顶面

(2.1) 和支承面 (2.3) 均为平面，所述支承面 (2.3) 中心开设有 T 型槽 (2.4)，所述 T 型槽 (2.4) 纵向贯穿整个支承体 (2)，所述 T 型槽 (2.4) 内设置有螺丝 (3)，所述螺丝 (3) 顶部开设有凹槽 (3.1)，所述凹槽 (3.1) 内设置有弹性橡胶头 (4)，所述轨道横梁 (1) 和支承体 (2) 之间通过螺丝 (3) 相连接。

（二）检索思路及检索过程

1. 检索方式 1

在 S 系统中的 CPRSABS 数据库中进行检索，检索式如下：

编号	所属数据库	命中记录数	检索式
1	CPRSABS	17286	连接结构
2	CPRSABS	133341	螺丝 OR 螺钉
3	CPRSABS	1263	1 AND 2
4	CPRSABS	644396	槽
5	CPRSABS	462	3 AND 4
6	CPRSABS	194801	顶部 OR 顶上
7	CPRSABS	235979	弹簧
8	CPRSABS	10043	6 S 7

用简要浏览方式查看检索式 5，检索到 R 类文件 CN202651143U（同日申请）。继续在 VEN 中进行检索，检索式如下：

编号	所属数据库	命中记录数	检索式
17	VEN	989809	screw
18	VEN	1182369	groove
19	VEN	980009	elesticity or flexibility or rubber
20	VEN	776	17 s 18 s 19
21	VEN	358	20 not cn/pn
22	VEN	2599924	connect
23	VEN	7056	17 and 22 and 19
24	VEN	2169	23 not cn/pn
25	VEN	2607587	19 or spring
26	VEN	2169	17 and 24 and 25
27	VEN	2169	26 not cn/pn
28	VEN	193814	17 and 25
29	VEN	25569	28 and 18
30	VEN	16850	29 not cn/pn
31	VEN	2873742	peak or tip or top or gore

32	VEN	2974	30 and 31
33	VEN	2974	..LIMIT 32
34	VEN	1	/ic h01l31/042
35	VEN	608	configuration or fabric or frame or framework
36	VEN	2366	32 not 35
37	VEN	198	t
38	VEN	2229	36 not 37
39	VEN	2974	peak or tip or top or gore
40	VEN	2974	screw
41	VEN	582	rubber
42	VEN	1908	36 not 41

未检索到可以评价本案新颖性/创造性的相关文献。

2. 检索方式2

首先在CPRS数据库中进行检索，检索式如下：

编号	检索式	检索结果
(001)	F PA 江阴市万事兴	<hits：45>
(002)	F KW 太阳能	<hits：71909>
(003)	F KW 支撑	<hits：260803>
(004)	J 3 * 2	<hits：3744>
(005)	F KW 螺丝+螺钉	<hits：114476>
(006)	J 4 * 5	<hits：102>
(007)	F KW 弹性+弹簧+橡胶	<hits：416678>
(008)	J 6 * 7	<hits：14>
(009)	J 2 * 5 * 7	<hits：101>
(010)	F KW 支架	<hits：260729>
(011)	J 3+10	<hits：484108>
(012)	J 11 * 5 * 7	<hits：6028>
(013)	F KW 橡胶	<hits：95158>
(014)	J 12 * 13	<hits：887>
(015)	F IC H01L	<hits：147572>
(016)	J 14 * 15	<hits：7>
(017)	F IC F24J002	<hits：21164>
(018)	J 5 * 7 * 17	<hits：46>
(019)	J 2 * 10	<hits：6968>
(020)	F KW 螺丝+螺钉+螺栓	<hits：256457>

(021)	J 19 * 20	<hits: 594>
(022)	F KW 太阳能 * 螺	<hits: 3841>
(023)	J 22 * 10	<hits: 957>
(024)	J 13 * 23	<hits: 27>
(025)	J 7 * 23	<hits: 82>
(026)	J 25-24	<hits: 62>
(027)	F KW 光伏	<hits: 12125>
(028)	F KW 光伏 * 螺	<hits: 671>
(029)	F KW 连接+固定+支撑+支架	<hits: 2726121>
(030)	J 28 * 29	<hits: 596>
(031)	F KW 弹	<hits: 451404>
(032)	J 30 * 31	<hits: 89>
(033)	F PA 欧贝黎新能源科技股份有限公司	<hits: 44>
(034)	F PA 山亿新能源股份有限公司	<hits: 36>
(010)	F KW 螺母 *（弹性+橡胶）	<hits: 8989>
(011)	F KW 螺母 * 橡胶	<hits: 4025>
(012)	F IC H01L031	<hits: 19833>
(013)	J 11 * 12	<hits: 6>
(014)	F KW 螺丝 * 橡胶	<hits: 1702>
(015)	J 12 * 14	<hits: 4>
(016)	F KW 太阳能	<hits: 72243>
(017)	J 14 * 16	<hits: 29>
(018)	F PA 宁阳县瑞普太阳能有限公司	<hits: 3>
(019)	F KW 橡胶垫+橡胶头	<hits: 6868>
(020)	J 12 * 19	<hits: 10>

未检索到合适的文献，继续在 CNTXT 中进行检索，检索式如下：

编号	所属数据库	命中记录数	检索式
1	CNTXT	24	螺母 s 橡胶头
2	CNTXT	11957	螺母 s 橡胶
3	CNTXT	1257153	弹性 or 缓冲
4	CNTXT	4435	2 and 3
5	CNTXT	68618	螺母 s 槽
6	CNTXT	3110	2 and 5
7	CNTXT	1219	3 and 6
8	CNTXT	212843	螺丝

9	CNTXT	135	7 and 8
10	CNTXT	147493	（螺丝 or 螺栓）s 槽
11	CNTXT	208551	h01l/ic
12	CNTXT	24214	(h01l31) /ic
13	CNTXT	449	10 and 12
14	CNTXT	16917	橡胶 and 10
15	CNTXT	49	14 and 13

未检索到合适的文献，继续在 DWPI 数据库中进行检索，检索式如下：

编号	所属数据库	命中记录数	检索式
1	DWPI	118320	h01l31 /ic
2	DWPI	5627	h01l31/08 /ic
3	DWPI	2232383	support???
4	DWPI	10130	1 and 3
5	DWPI	943067	bolt? or nut? or screw?
6	DWPI	554	4 and 5
7	DWPI	1927856	spring? or flexib+ or elastic+
8	DWPI	73	6 and 7
9	DWPI	3530	rubber s nut?
10	DWPI	7694	rubber s screw?
11	DWPI	10396	9 or 10
12	DWPI	4	6 and 11
13	DWPI	1	12 not 8
14	DWPI	4	1 and 3 and 11

没有检到特别合适的文献。

（三）检索策略分析

本案要求保护的技术方案非常细节，其发明点重点涉及通过设置弹性橡胶头到设置在螺丝顶部的凹槽中以避免在运输过程中螺丝划伤太阳能面板。关键词不容易扩展，分类号不十分准确，检索中浏览文献量较大。该案的发明点较为细节，应进行有针对性的扩展，故将各类关键词扩展如下：

螺丝-螺钉、螺栓、螺杆、螺母、螺帽、spring、screw、nut、bolt 等；

橡胶头-橡胶、弹性、弹簧、缓冲、rubber、spring、flexible、elastic 等。

通过各种检索手段的运用，并未发现与本案相关的 X/Y 类文献。

案例 26：压电元件

（一）相关案情

1. 本案的背景技术

压电元件为将压力转换为电信号的元件，其包括一压电材料层以及位于该压电材料层两侧的电极层。当在该压电元件表面施加一压力时，可在该两电极层检测到相对应的电信号输出。该压电材料层由具有压电效应的材料制成，现有技术中较为常用的压电材料为压电陶瓷，如钛酸钡、钛酸铅及锆钛酸铅等，以及压电聚合物，如聚偏氟乙烯等。

聚丙烯腈（polyacrylonitrile，PAN）是由单体丙烯腈经自由基聚合反应而得到。聚丙烯腈是制造合成纤维的主要原料，可以用于制造腈纶及碳纤维等材料，主要用于纺织及化工领域［请参见 W. WATT & W. JOHNSON, Mechanism of oxidisation of polyacrylonitrile fibres, Nature, 257, 210-212（1975）］。然而，目前尚未见到有采用聚丙烯腈用作压电元件的报道。

2. 本案要解决的技术问题

相较于现有技术，本方法以聚丙烯腈为原料，制备得到了具有压电效应的压电元件，拓宽了聚丙烯腈的应用领域。该压电元件通过具有不同功函数的金属与该热解聚丙烯腈相互层叠，当受到一压力作用时，由于该热解聚丙烯腈与不同功函数的金属具有不同的肖特基接触（Schottky contacts），从而产生电势差。

该压电元件 100 通过具有不同功函数的金属与该热解聚丙烯腈相互层叠，当受到一压力作用时，该热解聚丙烯腈内部产生电荷分离，由于该热解聚丙烯腈与不同功函数的金属具有不同的肖特基接触（Schottky contacts），从而产生电势差及电流。该压电元件 100 基于与现有技术不同的压电原理，具有较为简单的结构及制备方法，可应用于传感器等压力-电转换领域。

3. 本案采用的技术手段

采用聚丙烯腈用作压电元件的聚合物层，如图 10-2-18 所示。一种压电元件 100，其包括一聚合物层 120、一第一金属层 110 以及一第二金属层 130。该聚合物层 120 具有两个相对的表面，该第一金属层 110 及第二金属层 130 分别设置在所述聚合物层 120 两个相对的表面，形成 3 层贴合层叠设置结构，该聚合物层 120 设置在该第一金属层 110 与该第二金属层 130 之间。

该聚合物层 120 的主要材料为热解聚丙烯腈（pyrolytic polyacrylonitrile，PPAN）。该热解聚丙烯腈为将聚丙烯腈在 350℃以下加热一定时间得到。由于加热的作用，该聚丙烯腈中的分子链产生环化作用，形成聚并吡啶单元。

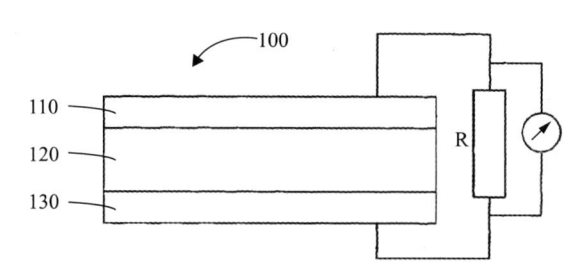

图 10-2-18　本案实施方式的压电元件的结构图

4. 相关权利要求

本案涉及的主要权利要求如下：

（1）一种压电元件，其包括：

一聚合物层，该聚合物层的材料包括热解聚丙烯腈；

一第一金属层设置于该聚合物层一表面；以及

一第二金属层设置于该聚合物层另一表面，该第一金属层与第二金属层具有不同的功函数。

（2）一种压电元件的制备方法，其包括：

提供一聚丙烯腈原料，将该聚丙烯腈原料在220~350℃条件下加热，使该聚丙烯腈原料受热分解为热解聚丙烯腈；

将该热解聚丙烯腈与一黏结剂及一挥发性溶剂混合形成一浆料；

将该浆料涂覆于一第一金属层表面，形成一聚合物层；

干燥该聚合物层；以及

将一第二金属层覆盖于该聚合物层表面并相互压合。

（3）一种压电元件的制备方法，其包括：

提供一聚丙烯腈原料，将该聚丙烯腈原料在220~350℃条件下加热，使该聚丙烯腈原料受热分解为热解聚丙烯腈；

将该热解聚丙烯腈与一黏结剂及一挥发性溶剂混合形成一浆料；

提供一绝缘基板，在该绝缘基板表面形成一第一金属；

将所述浆料涂附于该第一金属层表面，形成一聚合物层；以及

在该聚合物层表面形成一第二金属层。

（二）检索思路及检索过程

1. 检索方式1

首先在CNTXT数据库中进行检索，检索如下：

编号	所属数据库	命中记录数	检索式
1	CNTXT	22582	聚丙烯腈
2	CNTXT	26	热解聚丙烯腈
3	CNTXT	268573	压电
4	CNTXT	6	2 and 3

并未检索到合适的文献。继续在 DWPI 数据库中进行检索，检索如下：

编号	所属数据库	命中记录数	检索式
1	DWPI	1	us2005211978／pn
2	DWPI	21654	polyacrylonitrile
3	DWPI	90042	piezoelectric
4	DWPI	2611	piezoelectric sensor?
5	DWPI	48	2 and 3
6	DWPI	2	pyrolytic polyacrylonitrile
7	DWPI	3	（us2005211978 or us2008287313 or us2009301875）／pn
8	DWPI	46	pyrolytic and polyacrylonitrile
9	DWPI	2	3 and 8

也未检索到相关的对比文献。

2. 检索方式 2

在美国专利全文数据库中进行检索，检索如下：

USTXT？　polyacrylonitrile

＊＊SS 1：Results 49595

USTXT？　piezoelectric

＊＊SS 2：Results 198844

USTXT？　1 and 2

＊＊SS 3：Results 1449

USTXT？　／ic H01L41

＊＊SS 4：Results 12660

USTXT？　3 and 4

＊＊SS 5：Results 29　　　　　　（检索到相关文献 US3940637A）

USTXT？　pyrolytic s polyacrylonitrile

＊＊SS 6：Results 75

USTXT？　6 and 2

＊＊SS 7：Results 2

(三) 检索策略分析

本案的关键点在于,将热解聚丙烯腈用作压电元件的聚合物层,所以在检索时聚丙烯腈和热解是非常重用的关键词。

文献 US3940637A 为与本案最相关的对比文件,其公开的是用极化聚丙烯腈作为压电元件的聚合物层,并且也公开了可用聚丙烯腈作聚合物层,而并没有公开热解聚合物腈的方案。

案例 27:具有非铅系压电薄膜的压电薄膜元件

(一) 相关案情

1. 本案的背景技术

压电体根据种种目的而加工为各种压电元件,作为通过施加电压而产生变形的致动器、根据元件的变形而产生电压的传感器等功能性电子部件而被广泛利用。作为用于致动器、传感器的用途的压电体,一直以来广泛使用具有大的压电特性的铅系电介质,特别是被称作 PZT 的 Pb$(Zr_{1-x}Ti_x)O_3$ 系的钙钛矿型强电介质,通常,通过烧结由各个元素形成的氧化物来形成。另外,近年来,从环保角度出发,期望开发不含铅的压电体,进行了铌酸锂钾钠(通式:$(Na_xK_yLi_z)NbO_3$ ($0 \leq x \leq 1$, $0 \leq y \leq 1$, $0 \leq z \leq 0.2$, $x+y+z=1$))等的开发。就该铌酸锂钾钠而言,由于具有匹敌于 PZT 的压电特性,被期待为非铅压电材料的有力的候选对象。

另一方面,目前,随着各种电子部件的小型化且高性能化的推进,在压电元件中也强烈要求小型化和高性能化。然而,对于通过历来的制法即以烧结法为中心的制造方法制作的压电材料而言,当其厚度变为特别是 10μm 以下时,接近构成材料的晶粒的大小,其影响便不可忽视。因此,就会产生特性不均、劣化变显著的问题,为了避免该问题,近年来便代替烧结法而对于应用薄膜技术等的压电体形成法进行了研究。

最近,由 RF 溅射法形成的 PZT 薄膜作为高精细高速喷墨打印机的打印头用致动器、小型低价格的陀螺传感器而实用化。另外,也提出了不使用铅而使用铌酸锂钾钠的压电薄膜的压电薄膜元件。

2. 本案要解决的技术问题

通过形成具有非铅系压电薄膜的压电薄膜元件,可以制作环境负载小的高精细高速喷墨打印机用打印头、小型低价格的陀螺传感器。作为压电薄膜的具体的候选对象,进行了铌酸锂钾钠的薄膜化的基础研究。另外在应用方面的低成本化中,要确立在 Si 基板、玻璃基板等基板上控制良好地形成该压电薄膜的技术也是不可缺少的。

然而,在以往技术中,无法稳定地生产压电常数高的压电薄膜元件以及使用了其的压电薄膜设备。本发明的目的在于提供:压电特性和生产率优异的压电薄膜元件以及使用了其的压电薄膜设备。

3. 本案采用的技术手段

根据本案的一个实施方式，可提供一种压电薄膜元件，其为在基板上层合了由通式（$Na_xK_yLi_z$）NbO_3（$0 \leq x \leq 1$，$0 \leq y \leq 1$，$0 \leq z \leq 0.2$，$x+y+z=1$）表示的压电薄膜的压电薄膜元件，前述压电薄膜具有假立方晶（pseudo-cubicalcrystal）、正方晶或斜方晶中的任一种的晶体结构，或具有假立方晶、正方晶或斜方晶中的至少两种共存的晶体结构，这些晶体结构为取向于（001）方向的（001）取向晶粒和取向于（111）方向的（111）取向晶粒共存的结构，且所述晶粒所具有的晶轴中的至少一个晶轴与所述基板表面的法线形成的角处于0°~10°的范围内。

4. 相关权利要求

本案涉及的权利要求的主要内容如下：

一种压电薄膜元件，其为在基板上设有由通式（$Na_xK_yLi_z$）NbO_3（$0 \leq x \leq 1$，$0 \leq y \leq 1$，$0 \leq z \leq 0.2$，$x+y+z=1$）表示的压电薄膜的压电薄膜元件，其特征在于，所述压电薄膜为：具有假立方晶、正方晶或斜方晶中的任一种的晶体结构，或具有假立方晶、正方晶或斜方晶中的至少两种共存的晶体结构，这些晶体结构为取向于（001）方向的（001）取向晶粒和取向于（111）方向的（111）取向晶粒共存的结构，且所述晶粒所具有的晶轴中的至少一个晶轴与所述基板表面的法线形成的角处于0°~10°的范围内。

（二）检索思路及检索过程

首先在CNABS数据库中进行检索，检索式如下：

编号	所属数据库	命中记录数	检索式
1	CNABS	696	/pa 日立电线
2	CNABS	95	/in 末永和史 or 柴田宪治 or 佐藤秀树 or 野本明
3	CNABS	4696	/ic h01l41
4	CNABS	2839	/ic h01l41/08 or h01l41/083 or h01l41/18 or h01l41/187
5	CNABS	98419	压电
6	CNABS	2421	4 and 5
7	CNABS	75	nbo3
8	CNABS	864	+nbo3
9	CNABS	128	6 and 8
10	CNABS	12	1 and 9
11	CNABS	107	铌酸钾钠
12	CNABS	42	6 and 11

13	CNABS	4	1 and 12
14	CNABS	139	9 or 12
15	CNABS	796160	角
16	CNABS	3096647	角 or 度
17	CNABS	115	14 and 16
18	CNABS	118060	晶体
19	CNABS	12	17 and 18
20	CNABS	749323	晶相 or 方向 or 取向
21	CNABS	32	17 and 20

并未检索到合适的文献。继续在 VEN 数据库中检索，检索式如下：

编号	所属数据库	命中记录数	检索式
1	VEN	139015	piezoelectric
2	VEN	3860	+nbo3
3	VEN	590	1 s 2
4	VEN	754849	crystal
5	VEN	183	3 s 4
6	VEN	3749165	direction
7	VEN	19	5 s 6
8	VEN	349867	kalium or potass or potassium
9	VEN	787606	natrium or sodium
10	VEN	3092	2 and 8 and 9
11	VEN	206	1 and 10

也未检索到可影响本案新颖性/创造性的文献。

（三）检索策略分析

铌酸钾钠作为压电膜层，并没有所对应的准确的分类号，检索中将"铌酸钾钠"作为关键词应该是必不可少的，但是在压电元件中并没有检索到应用该材料的技术方案。

案例28：一种电池五金件连接结构

（一）相关案情

1. 本案的背景技术情况

众所周知，锂电池中能导电的五金件是一个必不可少的部件，主要用于连接胶壳内的电芯和用电产品的导电触点。为了使五金件能方便、稳定地与用电产品的导电触点连接，五金件一般都凸出于胶壳外。目前，五金件的连接结构主要有如下两种：一种，如图10-2-19所示，在胶壳1侧壁上设五金件引脚通孔11，成型五金件2设于胶壳1的外侧壁上，其引脚21从五金件引脚通孔11中插入胶壳1内腔，成型五金件2需单个一一装入，且装入后需再进行加工，生产效率极低，成型五金件2表面同人体直接接触表面易脏，且易生锈，在后续焊接较易熔坏胶壳1；另一种，如图10-2-20所示，采用套啤五金件4，套啤五金件4上的五金件41设有引出脚411，通过引出脚411与PCM板3上的导电触点31焊接，在焊接过程中需定位夹具定位，且需风冷降温，人为操作焊接，效率较低，不良率相对较高。

图10-2-19 现有技术中五金件连接结构图

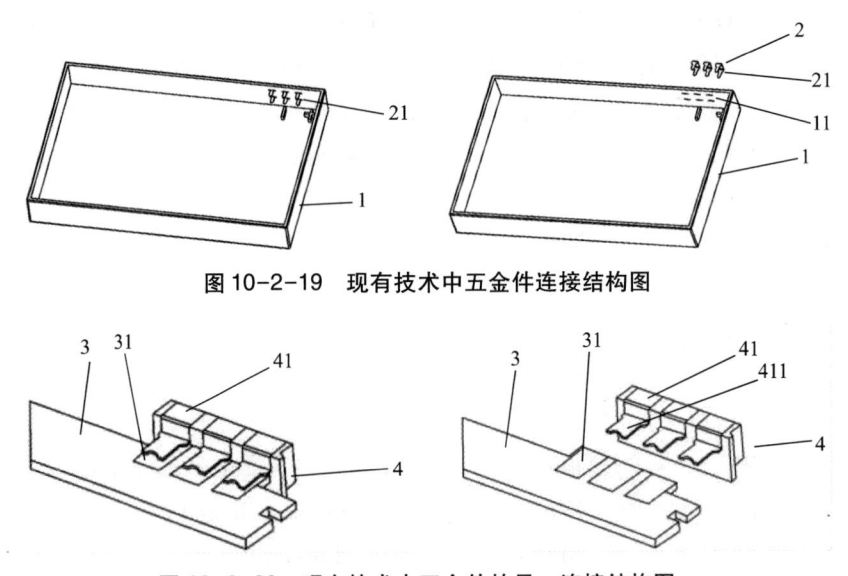

图10-2-20 现有技术中五金件的另一连接结构图

2. 本案要解决的技术问题

本发明的目的在于解决现有锂电池中的五金件结构所存在的缺陷而提出的一种电池五金件连接结构。将贴片式套啤五金件贴于PCB表面上，贴片式套啤五金件的底部还与PCB板通过卡槽卡接，稳定性好，而且，电池封装工序较少，生产效率高，自动化成度高，成本相对较低，资源利用率高，品质较易控制，人为制约因素相对较少。

3. 本案采用的技术手段

本案的技术方案如图10-2-21所示，PCB板5和贴片式套啤五金件6，贴片式套啤五金件6采用片状的五金件61，套啤五金件6的底面设有一条与PCB板5宽度相吻合的卡槽62，套啤五金件6通过卡槽62卡接于PCB板5上，套啤五金件6底面与PCB板5正面平行贴合。片状的五金件61与PCB板5表面上的导电触点间通过热风枪将其焊接。本发明使用时，在胶壳的侧壁上设一个通孔，将贴片式套啤五金件6的顶部设于胶壳外，贴片式套啤五金件6的底部设于胶壳内。安装稳定牢固，不易脱落。

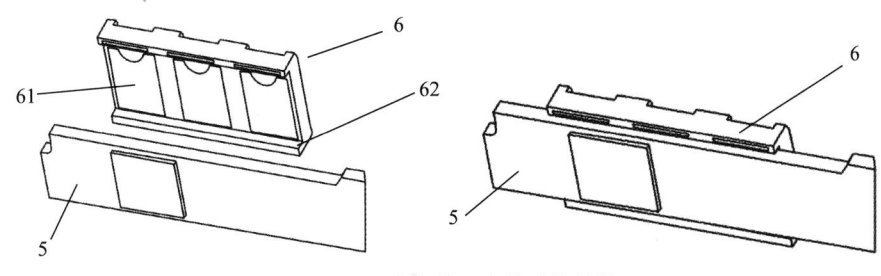

图 10-2-21　本案的五金件连接结构图

4. 相关权利要求

本案权利要求内容如下：

（1）一种电池五金件连接结构，其特征是：包括：PCB 板和套啤五金件，所述的套啤五金件的底面贴于 PCB 板上，套啤五金件的五金件与 PCB 板表面的导电触点焊接。

（2）根据权利要求 1 所述的一种电池五金件连接结构，其特征是：所述的套啤五金件的底面设有一条与 PCB 板宽度相吻合的卡槽，套啤五金件通过卡槽卡接于 PCB 板上。

（3）根据权利要求 1 所述的一种电池五金件连接结构，其特征是：所述的套啤五金件为贴片式套啤五金件。

（二）检索思路及检索过程

1. 检索方式 1

首先在 CPRS 数据库中进行检索，检索式如下：

编号	检索式	检索结果
(001)	F KW 套啤	<hits：11>
(002)	F KW 五金件	<hits：595>
(003)	F IC H01M	<hits：63453>
(004)	J 2 * 3	<hits：5>
(005)	F KW 五金	<hits：4575>
(006)	J 3 * 5	<hits：66>
(007)	F KW PCB+印刷电路	<hits：33959>
(008)	J 6 * 7	<hits：13>（包含对比文件 CN201616470U）
(009)	F KW 贴片	<hits：8899>
(010)	J 5 * 9	<hits：18>
(011)	F KW OVERMOLD	<hits：4>
(012)	F KW 电连接器	<hits：20712>

(013)   J 9 * 12   <hits: 28>

接着在 CNTXT 数据库中进行全面检索，检索式如下：

编号	所属数据库	命中记录数	检索式
1	CNTXT	17734	五金
2	CNTXT	559731	电池
3	CNTXT	154241	pcb or 印刷电路
4	CNTXT	37	套啤
5	CNTXT	142	1 and 2 and 3
6	CNTXT	3655943	pd<20100301
7	CNTXT	44	5 and 6
8	CNTXT	269	over mold+
9	CNTXT	1418	overmold+
10	CNTXT	1682	8 or 9
11	CNTXT	0	1 and 3 and 6 and 10
12	CNTXT	2	1 and 6 and 10
13	CNTXT	44	贴片 s 五金
14	CNTXT	4947276	连接 or 啮合 or 耦合
15	CNTXT	33422	电极 and 3
16	CNTXT	31179	14 and 15
17	CNTXT	17319	6 and 16
18	CNTXT	33515	贴片
19	CNTXT	4810319	连接
20	CNTXT	6936	18 s 19
21	CNTXT	1781	20 and 3
22	CNTXT	707484	焊接
23	CNTXT	769	21 and 22
24	CNTXT	232	6 and 23
25	CNTXT	113796	卡槽
26	CNTXT	7	24 and 25
27	CNTXT	241	电连接器 and 贴片
28	CNTXT	85	27 and 6

未检索到其他相关的文献。接着在 DWPI 外文数据库中进行检索，检索式如下：

编号	所属数据库	命中记录数	检索式
1	DWPI	1	cn102195021 /pn
2	DWPI	100486	hardware?

3	DWPI	159441	pcb or (printed circuit board)
4	DWPI	606	2 and 3
5	DWPI	1336125	cell? or batter???
6	DWPI	51	4 and 5
7	DWPI	321	over molding
8	DWPI	1683	overmold+
9	DWPI	273524	h01m/ic
10	DWPI	9	8 and 9
11	DWPI	4	7 and 9
12	DWPI	757	over mold+
13	DWPI	8	9 and 12
14	DWPI	17	10 or 11 or 13
15	DWPI	2393	overmold+ or (over mold+)
16	DWPI	124	3 and 15
17	DWPI	18787417	pd<20100301
18	DWPI	80	16 and 17
19	DWPI	3	5 and 18
20	DWPI	7	2 s 15
21	DWPI	1962324	coupl+ or engag+
22	DWPI	68	4 and 17 and 21
23	DWPI	1357155	9 or 5
24	DWPI	3	22 and 23
25	DWPI	35159	patch
26	DWPI	426073	connector?
27	DWPI	1186	25 and 26
28	DWPI	95	3 and 27
29	DWPI	57	17 and 28

也未检索到其他相关文献。

(三) 检索策略分析

本案中, 由于没有准确的分类号, 所以主要利用关键词进行检索, 并对关键词进行扩展。经过检索, 发现文献 CN201616470U 构成本案的抵触申请, 影响权利要求1~3的新颖性。除此之外, 并未发现其他可以影响本案新颖性/创造性的文献。

第三节 非专利及网络检索

案例29：一种宽压放电装置

（一）相关案情

1. 本案的背景技术情况

本案涉及一种宽压放电装置，尤其涉及一种可调式宽压放电管，属于医疗器械技术领域。市场上体外冲击波碎石机使用过程中，采用液电式波源、电磁式波源所需的能量、工作电压范围均不相同，液电式所需工作电压较低，而电磁式要高些。如互换式体外冲击波碎石机，液电式所需的工作电压范围选用在 4.0~6.0kV；电磁式所需的工作电压范围选用在 8.0~11.0kV。

具体来说，高压脉冲电路中放电管的放电性能是决定碎石机正常使用的先决条件，为满足碎石机在不同工作电压范围内的正常放电性能，现有方案中要设计成两个规格的放电管与之相配置，如设定在 4.0~6.0kV 的使用规格或是在 8.0~11.0kV 的使用规格。

然而传统的高压脉冲电路放电管中触发棒之间的距离是固定的，要选择不同规格时对整个放电管需要进行更换，这样既不太安全也不方便。同时，现有的固定式使用时间短，由于高压放电烧灼使其间隙变大，影响其放电性能。并且，频繁的更换缺少调试会导致其容易出错，两个规格在液电式、电磁式波源互换中增加出错率。再者，为了适应不同的使用规格需要重复制造，生产工艺繁多，不利于推广。

2. 本案要解决的技术问题

本案的目的在于提供一种可调式宽压放电管。可通过触发棒首端之间的距离调节实现电压的调节，满足互换式体外冲击波碎石机对高压脉冲电路中的放电管的工作要求，提高了放电稳定性，延长了使用寿命。并且，调节过程简单，通过螺纹旋转，根据波源要求调节即可。本发明的制造简化了生产工序，降低了生产成本，降低了操作过程中的安全隐患。

3. 本案采用的技术手段

可调式宽压放电管，包括有触发棒固定板1、外壳罩2、放电板3、绝缘外壳4、触发棒5、接线块6，外壳罩2与绝缘外壳4相扣合，外壳罩2与绝缘外壳4之间设有放电板3，放电板3的一端连有接线块6，外壳罩2与绝缘外壳4的外围两端贴合有触发棒固定板1，触发棒固定板1、外壳罩2、绝缘外壳4上设有连接孔，触发棒5插入连接孔内，其特别之处在于：所述的连接孔内设有螺纹，触发棒5的末端设有对应螺纹，连接孔、触发棒5直接采用螺纹连接，触发棒5的末端连接有辅助固定块。辅助固定块采用固定螺母7实施较好。

放电板3正中开设有放电通道孔8，使两触发棒5与放电板3的放电通道孔8处于同轴心线上，通过调节两触发棒5使其之间的间隙大小发生变化，达到改变了工作电压高低的要求。

两触发棒5分别与外壳罩2绝缘外壳4之间螺纹对称连接。两触发棒5之间的间隙大小可通过螺纹对称的配合程度进行调节。同时，放电板3位于两触发棒5之间，放电板3与两个触发棒5之间的间隙大小也同样可以依托于螺纹进行最佳的调节。

通过调节绝缘外壳4侧的触发棒5使放电板3与触发棒5之间间隙适中，使触发放电（点火）性能正常。为了适应不同的工作状态需求，如需要采纳小间隙，则调节外壳罩2触发棒5末端的螺纹，令两触发棒5首端之间趋于接近，使得电压可以维持在4.0~6.0kV范围内。同时，若需要采纳大间隙，则调节外壳罩2触发棒5末端的螺纹，令两触发棒5首端之间趋于远离，使得电压可以维持在8.0~11.0kV范围内，且高压放电性能正常即可。本案附图如10-3-1所示。

通过上述的文字表述并结合附图可以看出，采用本案后，可通过触发棒5首端之间的距离调节实现电压的调节，满足互换式体外冲击波碎石机对高压脉冲电路中放电管的工作要求，提高了放电稳定性，延长了使用寿命。并且，调节过程简单，通过螺纹旋转，根据波源要求调节即可。同时，本案的制造简化了生产工序，降低了生产成本，降低了操作过程中的安全隐患。

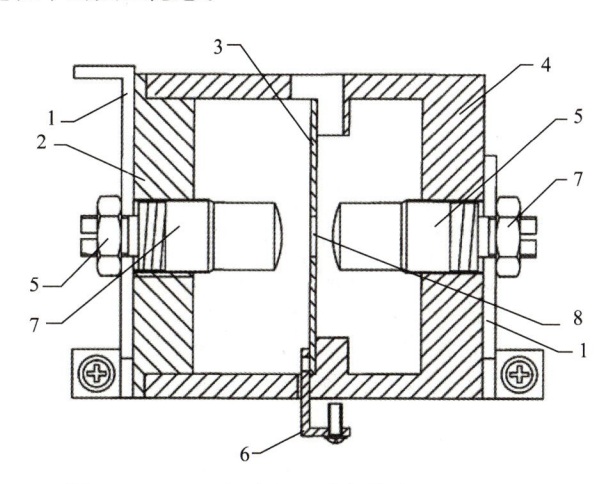

图10-3-1 可调式宽压放电管的剖面构造示意

4. 相关权利要求

权利要求1：可调式宽压放电管，包括有触发棒固定板、外壳罩、放电板、绝缘外壳、触发棒、接线块，外壳罩与绝缘外壳相扣合，外壳罩与绝缘外壳之间设有放电板，放电板的一端连有接线块，外壳罩与绝缘外壳的外围两端贴合有触发棒固定板，触发棒固定板、外壳罩、绝缘外壳上设有连接孔，触发棒插入连接孔内，其特征在于：所述的连接孔内设有螺纹，触发棒的末端设有对应螺纹，连接孔、触发棒直接采用螺纹连接，触发棒的末端连接有辅助固定块。

（二）检索思路及检索过程

根据待检索的权利要求所确定的关键词难以检索到合适的对比文件。分类员所给分类为 H01J17/00、H01J17/04、H01J17/02、A61B18/00、A61B17/225，通过初步检索，阅读背景技术文献，确定所属的技术领域应该是 H01T（火花隙）、H01T1/00（火花隙零部件）、H01T2/00（包括辅助触发装置的火花隙）。

采用重新确定的检索要素进行检索，具体检索式如下：

所属数据库　　编号　　索引　　检索式　　　　　　命中记录数
CPRS：　　　　1　　　F　　　PA 苏州特立医疗　　<hits：12>

得到一篇 R 类文件 CN201359987Y（申请日为 2009 年 2 月 20 日，授权公告日为 2009 年 12 月 9 日）。

所属数据库　　编号　　索引　　检索式　　　　　　命中记录数
CPRS：　　　　2　　　F　　　IC H01T00100　　　<hits：41>

得到一篇 Y 类文件 CN2691119Y（授权公告日为 2005 年 4 月 6 日）。其附图如图 10-3-2 所示。

非专利文件：在 CNKI 库中，采用题名"火花隙开关"进行检索，得到一篇 Y 类文件：基于火花隙开关实现的固体热容激光器实验。

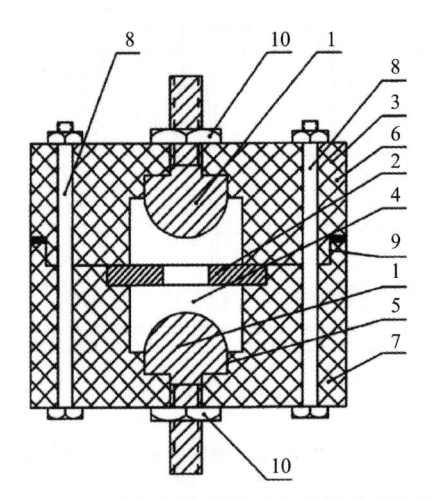

图 10-3-2　对比文件 CN2691119Y 的结构示意

（三）检索策略分析

采用分类员给出的分类号以及本案权利要求中确定的关键词进行检索，均不能得到理想的对比文件,因此需要考虑当基本检索要素(包括关键词、分类号等)确定出现困难时如何调整检索策略。根据说明书内容的记载,本案是一种宽压放电装置,属于医疗器械技术领域,该器械可用于体外冲击波碎石机,由此采用该器械所应用的技术领域进行初步检索,从而进一步获得准确分类号:H01T;获得扩展检索词:火花隙开关、可调节,在 CNKI 中进行拓展检索,最终获得有效的检索结果。

第四节 两种方式检索

案例 30:一种有机电致发光显示器件

(一) 相关案情

1. 本案的背景技术情况

现有 RGB 发光 OLED 中,是通过向不同的主体材料中掺杂不同的客体材料获得不同颜色的光(RGB),由于不同的主体材料之间存在能级失配,而在同一显示器中,一般采用相同材料作为公共层,因此无法补偿这种失配,从而影响器件性能。

2. 本案要解决的技术问题

本案解决了现有的有机电致发光显示器中 RGB 三基色采用不同材料导致的能级失配问题,提高了器件发光效率,改进了器件稳定性,工艺简单,成本低,成品率高。

3. 本案采用的技术手段

发光层中至少有二基色采用相同的宽能级的发光主体(host)材料,同时分别相对应地掺杂不同的基色发光客体(dopant)材料,以此来实现不同色彩的有机电致发光显示。进一步,发光层采用相同的宽能级的发光主体(host)材料,同时分别相对应地掺杂不同的 RGB 三基色发光客体(dopant)材料,以此来实现 RGB 三色彩色有机电致发光显示。

一种有机电致发光显示器件,至上而下包括一阴极层 290、一包括电子注入层 280 和电子传输层 270 的电子有机功能层、RGB 三色的发光层、一包括空穴传输层 230 和空穴注入层 220 的空穴有机功能层、一阳极层 210;其特征在于,所述发光层采用相同的宽能级的发光主体(host)材料(其中至少有两层包含同一种主体材料),同时分别相对应地掺杂不同的 RGB 三基色发光客体(dopant)材料,以此来实现 RGB 三色彩色有机电致发光显示。所述宽能级的发光主体(host)材料是取代的蒽化合物(蒽衍生物),所述空穴传输层包括叔芳族胺。所述电子注入层(最接近于阴极的次层)的厚度为 2~300nm,其中电子传递层包括 8-hydroxyquinolate 阴离子的金属配合物。所述空穴注入层(最接近于阳极的次层)的厚度为 2~300nm,空穴传输层(最接近于发光层的次层）的厚度为 2~300nm。

本案的 OLED 红色发光层 240、绿色发光层 250 和蓝色发光层 260 采用相同的有机主体材料，并分别在其中掺杂红色发光掺杂材料 241、绿色发光掺杂材料 251 和蓝色发光掺杂材料 261。本案附图如图 10-4-1 所示。

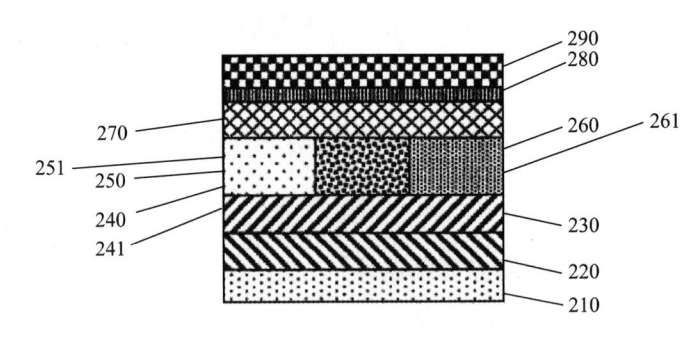

图 10-4-1 本案实施例 OLED 的结构示意

4. 相关权利要求

权利要求 1：一种有机电致发光显示器件，至上而下包括一阴极层、一包括电子注入层和电子传输层的电子有机功能层、RGB 三色的发光层、一包括空穴传输层和空穴注入层的空穴有机功能层、一阳极层；其特征在于，所述发光层中至少有二基色采用相同的宽能级的发光主体材料，同时分别相对应地掺杂不同的基色发光客体材料，以此来实现不同色彩的有机电致发光显示。

权利要求 2：根据权利要求 1 所述的有机电致发光显示器件，其特征在于，所述发光层采用相同的宽能级的发光主体材料，同时分别相对应地掺杂不同的 RGB 三基色发光客体材料，以此来实现 RGB 三色彩色有机电致发光显示。

（二）检索思路及检索过程

发明点难于用较好的关键词准确表达，噪声较多，需要扩展关键词思路并利用分类号限定，以达到检索式的准确表达并减小噪声。

首先在 EPODOC 数据库中进行检索，检索式如下：

编号	命中记录数	检索式
1	78	H01L27/32C4/EC AND MASK AND SAME

从中检到一篇对比文件 TWI240958B，公开了权利要求中的部分技术特征，可以先记录下来，留待后续作为 Y 类对比文件备用。

在 WPI 数据库中进行检索，检索式如下：

编号	命中记录数	检索式
1	44	（C09K11/06 OR H01L27/32 OR H01L51/56 OR H05B33/00）/IC AND (ORGANIC OR OLED) AND ((GREEN AND RED AND BLUE) OR RGB) AND SAME AND HOST
2	79	（C09K11/06 OR H01L27/32 OR H01L51/56 OR H05B33/00）/IC AND (ORGANIC OR OLED) AND ((GREEN AND RED AND BLUE) OR RGB) AND MASK

从上述检索式 1 中得到 3 篇 X 类对比文件 WO2005069397A2、TW200604319A 和 WO2005117500A1。

从上述检索式 2 中得到两篇 X 类对比文件 WO2005069397A2 和 CN1725921A。

为了寻找更好的关键词，对 H01L27/32C4/EC 进行关键词统计分析：

．．fi epodoc

　Selected file：EPODOC

　Search statement　1

　？　h01l27/32c4/ec

　＊＊SS 1：Results 1.291

　Search statement　2

　？　．．todb wpi

　？　．．stat iw

确定 WPI 数据库中的如下关键词和检索式：

编号	命中记录数	检索式
3	25	((GREEN AND RED AND BLUE) OR RGB) AND (ORGANIC OR OLED) AND ((SAME W MATERIAL) OR (SAME W BAND) OR (SAME W GAP))
4	94	((GREEN AND RED AND BLUE) OR RGB) AND (ORGANIC OR OLED) AND (ELECTROLUMINESCENT OR EL) AND (FLUORESCENCE OR DOPANT OR DOPED) AND HOST

从上述检索式 3 中得到两篇 X 类对比文件 CN1725921 A 和 TW200604319 A。

从上述检索式 4 中得到两篇 X 类对比文件 WO2005117500 A1 和 WO2005069397 A2。

在 S 系统追踪检索上述对比文件，得到一篇 X 类对比文件 JP2004327432 A。

在 Google 学术网站，用 OLED、HOST、DOPED、HOMO、LUMO、TRANSPORT、HOLE、ELECTRON、ITO、WHITE 等关键词检索得到期刊文献，根据其所列参考文献

又找到第二篇期刊文献。

最终检索到的对比文件如表 10-4-1 所示。

表 10-4-1 检索到的对比文件：

文献类型	文 献 号	公开日（或申请日）
X	WO2005117500A1	2005 年 12 月 8 日
X	WO2005069397A2	2005 年 7 月 28 日
X	TW200604319A	2006 年 2 月 1 日
X	CN1725921A	2006 年 1 月 25 日
Y	TWI240958B	2005 年 10 月 1 日
X	JP2004327432A	2004 年 11 月 18 日
X	BRIAN W. D'ANDRADE ET AL Efficient organic electrophosphorescent white light emitting device with a triple doped emissive layer	2004 年 4 月 5 日
X	J. KIDO ET AL White light-emitting organic electroluminescent devices using the poly (N-vinylcarbazole) emitter layer doped with three fluorescent dyes	1993 年 11 月 23 日

（三）检索策略分析

OLED 在学术界是很热门的研究领域，应该注重学术文章的检索；同时密切关注所列参考文献的相关度。对关键词的统计可以扩展选择关键词的思路。对检索到的相关文件的追踪检索可以获得相关度很高的对比文件。利用 EC 分类准确细化的特点对检索式进行限定，减少检索噪声。

采用多种检索途径和检索手段，最终检到多篇对比文件。"一通"后本案视为撤回。

案例 31：一种制造显示装置的方法

（一）相关案情

1. 本案的背景技术情况

由于平板显示装置如 LCD 或有机电致发光显示器的良好画面品质、薄、重量轻以及低功耗等有益特性，这些平板显示装置在诸多应用中用作阴极射线管的替代品。液晶显示器一般具有设置有多个电极的两个基板，以及夹在基板之间的液晶层。给电极施加不同的电压来重排液晶层中的液晶分子，从而调整光穿过液晶层的透射率。在有机电致发光显示器中，通过电诱导液晶层中的光致发光有机材料的激发态获得所需图像。此外，在制造液晶显示器和有机电致发光显示器中通常包括各种微构图工艺。利用光致抗蚀剂膜的光刻技术是通常使用的构图工艺。但是，光刻技术由于需要复杂的工艺而非常昂贵。因此，已经努力发展光刻技术的替代技术。上述光刻技术的一种替代技术是喷墨印刷技术。喷墨印刷技术可以用于形成液晶显示器中的滤色器或有机 EL 显示器中的有机发光层。一种能够保持墨预定时间的堤结构被用于执行喷墨印刷。但是，堤结构的形成需要额外的光刻工艺，并且墨和堤结构之间的亲和性会影响沉积在堤结构定义的井中的墨的边缘部分的平坦度。此外，在液晶显示器的滤色器形成期间，当堤结构形成高的高度时，取向膜的平坦度将受到负面影响，因此降低了对比度，且还导致图像品质下降。

2. 本案要解决的技术问题

需要一种能够呈现改善的对比度、高色纯度和低色混的显示装置及其制造方法。

3. 本案采用的技术手段

一种显示装置，包括设置在透明绝缘基板上的格形光屏蔽图案和设置在透明绝缘基板上的滤色器，通过显影光致抗蚀剂膜以在该光屏蔽图案上形成多个伪隔肋。本案附图如图 10-4-2、图 10-4-3 所示。

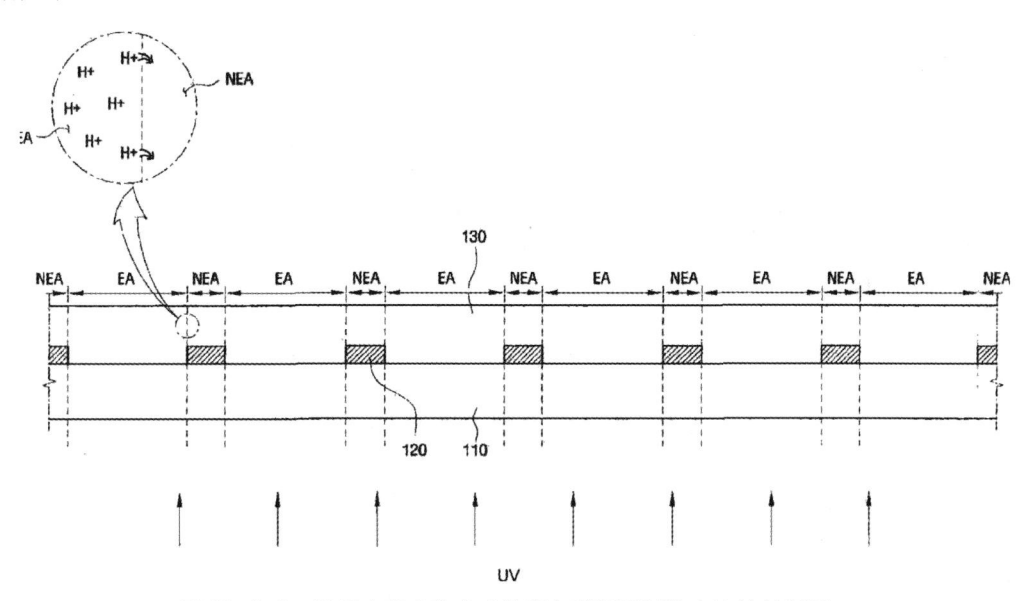

图 10-4-2　根据本案实施方式的滤色器面板制作方法的剖视图一

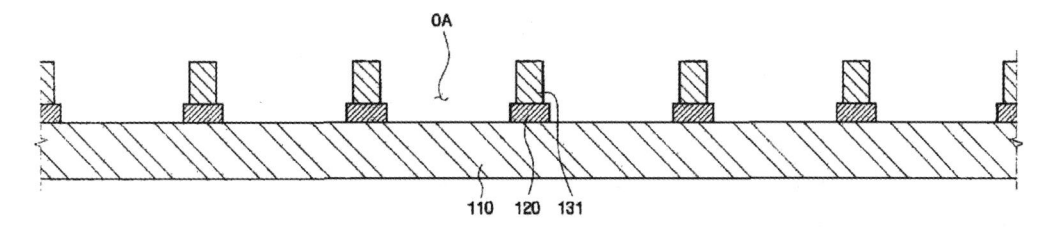

图 10-4-3　根据本案实施方式的滤色器面板制作方法的剖视图二

4. 相关权利要求

权利要求 1：一种制造显示装置的方法，该方法包括：

在其上具有光屏蔽图案的透明绝缘基板上涂覆光致抗蚀剂膜；

照射光在该绝缘基板的后表面上且显影该光致抗蚀剂膜以在该光屏蔽图案上形成多个伪隔肋；以及

在由该光屏蔽图案和该伪隔肋定义的开口区域中填充墨以形成滤色器。

（二）检索思路及检索过程

1. 检索方式 1（关键词+EC 分类号）

在 EPODOC 数据库中进行检索，检索式如下：

编号	检索式	
23	g02b5/20a/ec	
24	23 and ink	
25	24 and matrix	命中记录数 Results 95
26	24 and black	命中记录数 Results 96
27	26 not pd>2006-02-10	命中记录数 Results 47

对于滤色片的申请，准确选取了 EC 分类号 g02b5/20a/ec，结合上述关键词，可以快速地命中目标文件。

例如，X 类文件 US2001/0007733 A1，X 类文件 US6399257 B1。

2. 检索方式 2（关键词+追踪检索）

在 WPI 数据库中进行检索，检索式如下：

编号	检索式
3	LIQUID W CRYSTAL
10	（BLACK W MATRIX）4D MASK
11	10 NOT PD>2007-02-12
12	3 AND 11→（获得两篇 PX 类文件 CN1892265 A 和 US2006/0284956 A1）

在 US2006/0284956A1 授权文本首页编号（56）中的引用文献中得到 X 类文件 US6468702 B1。

（三）检索策略分析

本案检索难点在于："光屏蔽图案"这种用语比较上位，而且不够专业；"伪隔肋"可以有多种表达方式。方法权利要求中，该制作方法所用的工艺都比较常用，主要改进点在于，用光屏蔽图案代替掩模进行光刻，简化了工艺步骤，节省了光刻掩模，从而提高生产力。在检索过程中，这种工艺改进不容易体现出来。IPC 相关分类号下文献量较大。

(1) 使用恰当的关键词。检索时关键词没有拘泥于申请文件的叙述，而是找到了更专业的术语，与本案的"光屏蔽图案"相比，"黑矩阵"更确切、更常用（在显示领域，限制像素使像素边界清晰的光屏蔽图案，一般称为黑矩阵）。在等离子显示领域是这个术语，在最初尝试性的检索中也检索到液晶显示用了这个术语。

(2) 检索式尽可能准确地体现发明点，降低检索结果中的噪声。检索式（BLACK W MATRIX）4d MASK 采用了算符"4d"来体现，4d 的检索结果很理想。对于本案，如果使用算符 w 不能体现发明点，使用算符 s 检索结果噪声大。

(3) 由于 PX 文件都是在背景技术中公开了本案权利要求请求保护的技术方案，因此很可能有更早的公开，此时没有终止检索，而是仔细阅读得到的 PX 文件，从而从授权文本的引用文献中得到了 X 类文件。

案例 32：一种脊加载曲折矩形槽波导慢波线

（一）相关案情

1. 本案的背景技术情况

曲折矩形波导慢波电路是将矩形波导沿波导 E 面周期性弯曲成直角形曲折线或 U 形曲折线所形成的一种全金属慢波系统，它具有结构简单易加工、散热能力好、输入输出易匹配、色散特性平坦、宽带大功率等特性，已经广泛应用于毫米波行波管中。但是，随着行波管向更高的频率发展，金属壁的欧姆损耗将越来越大，由于壁的损耗不仅会消耗一部分能量，降低整管效率，增加散热的压力，还会带来额外的噪声。当频率达到亚毫米波以上时，这些问题将变得越来越突出，以致极大地制约着曲折矩形波导行波管的性能。将矩形槽波导顺槽的纵向进行周期性来回折弯，就形成曲折矩形槽波导慢波线，它同样具有槽波导的上述优点；同时由于曲折矩形槽波导慢波线的注-波互作用通道被加工成曲折形状，使得同样性能要求下慢波线整体体积大大缩小。

背景技术附图如图 10-4-4 所示。

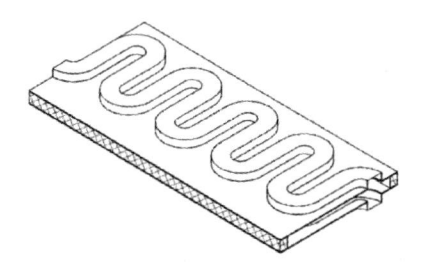

图 10-4-4 背景技术中的曲折矩形槽波导慢波线的结构示意图

即便是曲折矩形槽波导慢波线相比普通矩形波导慢波线、曲折矩形波导慢波线、甚至是矩形槽波导慢波线均具有优势，但在信号频率进一步提高，尤其是进入亚毫米波、甚至是太赫兹波段后，曲折矩形槽波导慢波线仍然面临器件尺寸、加工精度等方面的极限挑战。同时，由于曲折槽波导慢波系统的基波同曲折波导一样属于返向波，若曲折槽波导用于行波管则需要工作在负一次空间谐波上，因此耦合阻抗相对较低。耦合阻抗作为表征慢波系统和电子注相互作用强弱的参量，与行波管的增益与效率直接相关。

2. 本案要解决的技术问题

在现有曲折矩形槽波导慢波线器件尺寸条件下，如何进一步提高行波管的工作带宽，如何进一步提高行波管的增益和效率，成为有待解决的技术问题。

3. 本案采用的技术手段

相对于现有技术，本案的改进点即为权利要求1中所述的"所述曲折槽（3）的直槽部分（5）的截面形状与矩形单脊波导或矩形双脊波导的截面沿波导宽边中心线剖开后的半截面形状相同"。用比较直白的表述方式就是：本案的发明点是脊上加脊的结构。

4. 相关权利要求

1) 一种脊加载曲折矩形槽波导慢波线，包括相互平行的上金属板（1）和下金属板（2），上、下金属板之间通过位于上、下金属板长边边缘位置的支撑壁（6）固定在一起；其特征在于，所述两块金属板上均具有曲折槽（3），所述曲折槽（3）由系列弯曲槽部分（4）和直槽部分（5）交替首尾连接而成，且上、下金属板的曲折槽相对于上、下金属板之间的中心平面呈镜面对称；所述曲折槽（3）的弯曲槽部分（4）的截面形状与矩形波导的截面沿波导宽边中心线剖开后的半截面形状相同，所述曲折槽（3）的直槽部分（5）的截面形状与矩形单脊波导或矩形双脊波导的截面沿波导宽边中心线剖开后的半截面形状相同。

2) 根据权利要求1所述的脊加载曲折矩形槽波导慢波线，其特征在于，所述曲折槽的弯曲槽部分为U形弯曲槽。

3) 根据权利要求1所述的脊加载曲折矩形槽波导慢波线，其特征在于，所述曲折槽的弯曲槽部分为直角弯曲槽。

4) 根据权利要求1、2或3所述的脊加载曲折矩形槽波导慢波线，其特征在于，所述侧壁（6）材料为金属材料、绝缘材料或者微波吸收材料。

本案附图如10-4-5所示。

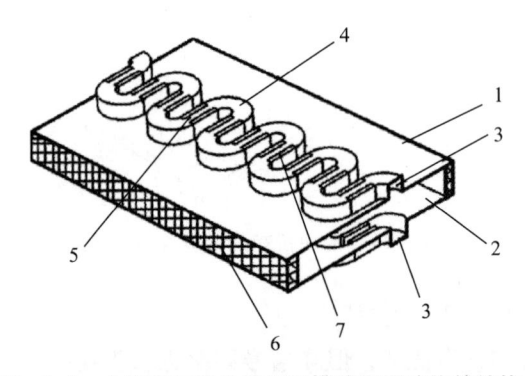

图 10-4-5　本案脊加载曲折矩形槽波导慢波线的结构示意

(二)检索思路及检索过程

1. 检索方式1

在 CNKI 中进行检索如下:

检索式1:主题=波导 AND 慢波 AND (曲折 OR 折叠)

共有记录88条。

检索式2:(主题=波导 AND 慢波) AND (作者=何俊)

共有记录11条。

(1)检索式1的检索结果:88篇。其中博士论文《毫米新型曲折波导行波管的研究》公开了在直管内壁上加脊的慢波管,但是该论文的公开日不能确定,希望对作者进一步追踪检索能有相关文献。

(2)检索式2的检索结果:11篇。其中《新型慢波系统毫米波行波管研究》公开了直管内壁上加脊的慢波管的技术内容(附图如图10-4-6),公开日为2010年8月,早于申请日,可以作为披露本案发明点的 Y 类文件与背景技术文件相结合评述权利要求的创造性。

图 10-4-6 《新型慢波系统毫米波行波管研究》中慢波线的结构示意

2. 检索方式2

在全文数据库 CNTXT 数据库中进行检索,检索式如下:

数据库　　　检索式

CNTXT?　　(波导 and 脊加载)/CLMS

命中记录数 Results 13。

其中包含对比文件 CN101651074 A(附图如图10-4-7)或者 CN201465981 U(相应的实用新型),其均公开了直槽部分加脊,即均可以作为披露本案发明点的对比文件。

本检索方式2中利用了全文库并且指定了在 CLMS 字段进行检索,可以有效定位发明点,避免了全文数据库中噪声多降低检索效率的缺陷。

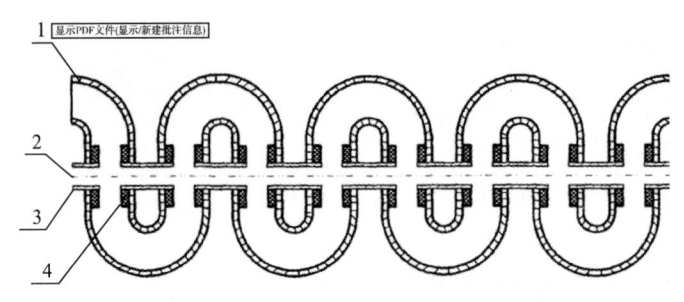

图 10-4-7 对比文件 CN101651074 A 中慢波线的结构示意

（三）检索策略分析

由于本案是大学的相关领域的系列申请，其要求保护的技术方案比较细致（即技术限定比较多），给检索带来一定困难。根据以往经验，大学或科研院所的发明所涉及的技术内容不仅体现在发明上，发明人往往还会在国内外的学术期刊或权威的会议论坛上进行发表，为了进行全面有效的检索，需要对非专利文献进行检索。由于本案的权利要求所要求保护的技术范围比较细致，因此还应该重点考虑在全文数据库中的检索。申请人通过对截面形状的限定来保护一个立体的实物模型，对于权利要求1中上述体现发明点的技术内容的正确理解也是本案检索的一个难点。

对于相同申请人的系列申请，其技术内容相关度很高，因此对于创造性的把握可以从该申请人为入口进行检索，有时也可以从发明人入口进行检索，由此容易找到区别技术特征。再根据该区别技术特征进行针对性的检索，发现相关对比文件。

同时，对于大学或科研院所申请的发明，其发明人都比较多，应该属于一个研究团队，一个团队可能分为不同的研究小组，主攻的研究侧重点会有不同，但是不排除有技术交叉或交融的现象存在。因此，在实际检索过程中检索者要留意申请的发明人信息，一般第一发明人应该是研究的主要成员，一般可能为学生，之后的发明人可能是其导师，可以从第一发明人入手，也可以从导师入手，都会有比较好的结果。

这类申请从非专利检索平台 CNKI、IEEE、AP、GOOGLE、BAIDU 等入口进行检索会有好的结果，同时，还建议使用 S 系统中的 CJFD，以界面检索的方式进行检索比较顺手。对于发明点较为细致的发明，可以考虑全文数据库，并且可以考虑全文数据库的特点，利用发明点信息在相关字段，如 CLMS 字段进行检索以降噪。

第十一章　文献的识别

在检索者实际检索相关文献过程中经常会发现，即使选择的检索策略正确，并且检索式中已经包括了目标文献的情况下，也往往会将最相关的文献漏掉。原因就在于检索者不具备较高的文献识别能力。而要提高检索者的文献识别能力，需要检索者不断地提高自身的专业技术水平、对技术方案的分析能力、阅读理解能力以及对相关法律法规的认知能力。本章通过对无效阶段的几个案例的具体分析，为检索者提供目标文献的识别方法，即从多篇文献中识别出与本案最相关的文献。

第一节　新颖性（抵触申请）

案例 33：支柱型空心复合绝缘子

（一）案情介绍

本案所涉及的专利号为 200810030992.7，申请日为 2008 年 4 月 3 日，授权公告日为 2010 年 11 月 24 日。专利授权公告时的权利要求书如下：

"1. 支柱型空心复合绝缘子，它包括绝缘芯棒内筒（1）、端头法兰（2）、伞套（3），所述的绝缘芯棒内筒（1）插入端头法兰（2）内孔中并同轴套合，其特征是：所述的端头法兰（2）内孔设置有径向内环（7）与绝缘芯棒内筒（1）端面相抵，所述的径向内环（7）的内径与绝缘芯棒内筒（1）内径相等。

2. 根据权利要求 1 所述的支柱型空心复合绝缘子，其特征在于：所述的径向内环（7）的上端面上设置有与端头法兰（2）同轴的轴向凹槽（8），所述的径向内环（7）上的轴向凹槽（8）与绝缘芯棒内筒（1）端面之间压有 O 型橡胶密封圈（4）。

3. 根据权利要求 1 所述的支柱型空心复合绝缘子，其特征在于：所述的径向内环（7）的下端面与端头法兰（2）下端面平齐，所述的径向内环（7）的下端面设置有密封槽（6）。

4. 根据权利要求 3 所述的支柱型空心复合绝缘子，其特征在于：所述的密封槽（6）的数量为两条。

5. 根据权利要求 1 所述的支柱型空心复合绝缘子，其特征在于：所述的绝缘芯棒内筒（1）与端头法兰（2）由浇注进入两者缝隙间的胶黏剂（5）密封连接。

6. 根据权利要求1所述的支柱型空心复合绝缘子，其特征在于：所述的绝缘芯棒内筒（1）为玻璃钢。

7. 如权利要求1～6任一项所述的支柱型空心复合绝缘子的生产方法，包括端头法兰（2）与绝缘芯棒内筒（1）的密封连接步骤，其特征在于：端头法兰（2）与绝缘芯棒内筒（1）的密封连接步骤为：将绝缘芯棒内筒（1）插入端头法兰（2）内孔并与其径向内环（7）相抵，以径向内环（7）为基准物校正端头法兰（2）与绝缘芯棒内筒（1）的同轴度，再从端头法兰上端浇注口浇注胶黏剂（5），加热固化，完成端头法兰（2）与绝缘芯棒内筒（1）的密封连接。

8. 根据权利要求7所述的支柱型空心复合绝缘子的生产方法，其特征在于：所述的胶黏剂（5）为环氧树脂胶黏剂。"

江苏神马电力股份有限公司（下称请求人）于2012年8月1日向专利复审委员会提出了无效宣告请求，提交了如下证据。证据1：公开号为CN101188154A的中国发明专利申请公布说明书，共15页，申请日为2007年12月4日，公开日为2008年5月28日。其无效理由是证据1构成本专利权利要求1的抵触申请，权利要求1的技术方案被证据1所公开，因此不具备《专利法》第22条第2款规定的新颖性，请求宣告本专利权利要求1无效。

在此基础上，国家知识产权局专利复审委员会成立的合议组作出决定，宣告200810030992.7号发明专利权的权利要求1无效，授权公告文本中的权利要求2～8的基础上维持该专利权有效。

针对该专利，江苏神马电力股份有限公司于2013年4月24日向专利复审委员会提出无效宣告请求，认为权利要求2不具备新颖性，请求宣告权利要求2无效，并提交了如下对比文件：

公开号为CN101188154A的中国发明专利申请公布说明书，申请日为2007年12月4日，公开日为2008年5月28日，共14页。

请求人于2013年8月9日向专利复审委员会再次提出了无效宣告请求，其理由是本专利权利要求2不符合《专利法》第22条第2款规定，权利要求2～8不符合《专利法》第22条第3款的规定，请求宣告本专利权利要求2～8无效，同时提交了如下证据：

附件2-1：即第一请求中的证据1，下称对比文件9，公开号为CN101188154A的中国发明专利申请公布说明书，申请日为2007年12月4日，公开日为2008年5月28日，共14页；

附件2-2：专利复审委员会第20294号无效宣告审查决定；

附件2-3：下称对比文件1，JP特开平11-329121A日本发明专利公开文本，公开日为1999年11月30日，共4页；

附件2-4：附件2-2的中文译文，共5页；

附件2-5：下称对比文件2，JP特开平11-144541A日本发明专利公开文本，公开日为1999年5月28日，共5页；

附件2-6：附件2-4的中文译文，共8页；

附件2-7：下称对比文件3，US5916397A美国发明专利公开文本，授权公告日为1999年6月29日，共5页；

附件2-8：下称对比文件4，US4166194A美国发明专利公开文本，授权公告日为1979年8月28日，共5页；

附件2-9：下称对比文件5，US5977487A美国发明专利公开文本，授权公告日为1999年11月2日，共7页；

附件2-10：下称对比文件6，《复合空心绝缘子产品及其制造技术》，《变压器》第8期第40卷，出版日期为2003年8月，共4页；

附件2-11：下称对比文件7，CN201017732Y中国实用新型专利授权公告文本，授权公告日为2008年2月6日，共11页；

附件2-12：下称对比文件8，《复合绝缘子运行经验总结》，《电网技术》第12期第30卷，出版日期为2006年6月，共3页；

附件2-13：权利要求对比分析表，共10页。

其主要理由是：权利要求2所引用的权利要求1的全部技术特征及权利要求2的附加技术特征完全被对比文件9所披露，因此权利要求2不具备新颖性；权利要求2的附加技术特征被对比文件1结合对比文件2、或对比文件1结合对比文件3、或对比文件1结合对比文件4公开；权利要求3的附加技术特征被对比文件1、对比文件5和公知常识的结合公开；权利要求4的附加技术特征被对比文件1结合公知常识、或对比文件1结合对比文件4公开；权利要求5的附加技术特征被对比文件1结合公知常识、或对比文件1结合对比文件6、或对比文件1结合对比文件7公开；权利要求6的附加技术特征及其引用的权利要求1的所有技术特征都已经被对比文件1所公开，所以权利要求6相对于对比文件1不具备新颖性，另外权利要求6的附加技术特征被对比文件1结合对比文件6、或对比文件1结合对比文件7公开；权利要求7的附加技术特征被对比文件1结合公知常识、对比文件1结合对比文件7和公知常识公开；权利要求8的附加技术特征被对比文件7公开。

最终，200810030992.7号实用新型专利权权利要求2~8被宣布无效。

（二）文献作用和评价

证据1为他人向国家知识产权局提出的专利申请，其申请日为2007年12月4日，早于本专利的申请日2008年4月3日，其公开日为2008年5月28日，晚于本专利的申请日。因此证据1可以作为评价本专利新颖性的对比文件。

权利要求 1 请求保护一种支柱型空心复合绝缘子，证据 1 公开了一种空心复合绝缘子，并具体公开了如下内容（参见证据 1 说明书第 1 页第 3 段、第 4 页倒数第 1 段、第 5 页第 2 段、第 6 页第 2 段，附图 6）：由附图 6 可以确定，其所示的空心复合绝缘子包括玻璃钢绝缘管 1（相当于本专利的绝缘芯棒内筒），法兰 3（相当于本专利的端头法兰），硅橡胶伞裙护套 2（相当于本专利的伞套），玻璃绝缘管 1 插入法兰 3 内孔中并同轴套合，法兰 3 内孔设置有径向内环，径向内环与玻璃钢绝缘管 1 端面相抵，径向内环内径与玻璃钢绝缘管 1 内径相等。由此可见，本专利权利要求 1 的技术方案与证据 1 所公开的内容仅仅是文字表达方式上略有差别，其技术方案实质上相同，所属技术领域的技术人员根据两者的技术方案可以确定两者能够适用于相同的绝缘子技术领域，解决相同的便于校对同轴度的技术问题，并具有相同的预期效果，因此证据 1 可以作为本专利权利要求 1 的抵触申请，权利要求 1 所要求保护的技术方案相对于证据 1 不具备新颖性。

权利要求 2 请求保护一种支柱型空心复合绝缘子，它包括绝缘芯棒内筒（1）、端头法兰（2）、伞套（3），所述的绝缘芯棒内筒（1）插入端头法兰（2）内孔中并同轴套合，其特征是：所述的端头法兰（2）内孔设置有径向内环（7）与绝缘芯棒内筒（1）端面相抵，所述的径向内环（7）的内径与绝缘芯棒内筒（1）内径相等，所述的径向内环（7）的上端面上设置有与端头法兰（2）同轴的轴向凹槽（8），所述的径向内环（7）上的轴向凹槽（8）与绝缘芯棒内筒（1）端面之间压有 O 型橡胶密封圈（4）。

对比文件 9（即证据 1）公开了一种空心复合绝缘子，并具体公开了如下内容（参见对比文件 9 说明书第 1 页第 3 段、第 4 页倒数第 1 段、第 5 页第 2 段、第 6 页第 2 段、附图 6）：由附图 6 可以确定，其所示的空心复合绝缘子包括玻璃钢绝缘管 1（相当于本专利的绝缘芯棒内筒），法兰 3（相当于本专利的端头法兰），硅橡胶伞群护套（相当于本专利的伞套），玻璃绝缘管 1 插入法兰内孔中并同轴套合，法兰 3 内孔设置有径向内环，径向内环与玻璃钢绝缘管 1 端面相抵，径向内环内景与玻璃钢绝缘管 1 内径相等。从对比文件 9 的图 6 中可以看出，其在径向内环的上端面也设置有与法兰同轴的轴向凹槽，轴向凹槽与玻璃钢绝缘管 1 端面之间压有 O 型橡胶密封圈，玻璃钢绝缘管 1 的内壁与法兰 3 的内壁位于同一直线上，本领域技术人员可以由此直接地、毫无疑义地确定玻璃钢绝缘管 1 和法兰 3 的内径相等，这并不是由测量得出的尺寸关系，而是由附图可以直接确定的结构位置关系。由此可见，本专利权利要求 2 的技术方案与对比文件 9 所公开的内容仅仅是文字表达上略有差别，其技术方案实质上相同，所属技术领域的技术人员根据两者的技术方案可以确定两者能够适用于相同的绝缘子技术领域，解决相同的技术问题，即便于校对同轴度，并达到相同的预期效果，且对比文件 9 所涉专利申请的申请日为 2007 年 12 月 4 日，早于本专利的申请日 2008 年 4 月 3 日，公开日为 2008 年 5 月 28 日，晚于本专利申请日，因此对比文件 9 构成本专利权利要求 2 的抵触申请，权利要求 2 请求保护的技术方案相对于对比文件 9 不具备新颖性。

权利要求 3 在权利要求 1 的基础上进一步限定了"所述的径向内环（7）的下端面与端头法兰（2）下端面平齐，所述的径向内环（7）的下端面设置有密封槽（6）"。其中引用的权利要求 1 内容为"支柱型空心复合绝缘子，它包括绝缘芯棒内筒（1）、端头法兰（2）、伞套（3），所述的绝缘芯棒内筒（1）插入端头法兰（2）内孔中并同轴套合，其特征是：所述的端头法兰（2）内孔设置有径向内环（7）与绝缘芯棒内筒（1）端面相抵，所述的径向内环（7）的内径与绝缘芯棒内筒（1）内径相等"。

对比文件 1 公开了一种复合套管的法兰金具结构（对应于本专利权利要求 3 的支柱型空心复合绝缘子），其中具体公开了：复合套管 51 是由 FRP 筒 52（相当于本专利权利要求 2 的绝缘芯棒内筒）、以及外覆于该 FRP 筒 52 的硅橡胶等的橡胶伞套 53（相当于本专利权利要求 3 的硅橡胶伞群护套）所构成伞套 53 是由覆盖于 FRP 筒 52 的护套 54、以及沿复合套管 51 轴向以一定间隔设置的护套 54 外周半径方向外测伸出的数个伞群 55 所构成。此外，FRP 筒 52 两端设有法兰金具 56（相当于本专利权利要求 3 的端头法兰）。其 FRP 筒 52 两端插入金具法兰 56 中并同轴套合，法兰金具 56 内孔设置有径向内环与 FRP 筒 52 端面相抵，所述的径向内环的内径与 FRP 筒 52 内径相等（参见对比文件 1 图 2c）。此外，虽然对比文件 1 公开的是一种复合套管的主法兰金具结构，而本专利权利要求 3 请求保护的是支柱型空心复合绝缘子，但实质上两者结构非常接近，并且同样都是应用于电力连接部件中绝缘之用，仅是对部件称谓有所区别，两者仅仅是文字表达的不同而已，因此对比文件 1 也公开了权利要求 3 的主题。

由此可见，权利要求 3 与对比文件 1 存在如下区别：对比文件 1 未公开权利要求 3 的附加技术特征。

对此，合议组认为：对比文件 5 的图 3、5 中的密封垫圈 20a 和图 8 中的密封垫圈 22a 设置在径向内环下端面相接触的金具 2 的表面，其表面上有凹槽用于装配该密封垫圈（图示），虽然本专利权利要求 3 中的密封槽设置在法兰的下端面，而对比文件 5 是设置在与法兰相节的金具之上，但是两者基本上共面，处于同一位置，密封槽设置在法兰下端面和设置在金具的表面并无实质区别，因此对比文件 5 给出了将其技术手段应用于对比文件 1 以解决其中存在的技术问题的启示，在此基础上，权利要求 3 相对于对比文件 1 结合对比文件 5 不具备创造性，不符合《专利法》第 22 条第 3 款的规定。

权利要求 4 在引用权利要求 3 的基础上进一步限定了"所述的密封槽（6）的数量为两条"，在对比文件 5 已经公开其中存在密封槽的基础上（出处同上），本领域技术人员为了获得更好的密封效果，将其中的密封槽改变为两条是显而易见的，属于本领域的公知常识，因此在其引用的权利要求 3 不具备创造性的基础上，权利要求 4 也不具备创造性，不符合《专利法》第 22 条第 3 款的规定。

权利要求 5 在权利要求 1 的基础上进一步限定了"所述的绝缘芯棒内筒（1）与端头法兰（2）由浇注进入两者缝隙间的胶黏剂（5）密封连接"。

如前所述可知，权利要求 5 与对比文件 1 相比，其区别在于：对比文件 1 虽然公开了其中法兰 FRP 的筒界面黏结剂的连接（相当于本专利权利要求 5 的胶黏剂密封连接，参见对比文件 1 说明书第 0010 段），但是未公开权利要求 5 的附加技术特征中关于浇注的内容。但是，使用浇注方式来进行胶黏剂/黏结剂的连接是常用技术手段，因此权利要求 5 相对于对比文件 1 的基础上结合本领域公知常识不具备创造性，不符合《专利法》第 22 条第 3 款的规定。

权利要求 6 在权利要求 1 的基础上进一步限定了"所述的绝缘芯棒内筒（1）为玻璃钢"。

对比文件 1 中已经公开了其中的绝缘芯棒内筒为 FRP 材料（参见对比文件 1 说明书 0001 段），FRP 材料即为 Fiberglass-Reinforced Plastics，其中文含义为玻璃纤维增强塑料，有时也称为玻璃钢，因此权利要求 6 与对比文件 1 相比仅在于其主题名称的不同（参见前面的评述），因此权利要求 6 也不具备创造性，不符合《专利法》第 22 条第 3 款的规定。

权利要求 7 在引用权利要求 1~6 的基础上进一步限定了"所述的支柱型空心复合绝缘子的生产方法，包括端头法兰（2）与绝缘芯棒内筒（1）的密封连接步骤，其特征在于：端头法兰（2）与绝缘芯棒内筒（1）的密封连接步骤为：将绝缘芯棒内筒（1）插入端头法兰（2）内孔并与其径向内环（7）相抵，以径向内环（7）为基准物校正端头法兰（2）与绝缘芯棒内筒（1）的同轴度，再从端头法兰上端浇注口浇注胶黏剂（5），加热固化，完成端头法兰（2）与绝缘芯棒内筒（1）的密封连接"。

当权利要求 7 引用权利要求 1 时，参见对权利要求 3 的评述，权利要求 7 与对比文件 1 的区别仅在于权利要求 7 的附加技术特征。当权利要求引用权利要求 2 时，权利要求 7 与对比文件 1 的区别仅在于权利要求 2 和权利要求 7 的附加技术特征，权利要求 2 的附加技术特征已经被对比文件 2 公开，对比文件 2 公开了一种用于电气连接的中间压紧型套管，其中金具部件 2 具有径向向内的延伸段，在延伸段的上端面开设有与金具部件同轴的凹槽，瓷套 1 的端面与金具部件 2 的端面 20 之间装有密封垫圈 20a，密封垫圈 20a 设置在该延伸段的凹槽中（参见对比文件 2 说明书第 11 段及图 5），可见其引用的权利要求 2 的附加技术特征已经被公开，权利要求 7 的附加技术特征如后所述。

当权利要求 7 引用权利要求 3~6 时，针对权利要求 7 的附加技术特征，对比文件 1 公开了法兰金具 56 和 FRP 筒 52 的连接方式（参见对比文件 1 说明书的 0010 段、0013 段），通过黏结剂同轴连接、端面相抵，但是对比文件 1 未公开其中的浇注、加热固化等内容，但是对于本领域技术人员而言，使用浇注、加热固化应用在具体的连接步骤中是常用技术手段，本领域技术人员不需要付出创造性劳动就能实现，因此在其引用的权利要求1~6不具备新颖性或创造性的前提下，权利要求7也不具备《专利法》第22条第3款规定的创造性。

权利要求8在引用权利要求7的基础上进一步限定了"所述的胶黏剂（5）为环氧树脂胶黏剂"，对比文件7公开了一种高压空心复合绝缘子，其中公开了"其中浇装剂（4）为复合环氧树脂"、"中间用环氧树脂填充"（参见对比文件7权利要求1、说明书第4页第1、4段），因此在其引用的权利要求7不具备创造性的基础上，权利要求8也不具备《专利法》第22条第3款规定的创造性。

（三）案例评析

本案属于已经授权专利的无效过程，无效请求人通过检索，发现了一篇可评价新颖性的抵触申请文件和多篇可评价创造性的专利文献。对于文献和本发明的技术差异，专利权人和无效请求人有不同意见。专利权人认为：证据1仅在背景技术部分简单提及了图6密封圈的安装位置，未能有效揭示本专利权利要求1中的各个技术特征，尤其关于内径是否相等的技术特征，由附图中推测的内容，或无文字说明，仅仅从附图中测量得出的尺寸及关系，不应当作为已公开的内容；并且，证据1没有揭示内径相等是为了解决便于校对同轴度的技术问题。请求人认为：证据1附图6公开了"径向内环内径与玻璃钢绝缘管1内径相等"的特征，该特征不是尺寸关系，而是结构关系，属于从附图6可以直接、毫无疑义看出的技术内容。对于双方的不同观点，无效审查过程中合议组认为，证据1附图6中示出玻璃钢绝缘管1的内壁与法兰3的内壁位于同一直线上，本领域技术人员可以由此直接地、毫无疑义地确定玻璃钢绝缘管1和法兰3的内径相等，这并不是由测量得出的尺寸关系，而是由附图可以直接确定的结构位置关系。尽管证据1并未公开该特征所要解决的技术问题，但是，证据1公开的技术方案与本专利权利要求1实质上是相同的，所属技术领域的技术人员根据两者的技术方案可以确定两者能够解决相同的便于校对同轴度技术问题。因此，合议组没有支持专利权人的理由。

从该案例可以有以下启示：（1）对于已经授权专利，但本案属于实用新型专利，在审查中并未进行检索，因此存在遗漏新颖性类文献的可能。对于发明授权专利，也存在相应可能，特别对于授权日距离申请日不足18个月时，更容易出现此类技术上漏检的可能。（2）对于用文字描述的机械结构，尽管本发明和对比文件存在不同，但此类技术方案与附图结合较为密切，需要根据文字和附图确定其技术方案。

第二节 多篇现有技术文献

案例34：硅类薄膜太阳能电池

（一）案情介绍

本案无效宣告涉及专利号为200480021059.3，发明名称为"硅类薄膜太阳能电池"的PCT发明专利，专利权人为株式会社钟化。优先权日为2003年7月24日和2003年10月17日，申请日为2004年7月12日，进入中国国家阶段的日期为2006年1月20日，授权公告日为2010年12月29日。授权公告时的权利要求书如下：

"1. 一种硅类薄膜太阳能电池，其特征在于，在从光入射侧观察时位于光电转换层后方的部位依次设置相互接触的导电型硅类低折射率层、硅类界面层和背面电极，且上述硅类低折射率层在波长600nm处的折射率为2.5或2.5以下，其中上述硅类低折射率层的厚度为300Å或300Å以上，且上述硅类低折射率层在其层中含有晶体硅成分。

2. 按照权利要求1中记载的硅类薄膜太阳能电池，其特征在于，上述硅类低折射率层中，除硅以外含量最多的构成元素所占的比率为25原子%或25原子%以上。

3. 按照权利要求2中记载的硅类薄膜太阳能电池，其特征在于，上述含量最多的构成元素为氧。

4. 按照权利要求1至3中任意一项记载的硅类薄膜太阳能电池，其特征在于，上述硅类界面层的厚度为150Å或150Å以下。

5. 按照权利要求4中记载的硅类薄膜太阳能电池，其特征在于，上述硅类界面层在其层中含有晶体硅成分。"

陈北洋（下称请求人）于2012年8月31日向专利复审委员会提出了无效宣告请求，其理由是：本专利的权利要求1~5不符合《专利法》第26条第4款和《专利法》第22条第3款的规定，请求宣告本专利权利要求1~5全部无效，同时提交了如下证据：

证据1：公开号为JP 昭62-65478A、公开日为1987年3月24日的日本公开特许公报说明书全文，及其部分中文译文的复印件，共7页（下称对比文件1）；

证据2：公开号为JP 昭59-63774A、公开日为1984年4月11日的日本公开特许公报说明书全文，及其部分中文译文的复印件，共5页（下称对比文件2）；

证据3：公告号为US5021100A、公告日为1991年6月4日的美国发明专利说明书全文，及其部分中文译文的复印件，共11页（下称对比文件3）；

证据4：公开号为JP 特开平11-186574A、公开日为1999年7月9日的日本公开特许公报说明书全文，及其部分中文译文的复印件，共 15 页（下称对比文件 4）；

证据 5：公告号为 US5738732A、公告日为 1998 年 4 月 14 日的美国发明专利说明书全文，及其部分中文译文的复印件，共 17 页（下称对比文件 5）。

请求人认为：（1）权利要求 1 中的"硅类低折射率层"、"硅类界面层"以及"硅类低折射率层的厚度为 300Å 或 300Å 以上"概括范围过大，因此权利要求 1 得不到说明书的支持，不符合《专利法》第 26 条第 4 款的规定。权利要求 2~5 直接或间接引用权利要求 1，但未能弥补上述缺陷，因此权利要求 2~5 也不符合《专利法》第 26 条第 4 款的规定。（2）以对比文件 1 作为最接近的对比文件，权利要求 1 相对于对比文件 1 和 2 的结合、或对比文件 1 和 2 和 3 的结合、或对比文件 1 和 2 和 5 的结合不具备创造性，权利要求 2 的附加技术特征被对比文件 1、3、5 分别公开，权利要求 3 的附加技术特征被对比文件 3、5 分别公开，权利要求 4 的附加技术特征是在对比文件 2 所公开的内容的基础上通过有限次试验可以得到的，权利要求 5 的附加技术特征被对比文件 2 公开，因此权利要求 1~5 均不具备《专利法》第 22 条第 3 款规定的创造性。（3）以对比文件 4 作为最接近的对比文件，权利要求 1 相对于对比文件 4 和 3 的结合、或对比文件 4 和 5 的结合、或对比文件 4 和 2 和 3 的结合、或对比文件 4 和 2 和 5 的结合不具备创造性，权利要求 2 的附加技术特征被对比文件 3、5 分别公开，权利要求 3 的附加技术特征被对比文件 3、5 分别公开，权利要求 4~5 的附加技术特征被对比文件 4 公开，因此权利要求 1~5 均不具备《专利法》第 22 条第 3 款规定的创造性。

请求人于 2012 年 9 月 11 日针对上述无效宣告请求补充提交以下公知常识性证据：

证据 6-1：高级中学课本《物理》（甲种本）第三册，张同恂、方玉珍、马淑美编，人民教育出版社，1985 年 11 月第 1 版，1987 年 3 月山东第 2 次印刷，封面、版权页、目录页、第 198~201 页的复印件，共 5 页；

证据 6-2：普通物理学《光学》，山东科学技术出版社，1988 年 6 月第 1 版，1988 年 6 月第 1 次印刷，封面、版权页、前沿页、目录页、第 8~11、330~331 页的复印件，共 8 页；

证据 6-3：《有机化学实验》，王福来编著，武汉大学出版社，2001 年 2 月第 1 版，2003 年 1 月第 2 次印刷，封面、版权页、第 26 页的复印件，共 3 页。

经形式审查合格，专利复审委员会于 2012 年 10 月 16 日受理了上述无效宣告请求，并将无效宣告请求书及所附证据副本和补充提交的公知常识性证据副本转给了专利权人，同时成立合议组对本案进行审查。

专利权人针对上述无效宣告请求于 2012 年 11 月 30 日提交了意见陈述书，并提交了反证 1~4：

反证 1：对比文件 1 的部分中文译文，共 1 页；

反证 2：对比文件 5 的部分中文译文，共 2 页；

反证 3：独立行政法人产业技术综合研究所（AIST）于 2002 年 8 月 29 日发布的技

术信息及其相关部分的中文译文，共 23 页；

反证 4：专利权人提供的形成大厚度氧化硅层的难度分析，共 3 页。

同时，专利权人修改了权利要求书，删除原权利要求 1~4，将原权利要求 5 作为修改后的独立权利要求 1。修改后的权利要求书为：

"1. 一种硅类薄膜太阳能电池，其特征在于，在从光入射侧观察时位于光电转换层后方的部位依次设置相互接触的导电型硅类低折射率层、硅类界面层和背面电极，且上述硅类低折射率层在波长 600nm 处的折射率为 2.5 或 2.5 以下，其中上述硅类低折射率层的厚度为 300Å 或 300Å 以上，且上述硅类低折射率层在其层中含有晶体硅成分；上述硅类低折射率层中，除硅以外含量最多的构成元素所占的比率为 25% 原子或 25% 以上原子，所述含量最多的构成元素为氧；上述硅类界面层的厚度为 150Å 或 150Å 以下，且上述硅类界面层在其层中含有晶体硅成分。"

专利权人认为：

（1）修改后的独立权利要求 1 能够得到说明书的支持，符合《专利法》第 26 条第 4 款的规定。

（2）参见反证 1~4，本领域技术人员可以获知：第一，没有动机采用对比文件 1 或对比文件 4，更没有动机将对比文件 1 或者对比文件 4 与对比文件 2、3、5 中的任一进行组合；第二、对比文件 1~5 的结合并不能得到权利要求的技术方案；第三、对比文件 1~5 均无法预期本专利所取得的光电转换效率提高的技术效果。因此，修改后的权利要求 1 具备《专利法》第 22 条第 3 款规定的创造性。

专利复审委员会本案合议组于 2013 年 1 月 17 日将专利权人于 2012 年 11 月 30 日提交的意见陈述书及所附附件转给了请求人。同日，专利复审委员会本案合议组向双方当事人发出了口头审理通知书，定于 2013 年 3 月 28 日举行口头审理。

请求人于 2013 年 3 月 1 日针对上述转送文件通知书提交了意见陈述书，并提交了 4 份参考资料：

参考资料 1：中国专利公报 CN100420039C；

参考资料 2：文献 "On the oxidation mechanism of microcrystalline silicon thin films studied by Fourier transform infrared spectroscopy" 的图 5 及其译文；

参考资料 3：文献 "Electron spin resonance and transient photocurrent measurements on microcrystalline silicon" 的第 6.2 章部分内容及其译文；

参考资料 4：文献 "Microcrystalline silicon solar cells: effect of substrate temperature on cracks and their role in post-oxidation" 的图 8、图 9 及其译文。

请求人认为：（1）所提交的 4 份参考资料用以澄清某些技术常识。（2）修改后的权利要求 1 仍未克服请求书中提出的缺陷，因此权利要求 1 仍然不符合《专利法》第 26 条第 4 款的规定。（3）修改后的权利要求 1 对应于引用原权利要求 3 时的原权利要求 5，因此，请求人认为：权利要求 1 相对于对比文件 1、2、3 的结合、或对比文件 1、

2、5 的结合、或对比文件 4、3 的结合、或对比文件 4、5 的结合、或对比文件 4、2、3 的结合、或对比文件 4、2、5 的结合不具备创造性。

专利复审委员会本案合议组于 2013 年 3 月 14 日将请求人 2013 年 3 月 1 日提交的意见陈述书及所附附件转给了请求人。在上述文件和审查基础上，200480021059.3 号发明专利权被全部宣告无效。

(二) 文献作用和评价

权利要求 1 要求保护一种硅类薄膜太阳能电池。对比文件 1 中公开了一种光伏装置，其中具体披露了以下内容（参见对比文件 1 中文译文第 7~27 行、第 3 页第 11~12 行，图 1）：图 1 是光伏装置的截面结构图，在透光性绝缘基板 1 上顺序地层叠有透明电极 2、p 型非晶半导体层 3、i 型非晶半导体层 4、n 型非晶半导体层 5（p-i-n 的整体相当于权利要求 1 中的"光电转换层"），并且在 n 型非晶半导体层 5 上进一步层叠有折射率比 n 型非晶半导体层 5 的折射率小，并且导电率与 n 型半导体层 5 相同或者更高的 n 型非晶半导体层 6（相当于权利要求 1 中的"导电型低折射率层"），在其上层叠有背面电极 7（相当于权利要求 1 中的"在从光入射侧观察时位于光电转换层后方的部位依次设置相互接触的导电型硅类低折射率层、和背面电极"）。作为该反射层设置的 n 型非晶半导体层 6 的材料可以采用非晶硅碳化物（相当于权利要求 1 中的"硅类低折射率层"）。

通过对比可知，权利要求 1 与对比文件 1 的区别特征在于：①权利要求 1 中的硅类低折射率层限定为"在波长 600nm 处的折射率为 2.5 或 2.5 以下，厚度为 300Å 或 300Å 以上，含有晶体硅成分；除硅以外含量最多的构成元素所占的比率为 25 原子% 或 25 原子% 以上，所述含量最多的构成元素为氧"，而对比文件 1 中的硅类低折射率层限定为"非氧化物半导体层"；②权利要求 1 中的硅类界面层限定为"厚度为 150Å 或 150Å 以下，且含有晶体硅成分"，而对比文件 1 中并未公开该层。基于上述区别特征，权利要求 1 实际所解决的技术问题是：①如何选择反射层的材料，以及如何减小与背面电极的接触电阻；②如何减少太阳能电池的串联电阻，改善转换效率。

对于区别特征①：首先，对比文件 3 中公开了一种光伏器件，其中公开了以下内容（参见对比文件 3 中文译文第 2 页第 5~7 行）：反射膜包含折射率为 1.46（该折射率为 2.5 以下）的 SiO_2，厚度约为 3100Å（该厚度为 300Å 以上），反射峰出现在约 600nm。对比文件 3 所公开的 SiO_2，其中除硅以外含量最多的构成元素为氧，且所占比率为 66.7 原子%（除硅以外含量最多的元素为氧，氧所占的比率为 25 原子%以上）。由此可见，对比文件 3 中公开了区别特征①中的部分内容，即"在波长 600nm 处的折射率为 2.5 或 2.5 以下，厚度为 300Å 或 300Å 以上；除硅以外含量最多的构成元素所占的比率为 25 原子% 或 25 原子% 以上，所述含量最多的构成元素为氧"，并且其在对比文件 3 中所起的作用与本专利中相同，均是提供一种反射层的材料，因此对比文件 3

中给出了选择 SiO₂ 层作为反射层的技术启示。至于对比文件 3 未公开的区别特征①中的部分内容，即"含有晶体硅成分"，对比文件 2 中公开了一种硅太阳能电池，其中公开了以下内容（参见对比文件 2 中文译文第 2 页第 12~13 行）：由于包含微晶粒的微晶化层的导电率为普通非晶硅层的 40 000 倍，可以大大减小太阳能电池的内部串联电阻。由此可见，对比文件 2 中公开了"含有晶体硅成分"这一特征，并且给出了在导电层中包含微晶粒可以大大提高导电率的技术启示，在此基础上，本领域技术人员很容易想到在作为反射层的硅半导体层中包含晶体硅成分，从而进一步提高其导电率，进而减小该导电层与背面电极之间的接触电阻。

对于区别特征②：对比文件 2 中公开了一种硅太阳能电池，其中公开了以下内容（参见对比文件 2 中文译文第 1 页第 23~29 行，第 2 页第 1~4 行，图 1~2）：图 1 是太阳能电池的结构图，透光性绝缘基板 1 上具有透明电极 2、p-i-n 层 3~5，n 型层 5 上设有金属电极 6，此金属电极 6 与 n 型层 5 之间的接触电阻大的话，电池的输出功率会变低；图 2 中，与图 1 中的太阳能电池的不同之处在于 n 型层 5 与金属电极 6 之间插入了 n 型微晶化非晶硅层 7（相当于权利要求 1 中的"硅类界面层"），该微晶化层与金属电极之间的接触电阻通常较低。由此可见，对比文件 2 中公开了区别特征②中的部分内容，即"含有晶体硅成分"的硅类界面层。至于对比文件 2 未公开的区别特征②中的部分内容，即"厚度为 150Å 或 150Å 以下"，该厚度范围的选择是本领域技术人员在对比文件 2 的基础上通过有限的试验即可得到的，且并未带来预料不到的技术效果。

因此，对比文件 2 和 3 中已公开或教导上述区别特征①和②，本领域技术人员在对比文件 1 的基础上结合对比文件 2 和 3 从而得到权利要求 1 的技术方案是显而易见的，且未带来任何预料不到的技术效果，因此权利要求 1 相对于对比文件 1、2、3 的结合不具备《专利法》第 22 条第 3 款的创造性。

（三）案例评析

本案属于已经授权 PCT 专利的无效过程，无效请求人通过检索，发现了多篇现有技术文件结合可评价创造性。对于文献和本发明的技术差异，专利权人和无效请求人有不同意见。

专利权人认为：①对比文件 1 不能将硅氧化物用作低折射率反射层，给出了与本专利相反的教导。②对比文件 3 中氧化硅层位于两个电池之间，把一部分光反射到前面，同时把一部分光透射到后面，该氧化硅层是选择性反射膜；而本专利的氧化硅层是把所有光反射到前面的光电转换层中，主要起反射作用。因此，二者是不同的。③对比文件 3 中的氧化硅层是绝缘层，与本专利中的导电型低折射率层是不同的。

对此，请求人认为：①对比文件 1 中提出用非氧化物层代替氧化物层，仅仅是针对氧化物形成过程中可能的缺陷而提出的应对，不意味着对比文件 1 中不能使用硅氧化物作为反射层。②对比文件 3 中设置了折射率较低的氧化硅层，用于反射光，使得光电转换层再吸收光，这与本专利中的作用相同。③氧化硅层极薄时会产生隧道效应使得可流过电流。

对于双方的不同观点，无效审查过程中合议组认为：①对比文件 1 中的非氧化物半导体和本专利的硅氧化物均用作低折射率反射层，二者的作用是相同的。参见反证 1 第 1 段内容，对比文件 1 中提出用非氧化物层代替氧化物层，主要解决的是氧化物形成过程中可能产生缺陷这一技术问题，并不意味着对比文件 1 中不能使用硅氧化物作为反射层。②对比文件 3 中的氧化硅层设置在两个太阳能电池之间，虽然为了均衡各电池中产生的光电流，将该氧化硅层作为选择性反射膜使用，但是对于单个太阳能电池而言，其实质上仍然是作为低折射率反射层使用的，这与本专利中的作用是相同的。③对比文件 1 中文译文第 1 页第 14~15 行公开了 n 型非晶半导体层 6（相当于权利要求 1 中的"低折射率层"）是导电层，对比文件 3 中公开了氧化硅层可以作为低折射率层，由此本领域技术人员能够将对比文件 3 中公开的氧化硅层应用到对比文件 1 中作为低折射率层，为了同时保证对比文件 1 中低折射率层的导电功能，本领域技术人员能够想到该氧化硅层应当设置为导电层，而且对于本领域技术人员来说，氧化硅层极薄时会产生隧道效应使得可流过电流，其能够起到导电作用。因此，专利权人的上述主张均不能成立。

从该案例可以有以下启示：对于已经授权的 PCT 发明专利，尽管在国际阶段和进入中国国家阶段后均有检索过程，但也存在多篇现有技术结合评述创造性的可能。对于这类检索，应着重从技术方案的结合启示出发，进行检索。此外，在这些文件结合评价创造性时，主要考虑权利要求中的技术特征是否被对比文件公开且作用是否相同即可，至于对比文件中为了解决与本专利无关的其他技术问题而对其技术方案作出的相反限定，并不意味着对比文件给出了与权利要求技术方案相反的教导。

第三节 标准类现有技术

案例 35：一种精密分流电阻器

（一）案情介绍

本案涉及国家知识产权局于 2007 年 5 月 30 日授权公告的第 03138772.1 号发明专利权，其名称为"精密分流电阻器及其生产方法"，申请日为 2003 年 7 月 9 日，专利权人为彭德龙。

本专利授权公告的权利要求书的内容如下：

"1. 一种精密分流电阻器,由电阻体和采用紫铜板制成的汇流排组成,其特征在于所述的电阻体采用温度系数低于20ppm的锰铜板,在电阻体与汇流排之间有通过电子束焊接熔融形成的温度系数低于50ppm的过渡锰铜—紫铜合金带。

2. 根据权利要求1所述的精密分流电阻器,其特征在于在汇流排上开有安装孔和电压输出端。

3. 一种生产权利要求1的精密分流电阻器的方法,其特征在于该生产方法按如下步骤进行:

(1) 选择温度系数低于20ppm的锰铜带材,将厚度相同的紫铜带材并行放置在锰铜带材的两侧,放人真空电子束焊接机,对两种带材的对接缝进行真空电子束焊接,使对接处的紫铜、锰铜熔融形成温度系数低于50ppm的过渡锰铜—紫铜合金带,从而制成紫铜—锰铜—紫铜双金属带材;

(2) 将紫铜—锰铜—紫铜双金属带材用模具冲制出精密分流电阻器。"

针对上述专利权,佛山好运电器配件有限公司(下称请求人)于2012年8月28日向专利复审委员会提出无效宣告请求,认为本专利不符合《专利法》第22条第3款的规定,同时提交了如下附件:

附件1:本专利的授权公告文本,共8页;

附件2:德国专利申请DE4243349A1公开说明书,共9页,公开日为1994年6月30日;

附件3:北京国知中意翻译有限公司翻译的附件2全文中文译文,及该公司出具的相关说明及所依据的《新德汉词典》的封面、相应页、版权页复印件,共12页;

附件4:中国标准化研究院国家标准馆出具的、编号为2012020A的《标准有效性确认报告书》,其附件为GB/T 6145-1999号、名称为《锰铜、康铜精密电阻合金线、片及带》的中华人民共和国国家标准,复印件,共18页,委托和完成日期均为2012年4月19日。

请求人认为:

权利要求1~3不符合《专利法》第22条第3款的规定。

权利要求1与附件3相比的区别特征在于:(a) 权利要求1中的电阻体采用锰铜板;(b) 锰铜板的温度系数低于20ppm;(c) 过渡锰铜—紫铜合金带的温度系数低于50ppm。对于区别特征(a),附件3实质上给出了电阻部件3采用锰铜板的技术启示,也被附件4公开,同时也是本领域公知常识。区别特征(b)是本领域的公知常识,也被附件4公开,同时也是本领域技术人员根据附件4公开的温度系数范围容易想到的。区别特征(c)是本领域的公知常识,也被附件4公开。因此,权利要求1相对于附件3与本领域公知常识的结合或附件3、4与本领域公知常识的结合不具备创造性。

权利要求2的附加技术特征中的电压输出端被附件3公开,而在汇流排上开设安装孔是本领域的公知常识。因此,权利要求2相对于附件3、4与本领域公知常识的结合也不具备创造性。

权利要求 3 与附件 2 的区别特征和权利要求 1 与附件 2 的区别特征相同，基于相同的理由，权利要求 3 也不具备创造性。

对于上述无效宣告请求，专利复审委员会经形式审查合格，于 2012 年 8 月 28 日受理了上述无效宣告请求，并将请求书及附件清单所列附件副本转给专利权人，同时成立合议组对本案进行审查。

针对上述无效宣告请求书，专利权人于 2012 年 9 月 19 日提交了意见陈述书以及如下文件：

文件 1：4W101533 号无效宣告案件的意见陈述书，复印件，共 3 页；

文件 2：关于 4W101533 号无效宣告案件的补充意见陈述书，复印件，共 9 页。

专利权人陈述的主要意见为：权利要求 1 相对于附件 3 存在区别特征：①电阻体采用温度系数低于 20ppm 的锰铜板；②电阻体与汇流排之间为温度系数低于 50ppm 的锰铜—紫铜合金带；③用于形成温度系数低于 50ppm 的锰铜—紫铜合金带的电子束焊接。对于区别特征②，温度系数的大小影响电阻元件的结构组成，隐含了具有区别于对比文件产品的结构组成；对于区别特征③，权利要求 1 的电子束焊接包括说明书中对材料、宽度等各种参数的限定，不同于一般意义上的电子束焊接，为了实现锰铜—紫铜合金带的温度系数低于 50ppm 的要求，对电子束焊接必定有"特别限定"。基于这些区别技术特征，本专利实际解决的技术问题是如何减少接触电阻的电阻值及提高接触电阻的热稳定性，从而使分流电阻器更加精密。而附件 3 及附件 4 没有公开上述区别特征，也没有给出解决本专利的技术问题的启示。因此，权利要求 1 具有创造性。相应地，权利要求 2 和 3 也具有创造性。

另外，在文件 1 中，专利权人声称提供两份说明本专利显著效果的证据，用于说明本专利产品在不同状态下分流电阻器的精密度情况之一，以及用于说明本专利产品在不同状态下分流电阻器的精密度情况之二。但专利权人并未提交上述两份证据。

合议组于 2012 年 11 月 29 日发出转送文件通知书，将专利权人的上述意见陈述书转送给请求人。

请求人于 2012 年 12 月 12 日提交意见无效宣告程序意见陈述书以及如下附件：

附件 5：《现代焊接技术手册》，上海科学技术出版社出版，1993 年 11 月第 1 次印刷，曾乐主编，封面、首页、版权页、第 363~381 页复印件，共 22 页。

针对专利权人的陈述意见，请求人认为：①本专利权利要求并未对电子束焊接进行限定，而且本专利并未对这种焊接技术及其特性作出任何改进，采用现有技术的电子束手段自然也可获得具有本专利温度系数特性的锰铜—紫铜合金带。因此，温度系数低于 50ppm 的锰铜—紫铜合金带不能使权利要求 1、3 具备创造性。②本专利采用的电子束焊接属于现有技术，说明书记载的电子束焊接参数是现有技术通常采用的参数，其作用是实现锰铜和紫铜的连接。因此，权利要求 1 中的温度系数不能限定特定的电子束焊接。③电子束焊接对电阻器性能的影响可以忽略不计，本专利并不是解决降低汇流排与电阻体结合处接触电阻的技术问题。因此，本专利权利要求均不具备创造性。

合议组于 2013 年 1 月 16 向专利权人发出转送文件通知书，将请求人于 2012 年 12 月 12 日提交的上述意见陈述书及附件转送给专利权人。同日，合议组向双方当事人发出了合议组成员告知通知书，告知双方当事人合议组组成成员。

合议组于 2013 年 2 月 1 再次向双方当事人发出了合议组成员告知通知书，告知双方当事人合议组成员变更情况。

针对上述转文通知书，专利权人于 2013 年 2 月 5 日提交了意见陈述书以及如下证据：

证据 1：200 微欧分流器通电试验阻值变化情况，复印件，共 17 页；

证据 2：PFL 分流器温度系数，复印件，共 4 页。

专利权人认为：①请求人提交的附件 5 没有关于电子束焊接紫铜—锰铜的论述，其中的参数与本专利也不同；②本专利采用了特定的电子束焊接，对于焊接参数是创造性的改进；③关于权利要求 1 创造性的意见与 2012 年 9 月 19 日陈述的意见基本相同；④证据 1、证据 2 是本专利精密分流电阻器性能指标的测试报告，证明本专利产品具备显著的技术进步；⑤权利要求 3 通过控制温度系数实现热稳定性和可靠性，具有创造性。因此，附件 2 及公知常识没有给出得到本专利技术方案的启示。

合议组于 2013 年 2 月 25 日发出转文通知书，将专利权人于 2013 年 2 月 5 日提交的意见陈述书及证据副本转送给请求人，请求人逾期未答复。

在上述证据和程序基础上，03138772.1 号发明专利权被宣告全部无效。

(二) 文献作用和评价

权利要求 1 保护一种精密分流电阻器。附件 2 公开了一种电阻，特别是低欧姆测量电阻（参见附件 2 译文权利要求 11、附图 1~3，相当于权利要求 1 中的精密分流电阻器），具体公开了以下技术特征：该电阻具有两个彼此分开的用于高导电性的金属制成的连接部分 1、2（相当于权利要求 1 中的汇流排），以及在连接部分 1、2 之间设置的电阻元件 3（相当于权利要求 1 中的电阻体）；连接部分 1、2 可以是紫铜带，电阻元件是铜锰镍合金带或其他常规电阻合金优选以铜为基（参见附件 2 译文第 3 页第 1 段）；电阻元件 3 沿纵向缝 4 与连接部分 1、2 焊接（参见附件 2 译文第 3 页倒数第 2 段、附图 1），通过电子束焊接（参见附件 2 译文权利要求 3）。

附件 2 虽然没有明确记载电阻元件 3 为锰铜板，但是，锰铜是铜、锰、镍或铜、锰、硅等一类合金的统称，附件 2 公开了电阻元件 3 为铜锰镍合金板，其实质上就是锰铜板。可见，权利要求 1 与附件 2 相比的区别特征在于：①锰铜板的温度系数低于 20ppm；②电阻体与汇流排之间为通过电子束焊接熔融形成的温度系数低于 50ppm 的锰铜—紫铜合金带。

基于上述区别特征可确定，权利要求1所解决的技术问题是降低温度变化对电阻阻值的影响。

对于上述区别特征①，附件4公开了附件2锰铜合金的温度系数要求在0~40ppm（参见附件3第3页第5.4.2节表4）。虽然附件4公开的温度系数范围大于权利要求1所限定的温度系数低于20ppm的范围，但其已经给出了锰铜合金温度系数低于40ppm的参考范围，而且，电阻的温度系数越小，其受温度的影响越小精度越高，本领域技术人员在附件4的启示下，结合本领域的常识，很容易想到在附件4公开的范围内寻求更小温度系数的电阻以得到更高精度的电阻器。因此，区别特征①对于本领域技术人员而言是显而易见的。

对于上述区别特征②，附件2已经公开了电阻元件3与连接部分1、2通过电子束焊接，在此基础上，电阻元件3与连接部分1、2必然形成过渡的锰铜—紫铜合金带。虽然附件2没有公开电阻元件3与连接部分1、2之间形成的过渡锰铜—紫铜合金带的温度系数低于50ppm，但是，本领域技术人员皆知，对于电子束焊接的过渡部分，其温度系数主要取决于作为电阻体的锰铜材料，结合附件4已经公开了锰铜合金温度系数低于40ppm的参考范围，本领域技术人员很容易使得过渡锰铜—紫铜合金带的温度系数低于50ppm。因此，区别特征②对于本领域技术人员而言也是显而易见的。

综上所述，对于本领域技术人员而言，在附件2的基础上结合附件4以及本领域常识得到权利要求1的技术方案是显而易见的，权利要求1不具有突出的实质性特点和显著的进步，因而不具备《专利法》第22条第3款规定的创造性。

附件2还公开了连接部分1、2上可连接用于测量电压的附加导体（参见附件2译文权利要求11），可见权利要求2的附加技术特征中的电压输出端被附件2公开，而在汇流排上开设安装孔是本领域的公知常识。因此，在权利要求1不具备创造性的前提下，权利要求2也不具备《专利法》第22条第3款规定的创造性。

权利要求3保护一种生产权利要求1的精密分流电阻器的方法，附件2公开了一种电阻，特别是低欧姆测量电阻及其制造方法（参见附件2译文权利要求5、11、附图1~3，相当于权利要求1中的精密分流电阻器），具体公开了以下技术特征：用电阻合金制成的电阻元件3，与用高导电性的导体材料制成的连接部分1、2（相当于权利要求1中的汇流排）连接，电阻合金带在至少一条纵向边缘与导体材料带的相应纵向边缘焊接，形成复合材料带；各一个铜带在位于中间的用电阻合金制成的带的两侧焊接（相当于权利要求3中的将紫铜带材并行放置在锰铜带材的两侧）；焊接方式为电子束焊接（参见附件2译文权利要求3，必然使用真空电子束焊接机）；垂直于带的纵向进行冲压可制成多个单个的电阻片（相当于权利要求3中的步骤2）。其中，连接部分1、2可以是紫铜带，电阻元件是铜锰镍合金带或其他常规电阻合金优选以铜为基（参见附件2译文第3页第1段）。

附件2虽然没有明确记载电阻元件3为锰铜板，但是，锰铜是铜、锰、镍或铜、锰、硅等一类合金的统称，附件2公开了电阻元件3为铜锰镍合金板，其实质上就是锰铜板。另外，附件2还公开了（参见附件2译文第3页第24~29行）：要连接的金属部分可以与电阻元件3不同。相反例如连接部分1、2的厚度或者宽度可以与电阻元件3不同，即附件2不必然要求紫铜带的厚度与电阻元件的厚度一致，隐含公开了二者的厚度可以是一致的。可见，附件2也公开了权利要求3中的紫铜带与锰铜带厚度相同的技术特征。

可见，权利要求3与附件2相比的区别特征在于：①锰铜带材的温度系数低于20ppm；②对接处的紫铜、锰铜通过电子束焊接熔融形成温度系数低于50ppm的锰铜—紫铜合金带。

基于上述区别特征可确定，权利要求3所解决的技术问题是降低温度变化对电阻阻值的影响。

对于上述区别特征①，附件4公开了附件2锰铜合金的温度系数要求在0~40ppm（参见附件3第3页第5.4.2节表4）。虽然附件4公开的温度系数范围大于权利要求1所限定的温度系数低于20ppm的范围，但其已经给出了锰铜合金温度系数低于40ppm的参考范围，而且，电阻的温度系数越小，其受温度的影响越小精度越高，本领域技术人员在附件4的启示下，结合本领域的常识，很容易想到在附件4公开的范围内寻求更小温度系数的电阻以得到更高精度的电阻器。因此，区别特征①对于本领域技术人员而言是显而易见的。

对于上述区别特征②，附件2已经公开了电阻元件3与连接部分1、2通过电子束焊接，而且电阻元件3与连接部分1、2必然形成过渡的锰铜—紫铜合金带。虽然附件2没有公开电阻元件3与连接部分1、2之间形成的过渡锰铜—紫铜合金带的温度系数低于50ppm，但是，本领域技术人员皆知，对于电子束焊接的过渡部分，其温度系数主要取决于作为电阻体的锰铜材料，结合附件4已经公开了锰铜合金温度系数低于40ppm的参考范围，本领域技术人员很容易使得过渡锰铜—紫铜合金带的温度系数低于50ppm。因此，区别特征②对于本领域技术人员而言也是显而易见的。

因此，对于本领域技术人员而言，在附件2的基础上结合附件4以及本领域常识得到权利要求3的技术方案是显而易见的，权利要求3不具有突出的实质性特点和显著的进步，因而不具备《专利法》第22条第3款规定的创造性。

（三）案例评析

本案属于发明专利的无效审查，无效请求人通过检索，发现了可与现有技术文件结合的中国国家标准，在此基础上认为本专利不具备创造性。对于文献和本发明的技术差异，专利权人有不同意见。对此合议组认为：①附件4为技术标准，在所属领域有着较强的指引作用，其已经公开了0~40ppm的温度系数范围，结合温度系数越小电阻精度越高的常识，本领域技术人员很容易得到锰铜板的温度系数低于20ppm的技术特征；②专利权人关于锰铜—紫铜合金带低于50ppm使得电阻元件具有不同结构的主张没有依据，在附件4已经公开了锰铜合金温度系数低于40ppm的前提下，本领域技术人员通过电子束焊接很容易使得过渡锰铜—紫铜合金带的温度系数低于50ppm，权利要求1限定的温度系数并不能使锰铜—紫铜合金带具有与对比文件相区别的结构；③权利要求1并未对电子束焊接进行限定，不能将其理解为具有特殊意义的电子束焊接。而且，本专利说明书具体实施方式中也并非对电子束焊接进行了改进，其利用常规参数的电子束焊接将汇流排与电阻体焊接起来，形成锰铜—紫铜合金带。因此，专利权人的意见不成立。

从该案例可以有以下启示：标准是一种特殊的现有技术文件，既可以作为具体的现有技术方案的依据文件，也可作为公知常识证据。这取决于其在评价申请或发明技术方案时起的作用。对于标准技术文件，在检索中可作为材料或产品工艺的关键检索入口，根据技术特征或技术手段的使用进行检索。

第四节 公知常识证据

案例36：一种半导体封装用本征阻燃环氧树脂组合物

（一）案情介绍

本案涉及国家知识产权局于2012年1月4日公告授予的、名称为"半导体封装用本征阻燃环氧树脂组合物"的第201010291880.4号发明专利权，其申请日为2010年9月25日，专利权人为江苏中鹏新材料股份有限公司。该专利授权公告的权利要求书如下：

"1. 一种半导体封装用本征阻燃环氧树脂组合物，其特征在于，它是由以下重量配比的原料组成：

本征阻燃型环氧树脂 5~30；

本征阻燃型酚醛树脂 5~20；

无机填料 50~300；

固化促进剂 0.5~2.5；

偶联剂 0.5~4.5；

着色剂 0.1~5；

脱模剂 0.1~4.5。

所述的本征阻燃型环氧树脂是通式为（I）的环氧树脂：

通式（I）中：R_1、R_2是-CH_3、-CH_2CH_3、-$CH=CH_2$中的一种，n为1~10；所述的本征阻燃型酚醛树脂是通式（II）的酚醛树脂：

通式（II）中：R为H、CH_3或CF_3，n=1-10；

所述的无机填料为球形硅微粉，它由A部分硅微粉和B部分硅微粉组成，其中A部分硅微粉的中位粒径d50为10~15μm，B部分硅微粉的中位粒径d50为0.2~0.8μm；A部分硅微粉占无机填料总重量的70%~90%，B部分硅微粉占无机填料总重量的10%~30%。

2. 根据权利要求1所述的一种半导体封装用本征阻燃环氧树脂组合物，其特征在于：所述的固化促进剂为咪唑类化合物、叔胺化合物或者有机膦化合物中的一种或几种组成的混合物。

3. 根据权利要求2所述的一种半导体封装用本征阻燃环氧树脂组合物，其特征在于：所述的咪唑类化合物选自2-甲基咪唑、2,4-二甲基咪唑、2-乙基-4-甲基咪唑、2-苯基咪唑或者2-甲基-4-苯基咪唑。

4. 根据权利要求2所述的一种半导体封装用本征阻燃环氧树脂组合物，其特征在于：所述的叔胺化合物选自苄基二甲胺、三乙胺苄基二甲胺或者1,8-二氮杂双环（5,4,0）十一碳烯-7。

5. 根据权利要求2所述的一种半导体封装用本征阻燃环氧树脂组合物，其特征在于：所述的有机膦化合物选自三苯基膦、四苯基膦或者三（对甲基苯基）膦。

6. 根据权利要求1所述的一种半导体封装用本征阻燃环氧树脂组合物，其特征在于：所述的偶联剂选自环氧基硅烷、烷基硅烷、氨基硅烷、巯基硅烷、乙烯基硅烷或者钛酸酯偶联剂中的一种或多种组成的混合物。

7. 根据权利要求1所述的一种半导体封装用本征阻燃环氧树脂组合物，其特征在于：所述的着色剂为炭黑。

8. 根据权利要求 1 所述的一种半导体封装用本征阻燃环氧树脂组合物，其特征在于：所述的脱模剂为硬脂酸及其盐类脱模剂与/或蜡类脱模剂。

9. 根据权利要求 8 所述的一种半导体封装用本征阻燃环氧树脂组合物，其特征在于：所述的硬脂酸及其盐类脱模剂选自硬脂酸、硬脂酸锌、硬脂酸钙、硬脂酸镁或者硬脂酸锂；所述的蜡类脱模剂为褐煤蜡或者棕榈蜡。"

针对上述专利权，汉高华威电子有限公司（下称请求人）于 2012 年 5 月 31 日向专利复审委员会提出无效宣告请求，并提交了以下证据 1~8：

证据 1：公开号为 CN102372899A 的中国发明专利申请公开说明书，公开日为 2012 年 3 月 14 日，复印件共 7 页；

证据 2：公开号为 CN101831137A 的中国发明专利申请公开说明书，公开日为 2010 年 9 月 15 日，复印件共 6 页；

证据 3：日本专利公开特许公报 JP2009-235164A，公开日为 2009 年 10 月 15 日，复印件共 15 页，中文译文共 1 页；

证据 4：公开号为 CN101508844A 的中国发明专利申请公开说明书，公开日为 2009 年 8 月 19 日，复印件共 36 页；

证据 5：公开号为 CN1288914A 的中国发明专利申请公开说明书，公开日为 2001 年 3 月 28 日，复印件共 7 页；

证据 6：《特大型振动磨及其应用》，张世礼编著，冶金工业出版社，2007 年 7 月第 1 版，第 138 页、版权页，复印件共 2 页；

证据 7：《环氧树脂应用原理与技术》，孙曼灵主编，机械工业出版社，2002 年 9 月第 1 版，封面、第 455 页、版权页，复印件共 3 页；

证据 8：《现代信息材料导论》，吕银祥、袁俊杰、邵则淮编著，华东理工大学出版社，2008 年 9 月第 1 版，第 199 页、版权页，复印件共 2 页。

请求人提出的无效宣告请求的理由如下：

1) 本专利说明书公开不充分，不符合《专利法》第 26 条第 3 款的规定。本专利的说明书中所提供的所有实施例 1~14 中均未给出环氧树脂组合物中使用的环氧树脂和酚醛树脂的具体结构，对于其他的组分，实施例 1~14 也只是给出了若干种选择范围，并未明确到底使用的是何种具体物质，同时也未给出商购途径或制备方法。本领域技术人员既无法确定本专利的实施例和实验例使用的到底是何种结构的环氧树脂和酚醛树脂，同时也无法获得该环氧树脂和酚醛树脂以及其他组分，从而根据说明书所公开的内容，无法实施权利要求 1~9 中所要求保护的技术方案。因此，本专利的说明书公开不充分。

2) 本专利权利要求 1~2、6~9 相对于证据 1 不符合《专利法》第 22 条第 2 款关于新颖性的规定。证据 1 涉及一种集成电路封装材料，具体公开一种阻燃绿色环氧模塑料（参见证据 1 说明书第［0018］~［0029］段）。证据 1 公开了权利要求 1 的全部技术特征，本领域技术人员根据两者的技术方案可以确定两者能够适用于相同的技术领域，解决相同的技术问题，并具有相同的预期效果，因此，权利要求1相对于证据1不具有新颖性。在此基础上，从属权利要求2、6~9的附加技术特征也进一步被证据1公开，因此也不具备新颖性。

3) 本专利的权利要求1~9相对于证据2和本领域的惯用手段的组合，或者相对于证据2、证据3和本领域的惯用手段的组合，或者相对于证据2、证据4和本领域的惯用手段的组合，或者相对于证据2、证据5和本领域的惯用手段的组合，或者相对于证据2、证据3和证据5的组合，或者相对于证据2、证据4和证据5的组合不具有创造性，不符合《专利法》第22条第3款的规定。具体理由如下：

证据2公开了一种半导体封装用环氧树脂组合物（参见证据2说明书第[0018]~[0031]段）。权利要求1的技术方案与证据2所公开内容的区别特征仅在于：①本专利的权利要求1限定了环氧树脂是由通式（I）表示的环氧树脂；②本专利的权利要求1限定了球形硅微粉具有一定的粒径分布；和③本专利的权利要求1限定了各种组分的重量配比。

(1) 相对于证据2和本领域的惯用手段的组合：对于区别特征①，在证据2公开了可以使用的萘型环氧树脂的基础上，选择式（I）的萘型环氧树脂只是本领域技术人员的惯用技术手段；对于区别特征②，选择具有一定粒径分布的球形硅微粉作为填料是本领域技术人员的惯用手段，并不需要付出创造性的劳动（参见证据6、7）。对于区别特征③，本专利所限定的各组分重量配比是本领域的环氧树脂组合物的常规用量选择，并没有带来任何预料不到的技术效果（参见证据8）。可见，权利要求1相对于证据2和本领域的惯用手段的组合不具有创造性。在此基础上，从属权利要求2~9的附加技术特征也进一步被证据2公开，因此也不具备创造性。

(2) 相对于证据2、证据3和本领域的惯用手段的组合：对于区别特征①，证据3公开了一种半导体封装用组合物，并具体公开了通式（I）结构的环氧树脂（参见证据3说明书第[0022]~[0023]段），当R_1为甲基、乙基，R_2为H原子，R_3为甲基、乙基，R_4为H时，即为本专利的权利要求中所述通式（I）代表的环氧树脂，且其作用也相同。如上所述，对于区别特征②和③，是本领域技术人员的惯用手段，并不需要付出创造性的劳动。因此，权利要求1相对于证据2、证据3和本领域的惯用手段的组合，不具有创造性。在此基础上，从属权利要求2~9的附加技术特征也进一步被证据2公开，因此也不具备创造性。

(3) 相对于证据2、证据4和本领域的惯用手段的组合：对于区别特征①，证据4公开了一种萘骨架改性的酚醛清漆型环氧树脂是具有通式（7）的重复结构的、分子内具有萘骨架的环氧树脂（参见证据4说明书第9~10页），当R_{21}为甲基或乙基，R_{22}为甲基或乙基，B为-CH_2-时，即为本专利的权利要求中所述通式（I）代表的环氧树脂，且其作用也相同。如上所述，对于区别特征②和③，是本领域技术人员的惯用手段，并不需要付出创造性的劳动。因此，权利要求 1 相对于证据 2、证据 4 和本领域的惯用手段的组合不具有创造性。在此基础上，从属权利要求 2~9 的附加技术特征也进一步被证据 2 公开，因此也不具备创造性。

（4）相对于证据 2、证据 5 和本领域的惯用手段的组合：如（1）中所述，对于区别特征①，是本领域技术人员的惯用手段，并不需要付出创造性的劳动。对于区别特征②，证据 5 公开了所述复合无机填料为 3 种不同粒径硅粉的混合物（参见证据 5 第 2 页第 1 段），其技术特征与本专利权利要求具有共同的端点或部分重叠，且其作用也相同。对于区别特征③，证据 5 实施例 1 公开了一种具体的实施方式（参见证据 5 实施例 1），其落入权利要求 1 的重量配比的范围内。因此，权利要求 1 相对于证据 2、证据 5 和本领域的惯用手段的组合不具有创造性。在此基础上，从属权利要求 2~9 的附加技术特征也进一步被证据 2 公开，因此也不具备创造性。

（5）相对于证据 2、证据 3、证据 5 的组合：如（2）中所述，对于区别特征①，证据 3 公开了与本专利权利要求 1 相同结构的萘型环氧树脂；对于区别特征②和③，证据 5 公开了球形硅微粉和环氧树脂组合物的各组分的重量配比。因此，权利要求 1~9 相对于证据 2、证据 3、证据 5 的组合不具有创造性。在此基础上，从属权利要求 2~9 的附加技术特征也进一步被证据 2 公开，因此也不具备创造性。

（6）相对于证据 2、证据 4、证据 5 的组合：如（3）中所述，对于区别特征①，证据 4 公开了与本专利权利要求 1 相同结构的萘型环氧树脂；对于区别特征②和③，证据 5 公开了球形硅微粉和环氧树脂组合物的各组分的重量配比。因此，权利要求 1 相对于证据 2、证据 4、证据 5 的组合不具有创造性。在此基础上，从属权利要求 2~9 的附加技术特征也进一步被证据 2 公开，因此也不具备创造性。

4）本专利权利要求 1~9 得不到说明书的支持，不符合专利法第 26 条第 4 款的规定。权利要求 1 中，对于环氧树脂的通式（I）中的 R_1 和 R_2 的范围以及 n 的取值以及酚醛树脂的通式（II）中 n 的取值的概括不能得到说明书的支持。实施例 1~3 对环氧树脂的取代基 R_1 和 R_2、以及 n 值以及酚醛树脂的 n 值的限定，仅给出了若干种选择和一个范围，故而导致本领域技术人员无法获得实验例中制备的组合物，也无法根据实验例中的方法对制备的产品进行阻燃性和流动性的性能测试而获得效果数据，因此，权利要求 1 中包含了专利权人推测的内容，其效果又难于确定和评价，权利要求 1 对通式（I）和（II）的概括过宽，得不到说明书的支持。

经形式审查合格，专利复审委员会于 2012 年 7 月 5 日向双方当事人发出无效宣告请求受理通知书，并将专利权无效宣告请求书及其他有关文件的副本转送给专利权人，要求其在指定的期限内答复，同时成立合议组对本无效宣告请求案进行审理。

2012 年 10 月 17 日，本案合议组向双方当事人发出无效宣告请求口头受理通知书，拟定于 2012 年 11 月 28 日对该专利权的无效宣告请求进行口头审理。

2012 年 11 月 23 日，专利权人针对无效宣告请求受理通知书提交了意见陈述书，其认为：

1）本专利说明书实施例 1~13 中已明确给出了所用环氧树脂和酚醛树脂的具体结构，以及固化剂和偶联剂的具体物质，按照本专利说明书的说明，所属领域技术人员完全能够实现本发明，因此符合《专利法》第 26 条第 3 款的规定。

2）证据 1 没有公开本专利权利要求 1 的环氧树脂、酚醛树脂，也没有公开硅微粉的组分含量，且证据 1 与本专利解决的技术问题和技术效果不同。证据 1 公开的 n 为 1~100 的环氧树脂，没有公开本专利权利要求 1 中 n 为 1~10 的环氧树脂；证据 1 公开的酚醛树脂的分子式中，重复单元中的第二个苯环接在第一个苯环中甲基的间位上，而本专利权利要求 1 中酚醛树脂的分子式中重复单元中的第二个苯环接在第一个苯环中甲基的对位上，因此二者结构不同，不是同一种物质，证据 1 也没有公开酚醛树脂中 R_3 为 CF_3 的酚醛树脂，证据 1 公开的 n 为 1~100 的酚醛树脂没有公开本专利权利要求 1 中 n 为 1~10 的酚醛树脂；因此本专利权利要求 1 相对于证据 1 具有新颖性，符合《专利法》第 22 条第 2 款的规定，相应地权利要求 2 和 6~9 相对于证据 1 也具有新颖性。

3）本专利的权利要求 1~9 符合《专利法》第 22 条第 3 款关于创造性的规定。请求人将证据 2 作为本专利权利要求 1 的最接近现有技术，权利要求 1 与证据 2 相比存在 3 个区别特征，①通式（I）表示的环氧树脂；②无机填料由两部分组成、各部分的粒径及重量配比；③各组分间的重量配比。基于上述区别特征，本专利权利要求 1 所要解决的技术问题是提供一种阻燃效果达到 UL-94V-0 级、流动性好的半导体封装用本征阻燃环氧树脂组合物。

（1）相对于证据 2 和本领域的惯用手段的组合：对于区别特征①，证据 2 没有给出萘型环氧树脂的具体结构式，并且其在 0011 段中优选的环氧树脂为联苯型环氧树脂，在其各个实施例中也没有给出采用了萘型环氧树脂的实施例，而是均为联苯型环氧树脂。由于本专利权利要求 1 中采用了通式（I）表示的萘型环氧树脂，才起到了阻燃效果更好且能达到 UL-94V-0 级、流动性好的作用，而证据 2 中所公开的环氧树脂完全没有改善流动性的作用，其起到的作用是"达到阻燃要求、极好的耐抗回流焊性能和高温储存寿命"，因此，区别特征①对于本领域内技术人员不是显而易见的。对于区别特征②。首先，证据 6、证据 7 不是教科书或工具书，不能用于证明公知常识；其次，本专利中通过添加大粒径和小粒径的两种硅粉即可获得旋流测试达到 110 的良好流动性的技术效果，而证据 7 中，最多时添加了 6 种粒径的硅粉仍没有达到较好的流动性，在只添加 1 或 3 种粒径时流动性更差，证据 7 既没有公开区别特征②也不能实现其技术效果。因此，区别特征②对于本领域内技术人员不是显而易见的。对于区别特征③，首先，证据 8 公开的环氧树脂封装材料的主要成分中除了本专利权利要求 1 中的组分外还必须含有阻燃剂（含量为 1%~5%），这与本专利权利要求 1 提供一种不含阻燃剂环保的封装材料的技术效果相违背，已明确作出相反的指示，不可能带来技术启示，并且证据 8 中公开的其他组分的含量也与本专利权利要求 1 中不同，同时，证据 8 也没有公开阻燃效果到 UL-94V-0 级且流动性好的技术效果，因此区别特征③对于本领域内技术人员不是显而易见的。综上所述，权利要求 1 及其从属权利要求 2~9 相对于证据 2 和本领域惯用手段的组合具备创造性。

（2）相对于证据 2、证据 3 和本领域的惯用手段的组合：对于区别特征①，首先，证据 3 中的通式为 1 的环氧树脂没有公开 R_1 为乙烯基时的情形。其次，在证据 3 中该环氧树脂不是用于与酚醛树脂配合形成环氧树脂组合物，也没有记载其所起的作用。因此，该环氧树脂完全起不到阻燃效果达到 UL-94V-0 级、流动性好的技术效果，对本领域技术人员而言完全没有技术启示将该环氧树脂应用到证据 2 中，区别特征①对于本领域内技术人员不是显而易见的。对于区别特征②、③，见前述（1），因此，本专利权利要求 1 相对于证据 2、证据 3 及本领域惯用手段的组合具有创造性。从属权利要求 2~9 也具有创造性。

（3）相对于证据 2、证据 4 和本领域的惯用手段的组合：对于区别特征①，首先，证据 4 中公开的环氧树脂与权 1 中的环氧树脂结构不同，更为重要是二者的作用也不相同：证据 4 中的环氧树脂不是用于与酚醛树脂配合形成环氧树脂组合物；如前所述，权利要求 1 中的环氧树脂总比证据 4 中的环氧树脂多一个可供反应的环氧基，而环氧基是环氧树脂的主要官能团，数量上的差异必然导致其理化性质的差异；根据证据 4 的记载，证据 4 中的环氧树脂的作用是改善多层成型性、吸湿后的耐热性、剥离强度电特性、尺寸稳定性、成形性等特性的稳定性，这与本专利权利要求 1 的阻燃效果达到 UL-94V-0 级、流动性好的作用完全不同，无法给本领域技术人员带来技术启示。对于区别特征②、③见前述（1），因此，本专利权利要求 1 相对于证据 2、证据 4 及本领域惯用手段的组合具有创造性。从属权利要求 2~9 也具有创造性。

（4）相对于证据 2、证据 5 和本领域的惯用手段的组合：对于区别特征①，见前述（1）。对于区别特征②，本专利中通过添加大粒径和小粒径的两种硅粉即可获得旋流测试达到 110 的良好流动性的技术效果，而证据 5 中，添加了大中小 3 种粒径的硅粉且改善的是填充性好及吸水率低的问题，各部分硅微粉的比例也不相同，因此，证据 5 既没有公开区别特征②也不能实现区别特征②的技术效果。对于区别特征③，本专利中区别特征③的技术效果是获得阻燃效果达到 UL-94V-0 级、流动性好的组合物，而证据 5 中的组分配比其技术效果是获得填充性能好、吸水率低的组合物，二者的作用完全不同，因此不存在技术启示。因此，本专利权利要求 1 相对于证据 2、证据 5 及本领域惯用手段的组合具有创造性。从属权利要求 2~9 也具有创造性。

（5）相对于证据 2、证据 3 和证据 5 的组合：对于区别特征①，见前述（2）。对于区别特征②、③，见前述（4）。因此，本专利权利要求 1 相对于证据 2、证据 3 和证据 5 的组合具有创造性。从属权利要求 2~9 也具有创造性。

（6）相对于证据 2、证据 4 和证据 5 的组合：对于区别特征①，见前述（3）。对于区别特征②、③，见前述（4）。因此，本专利权利要求1相对于证据2、证据4和证据5的组合具有创造性。从属权利要求2~9也具有创造性。

4）本专利权利要求1~9中的环氧树脂及酚醛树脂n值范围及取代基均在实施例1~14中得到支持，符合《专利法》第26条第4款的规定。

2012年11月28日，口头审理如期举行，双方当事人均委托代理人出席了本次口头审理。在此情况下，合议组就本无效宣告请求案进行了庭审调查，并记录了以下事项：

（1）请求人当庭出示了证据6~8盖有国家图书馆公章的复印件，专利权人表示对证据1~8的真实性无异议，对证据3的中文译文的准确性无异议，但认为证据6、7不是教科书或工具书，不能作为公知常识性证据使用。

（2）关于专利权人于2012年11月23日提交的意见陈述书，专利权人当庭提交了声称内容与之一致的复印件，合议组当庭转文给请求人，请求人当庭核实并签收，合议组指定请求人于口头审理结束后10个工作日之内提交答辩意见。

（3）在评价本专利权利要求1的创造性时，双方当事人均以证据2中的实施例3作为最接近的现有技术方案，双方当事人均认为本专利权利要求1与证据2的实施例3相比存在如下3个区别特征：①本专利权利要求1限定了环氧树脂是通式（Ⅰ）表示的环氧树脂，证据2未公开；②本专利权利要求1限定了无机填料为球形硅微粉，它由A部分硅微粉和B部分硅微粉组成，其中A部分硅微粉的中位粒径d50为10~15μm，B部分硅微粉的中位粒径d50为0.2~0.8μm；A部分硅微粉占无机填料总重量的70%~90%，B部分硅微粉占无机填料总重量的10%~30%，证据2未公开；③本专利权利要求1限定了各种组分的重量配比。专利权人认为：关于区别特征①，证据2没有给出萘型环氧树脂具体结构，本领域技术人员很难想到本专利通式（Ⅰ）中的环氧树脂；关于区别特征②，与证据6或证据7相比，不能得到技术启示，本专利无机填料起到改善流动性的作用，证据2的流动性不如本专利，此外，证据5公开的内容与区别特征②不同，其作用与本专利也不同；关于区别特征③，证据8未能给出启示。

2012年12月10日，请求人提交了意见陈述书，认为：在证据2提到可以使用萘型环氧树脂的基础上，本领域一般技术人员将证据2中公开的结构式（Ⅱ）的环氧树脂中的联苯基换成萘基而得到通式（Ⅰ）中的萘基表示的环氧树脂，是不需要付出创造性的劳动的；证据6的扉页中明确提到"本书可供科研院所相关专业的工程技术人员、科技人员以及大专院校的师生参考阅读"以及证据7的扉页中也明确提到"对大专院校相关专业的师生也是一本极有用的教学和科研参考书"，故而证据6、7可以作为公知常识性证据使用，证据6、7教导对于环氧树脂，为了改善其流动性，可以对其中填料例如硅微粉的粒径分布和含量比例进行调整，从而获得改善的流动性；证据8证明关于环氧树脂封装材料中所常用的几大类组分和各组分的含量选择是现有技术的内容，并且证据8所列的各组分的含量范围与本专利权利要求1的含量范围相互重叠；证据5

公开的硅微粉的粒径分布及组成与本专利的权利要求1的硅微粉的粒径分布及组成均有部分重叠。因此，坚持无效宣告请求书的理由。

在上述文件和程序基础上，201010291880.4号发明专利权全部被宣告无效。

（二）文献作用和评价

权利要求1保护一种半导体封装用本征阻燃环氧树脂组合物。

证据2公开了一种半导体封装用环氧树脂组合物，并具体公开了以下技术方案：一种半导体封装用环氧树脂组合物，该组合物包含有：环氧树脂，酚醛树脂固化剂，固化促进剂，无机填料；所述的酚醛树脂固化剂是指含有下式通式（I）的酚醛树脂：

（I）

其中：n=1~10，R为H、CH$_3$或CF$_3$。环氧树脂是结构式为（II）的环氧树脂：

（II）

（参见证据2说明书第［0022］段实施例3）。

将本专利权利要求1的技术方案与证据2的实施例3所公开内容相比，二者都属于半导体封装用环氧树脂组合物领域，证据2组合物中包括的酚醛树脂的结构与本专利权利要求1通式（II）限定的酚醛树脂结构完全相同，此外，证据2的组合物中也使用了固化促进剂、无机填料。由此可见，本专利权利要求1的技术方案与证据2的实施例3的区别在于：①本专利的权利要求1限定了环氧树脂是由通式（I）表示的环氧树脂，证据2的实施例3未公开上述特征；②本专利的权利要求1限定了无机填料为球形硅微粉，它由A部分硅微粉和B部分硅微粉组成，其中A部分硅微粉的中位粒径d50为10~15μm，B部分硅微粉的中位粒径d50为0.2~0.8μm；A部分硅微粉占无机填料总重量的70%~90%，B部分硅微粉占无机填料总重量的10%~30%，证据2的实施例3未公开上述特征；③本专利的权利要求1还使用了脱模剂、偶联剂和着色剂，证据2的实施例3未公开上述特征；④本专利的权利要求1限定了各种组分的重量配比，证据2的实施例3未公开上述特征。

经合议组查明，本专利提供一种无溴无锑、阻燃效果好、有利于环保的半导体封装用本征阻燃环氧树脂组合物（参见本专利说明书第［0003］段）。此外，本专利说明书的实验例 1~3 表明，相较于使用邻甲酚醛环氧树脂、线性酚醛树脂的组合物，本专利的环氧树脂组合物取得了较好的阻燃性和/或流动性（参见本专利说明书第［0089］段）。证据 2 记载其要解决的技术问题是针对现有技术的不足，提供一种无溴无磷、在达到阻燃要求的情况下有极好的耐抗回流焊性能和高温贮存寿命的半导体封装用环氧树脂组合物（参见证据 2 说明书第［0005］段）。

专利权人在意见陈述书中认为，由于本专利权利要求 1 中采用了通式（I）表示的萘型环氧树脂，才起到了阻燃效果更好且能达到 UL-94V-0 级、流动性好的作用，而证据 2 中所公开的环氧树脂完全没有改善流动性的作用，其起到的作用是"达到阻燃要求、极好的耐抗回流焊性能和高温储存寿命"。对此，合议组认为，纵观本专利说明书的内容，本专利并未记载使用通式（I）所示的萘型环氧树脂的组合物相比使用联苯型环氧树脂的组合物在阻燃性、流动性方面有更优异的效果，专利权人声称本专利的技术方案具有更好的阻燃性、流动性且该效果是由本专利的组合物与证据 2 的组合物在环氧树脂结构上的差别带来的，但是专利权人的上述主张得不到任何实验证据的支持。如上所述，证据 2 希冀的目的之一同样是使所得环氧树脂组合物无溴无磷、达到所要求的良好阻燃性，根据本领域关于萘型环氧树脂、联苯型环氧树脂的一般常识，在没有相反证据的情况下，可以理解使用萘型环氧树脂的组合物与使用联苯型环氧树脂的组合物均具有优异的阻燃性能。此外，根据本领域技术人员的公知常识，硅微粉作为一种常规的无机填料，常用于改善环氧树脂组合物的流动性（参见证据 6 参见第 138 页第 7.4.3、证据 7 第 455 页表 8-15）；脱模剂、偶联剂和着色剂的用途也是已知的，即相应地用于改善组合物的脱模、偶联和着色性能。因此，基于上述区别特征，本专利权利要求 1 实际解决的技术问题是，提供了一种同样具有良好阻燃效果的环氧树脂组合物的替代方案，通过选用通式（I）所示的萘型环氧树脂和特定的硅微粉以及添加脱模剂、偶联剂、着色剂并对组分含量予以调整来改善环氧树脂组合物的流动性、脱模性、偶联和着色性能。

合议组认为：

首先，证据 2 公开了可以使用萘型环氧树脂（参见证据 2 说明书第［0011］段），本领域技术人员据此不难想到可以将证据 2 的实施例 3 中的式（II）所示的联苯型环氧树脂替换为萘型环氧树脂，在此基础上，本领域直接简便的一种替换方式即是将证据 2 的实施例 3 中的式（II）所示环氧树脂的联苯基替换成萘基，从而获得本专利权利要求 1 通式（I）表示的萘型环氧树脂。此外，本专利也并未记载使用通式（I）所示的萘型环氧树脂的组合物相比使用联苯型环氧树脂的组合物具有何种预料不到的技术效果。

其次，对于本专利权利要求 1 所使用的不同粒径的球形硅微粉，证据 5 公开了"其中所述的复合无机填料为三种不同粒径硅粉的混合物，其中 15~40μm 的 A 部分占总量重量百分比的 40%~80%；2~15μm 的 B 部分占总量重量百分比的 10%~40%；

0.05~2μm 的 C 部分占总量重量百分比的 5%~30%"（参见证据 5 说明书第 2 页第 1 段），上述证据 5 中公开的硅微粉的粒径分布及组成与本专利的权利要求 1 的硅微粉相似，并且该特征在证据 5 中所起的作用也是用作环氧树脂组合物的填料来改善组合物的流动性等性能（参见证据 5 说明书第 1 页倒数第 1 段、第 3 页第 4 段），可见，证据 5 给出了将硅粉细分成多种粒径的粒子的混合以改善环氧树脂流动性的技术启示。此外，本领域技术人员知道，将硅微粉细分成不同粒径的组分，并将这些不同粒径的硅微粉混合作为填料使用，更有助于流动性的改善。本领域技术人员还知道，细粉的含量高，可提高产品的流动性，然而细粉成分含量太高会影响产品的流动性，其分布可根据需要进行任意调整（参见证据 6 参见第 138 页第 7.4.3、证据 7 第 455 页表 8-15）。由此可见，在证据 2 的基础上，结合证据 5 的教导和本领域常规技术手段，本领域技术人员不难想到可以使用硅微粉作为无机填料并将其粒径及各部分的用量调整为本专利权利要求 1 所限定的范围，以使环氧树脂组合物获得期望的流动性。专利权人认为，证据 5 中，添加硅粉改善的是填充性好及吸水率低的问题，各部分硅微粉的比例也不相同，因此，证据 5 既没有公开区别特征②，也不能实现区别特征②的技术效果。对此，合议组认为，证据 5 使用 3 种不同粒径硅粉的混合物所起的作用也是用作环氧树脂组合物的填料来改善组合物的流动性等性能（参见证据 5 说明书第 1 页倒数第 1 段、第 3 页第 4 段），可见证据 5 给出了将硅粉细分成多种粒径的粒子的混合以改善环氧树脂流动性的技术启示。

再次，证据 2 也公开了可以在组合物中加入脱模剂、偶联剂和着色剂（参见证据 2 说明书第［0015］段），且该特征在证据 2 中所起的作用也是用来改善组合物的脱模、偶联以及着色方面的性能，上述添加剂的种类和用途均为本领域技术人员已知的，由此可见，在证据 2 的基础上，为了使所得环氧树脂组合物获得需要的脱模性能、偶联性能和着色，本领域技术人员容易想到在环氧树脂组合物中使用脱模剂、偶联剂和着色剂组分。

最后，证据 5 实施例 1 公开了一种具体的实施方式，其中各组分含量如下（重量份）：YX4000H 17，H1 10，含磷促进剂 0.5，碳黑 0.6，巴西棕榈蜡 0.7，硅油改性剂 2，复合填料 250（参见证据 5 实施例 1），经换算，其用量范围落入权利要求 1 的重量配比的范围内。由此，在证据 2 的基础上，结合证据 5 公开的内容，本领域技术人员可以根据实际需要对各组分的用量进行调整。并且本专利也并未记载选择权利要求 1 限定的用量范围能够使得组合物取得何种预料不到的技术效果。

综上所述，证据 2 的实施例 3 已经公开了与本专利权利要求 1 相似的环氧树脂组合物，当本领域的技术人员面对上述本专利实际解决的技术问题时，将证据 2、证据 5 和本领域常规技术手段结合，无需创造性劳动即可得到本专利权利要求 1 的技术方案。因此，权利要求 1 不具有突出的实质性特点和显著的进步，不具备《专利法》第 22 条第 3 款规定的创造性。

从属权利要求 2~5 的附加技术特征对组合物的固化促进剂作出了进一步限定，虽然证据 2 的实施例 3 中未公开上述特征，但是，证据 2 说明书中公开了以下内容：固化促进剂……优选：2-甲基咪唑、2,4-二甲基咪唑、2-乙基-4-甲基咪唑、2-苯基咪唑、2-甲基-4-苯基咪唑等咪唑类化合物；苄基二甲胺、三乙胺苄基二甲胺、1,8-二氮杂双环（5,4,0）十一碳烯-7 等叔胺化合物；三苯基膦、四苯基膦、三（对甲基苯基）膦等有机膦化合物；它们可以单独使用也可以混合使用（参见证据 2 说明书第［0013］段）。本领域技术人员在上述内容的启示下会有动机在证据 2 的实施例 3 的基础上选择这些固化促进剂，因此，在其引用的权利要求不具备创造性的基础上，从属权利要求 2~5 也不具备创造性，不符合《专利法》第 22 条第 3 款的规定。

从属权利要求 6~8 的附加技术特征对组合物的偶联剂、着色剂和脱模剂作出了进一步限定，证据 2 的实施例 3 中虽未公开上述特征，但是，证据 2 说明书中公开了以下内容：为了改善本专利组合物的性能，还可以向组合物中加入脱模剂、偶联剂、应力吸收剂或着色剂。为了提高填料与树脂的黏接性和封装器件的耐湿性，优选加入偶联剂。偶联剂的类型没有特别的限制，如环氧基硅烷、烷基硅烷、氨基硅烷、巯基硅烷和乙烯基硅烷，钛酸酯偶联剂等，它们可以单独使用也可以两种以上组合使用，优先选择具有巯基的硅烷偶联剂。为了改进本专利组合物的性能，还需进一步添加一些改性剂，如着色剂如炭黑，脱模剂如硬脂酸、天然蜡和合成蜡（参见证据 2 说明书第［0015］段）。因此，本领域技术人员在上述内容的启示下会有动机在证据 2 的实施例 3 的基础上选择使用这些常规的偶联剂与着色剂，在其引用的权利要求不具备创造性的基础上，从属权利要求 6~8 也不具备创造性，不符合《专利法》第 22 条第 3 款的规定。

从属权利要求 9 的附加技术特征对组合物的脱模剂进行了进一步限定，证据 2 实施例 3 中虽未公开上述特征，然而，如上所述，证据 2 公开了使用硬脂酸、天然蜡和合成蜡作为脱模剂（参见证据 2 说明书第［0015］段），本领域技术人员公知，权利要求 9 限定的褐煤蜡和棕榈蜡属于两种常用的蜡类脱模剂，其限定的硬脂酸及其盐类脱模剂也属于本领域常用的脱模剂，本专利说明书也未记载使用上述具体的脱模剂使得组合物取得了何种预料不到的技术效果，因此，在其引用的权利要求不具备创造性的基础上，从属权利要求 9 也不具备创造性，不符合《专利法》第 22 条第 3 款的规定。

（三）案例评析

本案属于发明专利的无效审查，无效请求人通过检索，发现了可与现有技术文件结合的公知常识证据，在此基础上认为本专利不具备创造性。

从本案可以有以下启示：在判断创造性时，经常会使用公知常识，但往往对于证据是否属于公知常识，请求人和专利权人有不同认定。因此能否找到公知常识证据即成为检索关键。在涉及公知常识的检索中，首先要将权利要求的技术方案和最接近的现有技术进行对比，找出二者的区别特征，在此基础上准确认定其实际解决的技术问题和由此开展的公知常识检索是关键。因为只有进行了准确认定和公知常识证据的检索，才能准确判断是否存在将该区别特征引入所述最接近的现有技术中以解决上述技术问题的启示，从而可以顺理成章地判断该权利要求技术方案是否具备创造性。此外，对于证据的公知常识属性可以从出版信息页记载的内容进行判断。一般来说，可以供科研院所相关专业的工程技术人员、科技人员以及大专院校的师生参考阅读，可以作为教学和科研参考书，本领域技术人员使用的技术手册、技术词典以及某些标准集都可以作为证明公知常识的证据。

第五节 相近的结构推定

案例 37：一次锂电池

（一）案情介绍

本案涉及专利号为 200610146929.0、名称为"一次锂电池"的发明专利（下称本专利），其申请日为 2006 年 11 月 16 日、优先权日为 2006 年 3 月 28 日、公开日为 2007 年 6 月 20 日、授权公告日为 2008 年 11 月 26 日、专利权人为惠州亿纬锂能股份有限公司。本专利授权公告的权利要求书内容如下：

"1. 一种一次锂电池，包括上盖，上盖开有电解液的注液孔，其特征在于，用于密封所述注液孔的材料按上下设置有二种，上层材料为金属，对下层材料的要求为：

（1）硬度小于上层材料；

（2）弹性大于上层材料；

（3）相对于注入的电解液是惰性的；

（4）常态下为固体。

2. 如权利要求 1 所述的锂电池，其封装过程如下：

在注液完成后，用与上盖注液孔直径相匹配的下层材料对注液孔进行第一次封装，要求下层材料的顶部低于上盖面；

然后进行第二次密封，用金属质的上层材料对注液孔进行电阻焊接密封。

3. 如权利要求 2 所述的锂电池，其特征在于：所述上层材料和下层材料封住注液孔的部分各占注液孔高度的一半。

4. 如权利要求 3 所述的锂电池，其特征在于：所述上层材料为钢。

5. 如权利要求 4 所述的锂电池，其特征在于：所述下层材料为塑料或木质材料。"

针对上述专利权，濮阳迈奇能源技术有限公司（下称请求人）于 2011 年 11 月 22

日向国家知识产权局专利复审委员会提出无效宣告请求，请求宣告本专利权利要求1~5全部无效。在提出无效宣告请求时，请求人提交了如下附件作为证据使用：

附件1（下称对比文件1）：申请号为00108359.7的中国发明专利申请公开说明书复印件，共15页，公开日为2000年10月4日；

附件2（下称对比文件2）：专利号为US4174424A的美国专利说明书复印件及其中文译文，共15页，公告日为1979年11月13日。

请求人主张的无效理由如下：

(1) 权利要求1~5相对于对比文件1不具备创造性。

权利要求1与对比文件1相比，区别技术特征在于"一次锂电池"，本领域技术人员在对比文件1的基础上，经过合乎逻辑的分析可以想到将对比文件1的密封电池具体限定为一次锂电池，因此权利要求1相对于对比文件1不具备创造性。

权利要求2的大部分附加技术特征被对比文件1所公开，而电阻焊接属于本领域技术人员在电池制备中的惯用手段，权利要求3~5的附加技术特征都属于本领域技术人员根据实际需要可以选择的，因此，在权利要求1不具备创造性的基础上，权利要求2~5也不具备创造性。

(2) 权利要求1~5相对于对比文件2不具备创造性。

权利要求1与对比文件2相比，区别技术特征在于"一次锂电池"，本领域技术人员在对比文件2的基础上，经过合乎逻辑的分析可以想到将对比文件2的密封电池具体限定为一次锂电池，因此权利要求1相对于对比文件2不具备创造性。

权利要求2的两次封装虽然没有被对比文件2所公开，但是对比文件2公开了具有两种材料的密封构件，并且将此密封构件装入电池时，必然有先塞入内部塞18、再焊接外部覆盖片22这两个步骤，相当于两次封装；而电阻焊接属于本领域技术人员在电池制备中的惯用手段。权利要求3~5的附加技术特征都属于本领域技术人员根据实际需要可以选择的，因此，在权利要求1不具备创造性的基础上，权利要求2~5也不具备创造性。

在上述文件和程序基础上，200610146929.0号发明专利权被宣告无效。

(二) 文献作用和评价

权利要求1请求保护一种一次锂电池，对比文件1公开了一种便于密封电解液注入孔的密封电池，为二次锂电池（参见对比文件1说明书第1页倒数第1段至第6页第1段、附图1~2），包括密封板31（相当于权利要求1中的上盖），密封板31中设置注入孔34（相当于权利要求1中的注液孔），无水电解液经注入孔34注入外壳10中，注入孔34用密封塞35闭合，密封塞由其表面上形成有凸起件352（相当于权利要求1中的下层材料）的平压制板351（相当于权利要求1中的上层材料）构成，凸起件352用弹性材料构成，要求构成压制板351的材料具有足够硬度，以便凸起件352能压入注入孔 34，例如可以由铝合金制成，要求要构成凸起件 352 的弹性材料能耐电解液腐蚀（相当于权利要求 1 中的相对于电解液是惰性的）和耐电池正常使用中出现的高温度，例如，可用 EP 橡胶。由此，本领域技术人员可以直接、毫无疑义地确定：凸起件 352 的硬度小于压制板 351，弹性大于压制板 351，常态下为固体。

权利要求 1 的技术方案与对比文件 1 公开的技术方案相比，区别技术特征在于：所述电池为一次锂电池。基于该区别技术特征可以确定权利要求 1 实际要解决的技术问题是提供一种密封电池的类型。

对本领域技术人员而言，一次锂电池和二次锂电池是本领域常用的电池类型，都需要注入电解液，并且都需要在注入电解液之后用密封塞进行密封；就密封注液孔的技术需求而言，二者没有显著区别。因此，如果本领域技术人员需要密封一次锂电池注液孔，在其知晓对比文件 1 公开的二次锂电池的注液孔密封方式的情况下，容易想到将对比文件 1 所公开的技术方案应用到一次锂电池中。而且对比文件 1 的技术方案能减少密封帽中设置的注入孔在密封时出现的缺陷（主要由电解液附着在注入口边缘引起，参见对比文件 1 说明书第 1 页第 26~30 行）并易于密封处理（参见对比文件 1 的说明书第 2 页第 3~4 行），而本专利是为了改善封装过程中所产生的漏液问题或者漏液隐患问题（参见本专利说明书第 1 页第 3 段）；虽然电池类型有所差别，但二者的密封方式能够获得相同的技术效果。由此可见，在对比文件 1 的基础上得到权利要求 1 的技术方案，对本领域技术人员而言是显而易见的，权利要求 1 不具备突出的实质性特点和显著的进步，不具备《专利法》第 22 条第 3 款规定的创造性。

权利要求 2 引用权利要求 1，对比文件 1 公开了以下技术特征（参见对比文件 1 的说明书第 5 页第 30 行至第 6 页第 3 行、附图 2）：用电解液注入喷嘴经注入孔 34 把无水电解液注入外壳 10 中；最后，密封塞 35 连接到注入孔 34 上，使凸起件 352 压进注入孔 34（相当于权利要求 2 中的第一次封装）；密封塞 35 用激光焊把压制板 351 两边上的横向边缘 351a 固定到向上卷的凸缘 310 上；进行该激光焊时，最好加外力把压制板 351 压到密封板 31 上。从对比文件 1 的附图 2 可以看出，凸起件 352 的顶部低于密封板 31 的最高处、即凸缘 310 的顶面（相当于上盖面），由此可见，对比文件 1 公开了权利要求 2 除"进行电阻焊接密封"这一技术特征外的全部附加技术特征。虽然对比文件 1 公开的是使用激光焊接，但是，对本领域技术人员而言，使用电阻焊接属于焊接的一种常规选择。因此，在权利要求 2 引用的权利要求 1 不具备创造性的基础上，权利要求 2 也不具备《专利法》第 22 条第 3 款规定的创造性。

权利要求 3 引用权利要求 2，其进一步限定的附加技术特征为"所述上层材料和下层材料封住注液孔的部分各占注液孔高度的一半"。对比文件 1 没有公开压制板 351 和凸起件 352 封住注入孔 34 的部分各自占注入孔的比例，但是，对本领域技术人员而言，根据向上卷的凸缘 310 的高度以及密封板的厚度合理确定压制板 351 和凸起件 352 封住注入口的部分的高度比例是本领域技术人员根据实际需要、经过有限次试验可以获得的，并不需要付出创造性劳动，而且将上述比例确定各占一半也未取得预料不到的技术效果。因此，在权利要求3引用的权利要求2不具备创造性的基础上，权利要求3也不具备《专利法》第22条第3款规定的创造性。

权利要求4引用权利要求3，权利要求5引用权利要求4，权利要求4将上层材料限定为"钢"，权利要求5将下层材料限定为"塑料或木质材料或竹材"。对本领域技术人员而言，在满足压制板351的硬度、凸起件352的弹性、耐腐蚀性等要求的情形下，选择"钢"替代对比文件1中的"铝合金"作为压制板材料，选择"塑料"、"木质"、"竹材"替代对比文件1中的EP橡胶，属于本领域技术人员可以进行的常规选择，而且选择上述材料也未获得预料不到的技术效果。因此，在权利要求4~5引用的权利要求不具备创造性的基础上，权利要求4~5也不具备《专利法》第22条第3款规定的创造性。

（三）案例评析

本案属于已经授权专利的无效过程，无效请求人通过检索，发现了两篇现有技术文件结合可评价创造性。对于文献和本发明的技术差异，专利权人未提出不同意见。本专利与重新确定的最接近现有技术相比的区别特征比较简单，仅在于相同的结构在不同器件中的应用。对于对本领域技术人员而言，在电池的大技术领域中的不同电池类型，根据结构能够确定其结构所决定的功能和使用，而对于一次锂电池和二次锂电池的区别，首先这都是本领域常用的电池类型，都需要注入电解液，并且都需要在注入电解液之后用密封塞进行密封；就密封注液孔的技术需求而言，二者没有显著区别。因此，如果本领域技术人员需要密封一次锂电池注液孔，在其知晓对比文件1公开的二次锂电池的注液孔密封方式的情况下，容易想到将对比文件1所公开的技术方案应用到一次锂电池中。而且对比文件1的技术方案能减少密封帽中设置的注入孔在密封时出现的缺陷（主要由电解液附着在注入口边缘引起，参见对比文件1说明书第1页第26~30行）并易于密封处理（参见对比文件1的说明书第2页第3~4行），而本专利是为了改善封装过程中所产生的漏液问题或者漏液隐患问题（参见本专利说明书第1页第3段）；虽然电池类型有所差别，但二者的密封方式能够获得相同的技术效果。由此可见，根据结构可以推定其应用特性。从该案例可以有以下启示：属于一个较大领域中的不同子领域，其技术具有相关性，可在相应的子领域间进行检索。此外，对于既包括结构特征又包括功能或应用的技术方案，在结构能被现有技术确定的情况下，对于功能和应用可以结合所属领域技术特点进行推定，从而确定其所要保护的实际技术方案。

第六节 材料与数值比例

案例38：一种电接触复合材料

（一）案情介绍

本案涉及国家知识产权局于2006年3月8日授权公告的、发明名称为"一种电接触复合材料"的发明专利（下称本专利），本专利的专利号为03135166.2，申请日为2003年6月6日，专利权人是重庆川仪自动化股份有限公司，变更前为重庆川仪一厂。本专利授权公告时的权利要求书如下：

"1：一种电接触复合材料，包括铜合金层（1）、复合在铜合金层上的银合金层（2），其特征在于银合金层（2）为含0.10%～6.00%的Zn、0.10%～15.00%的Cu、0.05%～2.00%的Ni、余量为Ag的银合金。

2. 根据权利要求1所述的一种电接触复合材料，其特征在于银合金层（2）层叠复合在铜合金层（1）的全部表面上，或者镶嵌复合在铜合金层（1）的部分表面上。"

针对上述专利权，田中贵金属工业株式会社（下称请求人）于2010年7月9日向专利复审委员会提出了无效宣告请求，请求宣告本专利全部权利要求无效，同时提交了如下附件作为证据：

附件1（本专利）：授权公告日为2006年3月8日、授权公告号为CN1244446C的中国发明专利说明书，共6页；

附件2（下称对比文件1）：公开日为1999年10月26日、公开号为US5972131A的美国专利文献及中文译文，共21页；

附件3（下称对比文件2）：《贵金属 科学与技术》及部分中文译文，1991年出版，封面页、版权页、扉页、前言、目录、正文484～515页的复印件及部分中文译文，共28页；

附件4（下称对比文件3）：《重金属毒性、安全性和同源性》，1975年出版，封面页、书名页、版权页、目录页、正文第4～23、60～70、104～113页的复印件及部分中文译文，共56页；

附件5（下称对比文件4）：《电气接点技术》，1980年7月1日出版，书名页、版权页、序、目录页、正文第111、132～136、188～192、199～201页、广告页的复印件及部分中文译文，共27页；

附件6（下称对比文件5）：《电触点》，1984年6月30日出版，国立国会图书馆所藏图书馆资料相关证明书、封面页、前言页、目录页、正文第76～93、98～100、126～

129页、版权页的复印件及部分中文译文，共26页；

附件7（下称对比文件6）：《电触头》，1940年出版，封面页、前言页、目录页、正文第324~327页的复印件及部分中文译文，共26页；

附件8：国家图书馆科技查新中心于2009年12月11日出具的上述附件3、4、6的文献复印证明的复印件，共2页。

请求人提出的无效请求的理由是：权利要求1~2相对于对比文件1不符合《专利法》第22条第2款关于新颖性的规定；权利要求1~2相对于对比文件1不符合《专利法》第22条第3款关于创造性的规定；权利要求2相对于对比文件1和对比文件2、4、5、6、或公知常识的结合不符合《专利法》第22条第3款关于创造性的规定。

对于上述无效宣告请求，专利复审委员会经形式审查合格受理了上述无效宣告请求，并于2010年9月7日向双方当事人发出无效宣告请求书受理通知书，并将上述无效宣告请求书及附件清单所列附件的副本转给专利权人，要求专利权人在1个月内陈述意见，同时依法成立合议组对本案进行审查。

专利权人针对上述无效宣告请求于2010年10月21日提交了意见陈述书，并提交了经修改的权利要求书，认为修改后的权利要求符合《专利法》第22条第2、第3款的规定。修改后的权利要求书为：

"1. 一种电接触复合材料，包括铜合金层（1）、复合在铜合金层上的银合金层（2），其特征在于银合金层（2）为含0.10%~6.00%的Zn、0.10%~小于6.00%的Cu、0.05%~2.00%的Ni、余量为Ag的银合金，或者银合金层（2）为含0.10%~6.00%的Zn、大于6.00%~15.00%的Cu、0.05%~2.00%的Ni、余量为Ag的银合金。

2. 根据权利要求1所述的一种电接触复合材料，其特征在于银合金层（2）层叠复合在铜合金层（1）的全部表面上，或者镶嵌复合在铜合金层（1）的部分表面上。"

专利权人认为：请求人以同样的理由和证据对本专利再次提出无效宣告请求，不符合"一事不再理原则"；本专利与对比文件1的技术领域、解决的技术问题、技术方案、预期效果均不相同，本专利权利要求1~2相对于对比文件1符合《专利法》第22条第2、3款的规定；对比文件2、第3存在版权问题，不宜采信；对比文件2、3没有公开以锌代替镉的技术启示，对比文件4、5公开的是Ag-氧化物系触电材料，其中Zn以ZnO形式存在，与本专利中Zn以固溶原子形式不同，不能用来评价权利要求2的创造性；书面列举了3篇附件，但未提交相应附件或其复印件。

专利复审委员会本案合议组于2010年11月23日发出转送文件通知书，将专利权人提交的无效宣告程序意见陈述书及修改后的权利要求书的副本转送给请求人，要求请求人在指定期限内陈述意见。同时向双方当事人发出了口头审理通知书，定于2011年1月5日在专利复审委员会举行口头审理。

请求人针对专利权人提交的意见陈述书于2010年12月29日提交了意见陈述书，指出：专利权人于2010年10月21日提交的权利要求书的修改不符合《专利审查指南

2010》第四部分第三章第 4.6 节中关于无效宣告请求中对专利文件的修改原则的规定，也不符合《专利法》第 33 条的规定，因此该修改不应被允许；本次无效请求的理由和证据不同于专利复审委员会作出的第 13194 号无效宣告请求决定书中涉及的无效请求的理由和证据，不属于无效请求中"一事不再理原则"规定的范围；专利权人关于本专利与对比文件 1 的特征对比是不恰当的，正确的对比方式应当是从对比文件是否公开了涉案专利的权利要求的技术方案出发，并考虑技术领域、解决的技术问题和预期效果这 3 个方面；专利权人认为对比文件 2、3 存在版权问题、不宜被复审委员会采信的理由不成立；对比文件 2、4~6 用以证明公开了本专利权利要求 2 的附加技术特征，上述附件也可充分用来证明权利要求 2 的附加技术特征中限定的两种方式是公知常识；专利权人在意见陈述书中提到 3 篇文件作为反证，而实际没有提交相应的附件，请求人对此不予认可。

口头审理时，专利权人当庭提交了如下附件作为反证：

反证 1：《贵金属合金相图》，1983 年 2 月出版，封面页、版权页、正文第 6、26 页的复印件，共 4 页；

反证 2：《材料科学基础》，1999 年 5 月出版（2000 年 8 月重印），封面页、版权页、正文第 7、37、39、44、48 页的复印件，共 7 页；

反证 3：《有色金属冶金学》，1998 年 5 月出版（2006 年 2 月重印），封面页、版权页、正文第 209 页的复印件，共 3 页；

反证 4：《Ag-ZnO 触头材料制备工艺对其组织和性能的影响》，谢德全等，粉末冶金工业，第 6 卷第 5 期，1996 年 10 月，第 34~38 页的复印件，共 5 页。

在上述文件和审查基础上，宣告第 03135166.2 号发明专利权的全部权利要求无效。

（二）文献作用和评价

专利权人于 2010 年 10 月 21 日提交了权利要求书的修改替换页，修改后的权利要求 1 中排除了银合金层中 Cu 含量为 6.00% 的点值，即修改后的权利要求 1 中所要求保护的技术方案中不包括银合金层中 Cu 含量为 6.00% 的技术方案，而在原说明书和权利要求书中均没有记载银合金层中 Cu 含量为 6.00% 的技术方案，所以专利权人对权利要求书的修改超出了原说明书和权利要求书记载的范围，不符合原《专利法》第 33 条的规定，也不符合原《专利法实施细则》第 68 条第 1 款以及《专利审查指南 2010》第四部分第三章的相关规定，因此，合议组对该修改后的权利要求不予接受。以本专利授权公告的权利要求书为审查基础。

权利要求 1 要求保护一种电接触复合材料，对比文件 1 中明确公开了用作滑动触点的复合材料含有 Ag-Cu 合金和嵌有 Ag-Cu 合金的 Cu 基体合金，且实施例 23 中的 Ag-Cu 合金中的元素含量落入了权利要求 1 限定的数值范围内，因此对比文件 1 公开了本专利权利要求 1 的所有技术特征，因此本专利权利要求 1 限定的技术方案与对比文件1公开的上述技术方案实质相同。对比文件1与本专利权利要求1的技术领域相同，均属于制造电器元件的电接触复合材料，本领域的技术人员根据两者的技术方案可以确定两者能够解决相同的技术问题即符合环保的要求，并达到相同的技术效果，因此，本专利权利要求1的技术方案与对比文件1公开的上述技术方案属于同样的发明，权利要求1相对于对比文件1不具备原《专利法》第22条第2款规定的新颖性。

权利要求2对权利要求1中银合金层与铜合金层的复合方式进行了限定，包括"层叠复合"和"镶嵌复合"两个并列技术方案。

对于"镶嵌复合"这一技术方案，合议组认为：根据《现代汉语词典》（第4版，2002年，商务印书馆），"镶嵌"的含义为：把一物体嵌入另一物体中；"嵌"的含义为：把较小的东西卡进较大东西上面的凹处，所以，根据对比文件1公开的内容可以得到"银合金被嵌入适宜的基体材料的部分表面"的结论，对比文件1公开了将Ag-Cu合金嵌入Cu合金基体材料的技术方案，结合对权利要求1的评述可知，权利要求2中附加技术特征为"银合金层镶嵌复合在铜合金层的部分表面上"的技术方案不具备原《专利法》第22条第2款规定的新颖性。

关于"层叠复合"的技术方案，请求人认为：价格贵的金属作为覆盖面的使用、价格低廉的金属作为基础材料使用、将作为接触面的贵金属层叠在贱金属上的使用方式是公知常识。专利权人认为：层叠复合方式是现有技术中的常用使用方式。

对此，合议组认为：对比文件1公开的复合材料作为滑动触点，其中Ag-Cu合金层在基体材料上的复合方式可以选择现有技术中的方法：比如将Ag-Cu合金层层叠复合在基体材料Cu合金层上，这是本领域的常规选择，所以，结合对权利要求1的评述，在对比文件1的基础上进行常规的选择得到权利要求2附加技术特征为"银合金层（2）层叠复合在铜合金层（1）的全部表面上"的技术方案是显而易见的，权利要求2中关于"层叠复合"的技术方案不具有突出的实质性特点，不具备原《专利法》第22条第3款规定的创造性。

（三）案例评析

本案属于已经授权专利的无效过程，无效请求人通过检索，发现了多篇现有技术文件影响本专利的创造性。对于文献和本发明的技术差异，专利权人还认为：①请求人将对比文件1中的正文部分与具体实施例结合用以评价权利要求1的新颖性，不符合新颖性评价中的单独对比原则；②对比文件1公开的实施例18~19、23~25中的Ag-Cu合金都经过固溶处理，且该合金具有特征"银合金中铜在Ag-α相中的固溶重量百分数"，而本专利的银合金层不要求任何特殊处理，银合金中的Cu是以第二相形式析出的，其作用是沉淀强化，并且用反证1~2表明在银铜合金的生产中，如果不进行特殊的固溶手段，铜就一定是析出的，即使在最高的固溶温度下铜在银中的固溶度为8.8%，而本专利要求保护的铜含量高达15%，此含量时不可能固溶到70%。因此，本专利的银合金与对比文件1公开的Ag-Cu合金制作工艺不同,产品的组织结构也不同。该案审理中,合议组认为:对比文件1中正文部分是对所述滑动触点复合材料的结构和组成的整体说明,由实施例20~29的文字记载可知,实施例23中的复合材料含有Cu基体合金,其中嵌有不同的Ag-Cu合金,属于对正文部分中关于在Cu基体合金嵌有Ag-Cu合金的复合材料的具体限定,其仍然为一个完整的实施方案。因此符合新颖性的单独对比原则。本专利权利要求书以及说明书中均没有公开银合金层的制备方法,应当将本专利权利要求1中的Ag-Cu合金层理解为由任意方法制备而成的,而不应当限定为由某一特定方法制备而成的、具有特定微观组成结构的合金层。专利权人提供的反证1~2仅证明Ag-Cu合金不经过特殊的固溶处理无法获得铜的高固溶含量,无法用其确认本专利权利要求1所要求保护的产品的具体相组成,从而将其与对比文件1公开的技术方案区分开来。

从本案可以有以下启示:对于涉及材料和数值比例的技术方案,在判断对比文件是否公开其材料和组成时,需要严格按照一一比对和明确其数值范围大小,至于材料的制备方法或加工工艺,只有在权利要求中明确限定方法或工艺不同,并由此能够确定方法或工艺的不同会最终导致材料组成或特性也因此不同才能使之与现有技术区别开。因此对于这类检索,应着重从两方面进行检索。首先是对材料的具体组成或关键成分进行检索,在此基础上可进一步考虑其组成和比例。其次,可以从工艺和方法的角度进行检索,通常对于相同材料使用相同方法进行加工会形成相同的材料和特性。